Dieter Ahlert/Heiner Evanschitzky/Josef Hesse (Hrsg.)

Exzellenz in Dienstleistung und Vertrieb

Dieter Ahlert/Heiner Evanschitzky
Josef Hesse (Hrsg.)

Exzellenz in Dienstleistung und Vertrieb

Konzeptionelle Grundlagen
und empirische Ergebnisse

GABLER

Die Deutsche Bibliothek – CIP-Einheitsaufnahme
Ein Titeldatensatz für diese Publikation ist bei
Der Deutschen Bibliothek erhältlich

1. Auflage Februar 2002

Alle Rechte vorbehalten
© Betriebswirtschaftlicher Verlag Dr. Th. Gabler GmbH, Wiesbaden 2002

Lektorat: Ulrike M. Vetter

Der Gabler Verlag ist ein Unternehmen der Fachverlagsgruppe BertelsmannSpringer.
www.gabler.de

Das Werk einschließlich aller seiner Teile ist urheberrechtlich geschützt. Jede Verwertung außerhalb der engen Grenzen des Urheberrechtsgesetzes ist ohne Zustimmung des Verlags unzulässig und strafbar. Das gilt insbesondere für Vervielfältigungen, Übersetzungen, Mikroverfilmungen und die Einspeicherung und Verarbeitung in elektronischen Systemen.

Die Wiedergabe von Gebrauchsnamen, Handelsnamen, Warenbezeichnungen usw. in diesem Werk berechtigt auch ohne besondere Kennzeichnung nicht zu der Annahme, dass solche Namen im Sinne der Warenzeichen- und Markenschutz-Gesetzgebung als frei zu betrachten wären und daher von jedermann benutzt werden dürften.

Umschlaggestaltung: Nina Faber de.sign, Wiesbaden
Druck und buchbinderische Verarbeitung: Wilhelm & Adam, Heusenstamm
Gedruckt auf säurefreiem und chlorfrei gebleichtem Papier
Printed in Germany

ISBN 3-409-11951-5

Vorwort

Die Frage nach Erfolgskonzepten für Unternehmen ist so alt wie die Geschichte der Wirtschaft. Die zentrale Frage, welche die handelnden Subjekte antreibt, ist und bleibt die nach dem „Erfolg". Dabei ist es zunächst zweitrangig, wie der Maßstab des Erfolgs aussieht und auf welches Ziel das Handeln gerichtet ist. Es geht vielmehr darum, dass überhaupt ein Ziel angestrebt wird. Erfolg kann somit als „Grad der Zielerreichung" verstanden werden.

„Exzellenz in Dienstleistung und Vertrieb – Konzeptionelle Grundlagen und empirische Ergebnisse" lautet der Titel des vorliegenden Buchs. Dies deutet bereits an, dass im Rahmen der hier durchgeführten theoretischen und empirischen Analysen versucht wurde herauszuarbeiten, welche Faktoren die exzellenten von den weniger erfolgreichen Anbietern unterscheiden. Dabei wurde bewusst eine Trennung zwischen Dienstleistung und Vertrieb vorgenommen. Für jedes wirtschaftlich agierende Unternehmen ist der Vertrieb erfolgsrelevant und somit sind exzellente Vorbilder in der gesamten Wirtschaft und nicht etwa nur im tertiären Sektor zu suchen.

Ziel des Buchs ist es, in ausgewählten Bereichen der Wirtschaft – und dabei insbesondere im tertiären Sektor – relevante Erfolgsfaktoren zu entdecken und daraus Handlungsempfehlungen abzuleiten.

Inhaltlich gliedert sich das Buch in drei Teile: Im ersten Teil wird das allen Beiträgen zugrunde liegende Verständnis des Analyseobjekts, das Dienstleistungsnetzwerk, erläutert und diesbezüglich eine Typologie vorgestellt. Der auf der Typologisierung basierende „Service Cube" stellt Dienstleistungsnetzwerke in einem dreidimensionalen Raum dar. Es lassen sich anhand von „Bewertungsvorschriften" alle existierenden Dienstleister einordnen. Somit kann in die Dienstleistungsbranche die für weitere wissenschaftliche Untersuchungen gebotene Ordnung gebracht werden.

Im zweiten Teil werden Erfolgsfaktorenstudien aus verschiedenen Dienstleistungsteilbranchen und dem Vertrieb vorgestellt. Diese basieren auf empirischen Primärerhebungen: vier quantitativ-empirische Studien sowie die Auswertung mehrerer qualitativer Expertengespräche. Die Autoren bearbeiten in fünf Abschnitten die „New Economy", „exzellente Vertriebsorganisationen", „Finanzdienstleister", „Franchisesysteme" sowie die „Application Service Provider Branche". Dazu wurden Analysen durchgeführt, die hier in dem gebotenem Umfang vorgestellt werden. Entscheidend ist die analoge Vorgehensweise der Beiträge: Theoriebasierte Hypothesen stellen ein Modell der „Exzellenz" auf, welches das Konstrukt „Erfolg" zu fassen versucht. Dieses Modell wird durch Erfolgsfaktoren und zugehörige Items operationalisiert und mit einem empirischen Datensatz bzw. Expertenmeinungen verglichen. So lassen sich jeweils Handlungsempfehlungen für die analysierte Teilbranche oder Konfigurationsform ableiten.

Der dritte Teil gibt einen Ausblick über die weitere Verwertung der Ergebnisse. Ein Positionierungsmodell gibt Auskunft darüber, wie ein einzelnes Dienstleistungsnetzwerk im Vergleich zu seinen Wettbewerbern aufgestellt ist. Dieser relativen Position kann durch eine erfolgsfaktorenbasierte Balanced Scorecard ein dynamischer Aspekt hinzugefügt werden.

Wir hoffen, den Leser durch die Zusammenführung von theoretischem Wissen und empirischer Evidenz dazu anzuregen, strukturiert über das komplexe Phänomen des Erfolgs nachzudenken. Für Wissenschaftler liegt das besondere Interesse in der Fundierung des Begriffs „Erfolg" sowie in der Diskussion um den Begriff des „Dienstleistungsnetzwerks" als erfolgsversprechender Koordinationsform zwischen Markt und Hierarchie. Die Implikationen aus den Erfolgsfaktoren-Studien sowie das zuletzt vorgestellte Positionierungsmodell werden besonders Praktikern konkrete Anhaltspunkte zur Verbesserung der eigenen Wettbewerbssituation geben.

Die Erstellung eines auf umfangreichen (empirischen) Untersuchungen basierenden Buches kann kaum alleine bewältigt werden. Daher möchten wir uns an dieser Stelle beim gesamten Team des Instituts für Handelsmanagement und Netzwerkmarketing sowie des Internationalen Centrums für Franchising und Cooperation für die aktive Beteiligung an der Erstellung sowie für die vielen, wertvollen Denkanstöße und die unermüdliche Diskussionsbereitschaft bedanken. Hervorgehoben sei die akribische Korrekturarbeit unseres Kollegen Lars Köster. Ein besonderer Dank sei an das Bundesministerium für Bildung und Forschung (BMBF) gerichtet, welches es uns ermöglicht, im Rahmen des Forschungsprojekts „Internationales Benchmarking von Netzwerken des Tertiären Sektors" solche herausfordernden Studien nicht zuletzt zum Wohle der deutschen Wirtschaft durchzuführen. So soll das vorliegende Werk seinen Beitrag dazu leisten, den deutschen Dienstleistungssektor, der zu Recht als Wachstumsmotor bezeichnet werden kann, besser zu entfalten.

Münster, im Januar 2002
                                        Dieter Ahlert
                                        Heiner Evanschitzky
                                        Josef Hesse

Inhalt

Vorwort V

Erfolgsforschung in Dienstleistungsnetzwerken 1
Dieter Ahlert/Günther Blaich/Heiner Evanschitzky/Josef Hesse

Erfolgsfaktoren in der New Economy 29
Heiner Evanschitzky/Thomas Mörsdorf

Erfolgsfaktoren des Vertriebs 61
Josef Hesse/Matthias Huckemann

Erfolgsfaktoren für Bankdienstleister 89
Dirk Heinrich

Erfolgsfaktoren von Franchisesystemen 125
Guido Berthold/Christoph Klöpper

Der Erfolgsfaktor CRM am Beispiel der ASP-Branche 161
Thomas Berheide/Maren Wunderlich

NetworkExcellence – Positionierungsmodell und erfolgsfaktorenorientierte
Balanced Scorecard 187
Heiner Evanschitzky/Julian Steiff

Literaturverzeichnis 211

Die Herausgeber 225

Erfolgsforschung in Dienstleistungsnetzwerken

Dieter Ahlert/Günther Blaich/Heiner Evanschitzky/Josef Hesse

1 Dienstleistungsnetzwerke als innovative Koordinationsform

2 Dienstleistungsnetzwerke als Gegenstand der Untersuchung
   2.1 Dienstleistung
   2.2 Netzwerk
   2.3 Definition von Dienstleistungsnetzwerken

3 Systematisierung von Dienstleistungsnetzwerken
   3.1 Branchen
   3.2 Dienstleistungskomplexität
   3.3 Netzwerktyp
   3.4 Der Service Cube

4 Der Ansatz der Erfolgsforschung in Dienstleistungsnetzwerken

5 Ausblick

1 Dienstleistungsnetzwerke als innovative Koordinationsform

Der Begriff des Dienstleistungsnetzwerks ist sehr abstrakt. Es lassen sich vielfältige Organisationsformen, die eine große Bandbreite von Dienstleistungen erbringen, unter dieser Bezeichnung zusammenfassen. Bevor im weiteren Verlauf dieses Buchs erläutert werden kann, wodurch sich erfolgreiche Dienstleistungsnetzwerke auszeichnen, ist in diesem Beitrag die theoretische Grundlage der Erfolgsfaktorenforschung in Dienstleistungsnetzwerken zu legen. Eine Eingrenzung des Untersuchungsbereichs und die Schaffung eines einheitlichen Begriffsverständnisses ist notwendig. Hierzu soll im Folgenden definiert werden, was unter einem Dienstleistungsnetzwerk zu verstehen ist.

Zunächst erfolgt zu Anfang des zweiten Kapitels eine Betrachtung der besonderen Eigenschaften und Merkmale von Dienstleistungen. Darauf aufbauend wird dann eine Definition von Dienstleistungen entwickelt. Anschließend werden verschiedene Netzwerkbegriffe und Ansätze zur Systematisierung von Netzwerken vorgestellt. Aus diesen Ansätzen wird eine Definition des Netzwerkbegriffs zur Verwendung in diesem Buch hergeleitet. Im dritten Teil des zweiten Kapitels entsteht durch die Zusammenführung der Dienstleistungs- und Netzwerkdefinition schließlich der Begriff des Dienstleistungsnetzwerkes.

Im dritten Kapitel wird der Service Cube als ein mögliches Ordnungsraster für Dienstleistungen eingeführt. Die zu untersuchenden Dienstleistungsnetzwerke werden anhand der drei Dimensionen Branche, Netzwerktyp und Dienstleistungskomplexität innerhalb des Service Cubes positioniert.

Im abschließenden 4. Kapitel wird der „Münsteraner Erfolgsforschungsansatz" dargestellt und vor dem Hintergrund der im Beitrag zugrundegelegten Fragestellungen erläutert und systematisiert.

2 Dienstleistungsnetzwerke als Gegenstand der Untersuchung

2.1 Dienstleistung

In der Literatur sind eine Vielzahl unterschiedlicher Definitionen für den Begriff der Dienstleistung zu finden (Meffert/Bruhn, 2000, S. 30; Klose, 1990, S. 5 ff.; Bruhn, 1990, S. 23 ff.). Eine Möglichkeit, eine Abgrenzung zwischen Dienst- und Sachleistungen zu erreichen, ist, Dienstleistungen mit Hilfe von konstitutiven Merkmalen zu beschreiben. Erfüllt eine Leistung diese Kriterien, so ist sie als Dienstleistung zu charakterisieren. In der Literatur lassen sich im Rahmen der Definition von Dienstleistungen mittels konstitutiver Merkmale vier Ansätze unterscheiden (vgl. Bieger, 1998, S. 7; Bruhn, 1997, S. 13):

1. Tätigkeitsorientierte Definition

   Schüller definiert Dienstleistung als das, „was der Mensch tut, um seine physische und psychische Arbeitskraft, mit oder ohne Verbindung zur materiellen Güterwelt, in den Zweckbereich der menschlichen Bedürfnisbefriedigung zu bringen" (vgl. Schüller, 1976, S. 19; Bieger, 1998, S. 7). Diese Definition ist problematisch, da auf Grund des hohen Abstraktionsgrades nahezu jede menschliche Tätigkeit eine Dienstleistung darstellt.

2. Potenzialorientierte Definition

   Bei diesem Definitionsansatz steht die Leistungsfähigkeit und die Leistungsbereitschaft eines Anbieters zur Ausübung einer Tätigkeit im Mittelpunkt der Betrachtung. Es geht um die Fähigkeit des Dienstleistungsanbieters zur Kombination interner Produktionsfaktoren (Mensch oder Maschine) und deren Angebot bzw. Bereithaltung im Falle einer auftretenden Nachfrage (vgl. Bieberstein, 1995, S. 29). Dienstleistungen werden als zunächst noch nicht realisierte Leistungsbereitschaft aufgefasst, die bei auftretender Nachfrage durch den Abnehmer konkretisiert wird (vgl. Klose, 1999, S. 5). Ungeklärt bleibt allerdings, ob jegliches Leistungsversprechen, welches zu einer Leistung führen kann, als Dienstleistung einzustufen ist, oder ob die versprochene Leistung gewisse Kriterien erfüllen muss. Insbesondere vor dem Hintergrund, dass die Fähigkeit und die Bereitschaft, eine Leistung zu erbringen, eine grundsätzliche Voraussetzung für jeden Anbieter darstellt, erscheint eine Unterscheidung allein anhand der Potenzialdimension nicht möglich (vgl. Güthoff, 1995, S. 5 f.).

3. Prozessorientierte Definition

   Bei der prozessorientierten Definition steht der Prozess der direkten Leistungserbringung durch Integration des externen Faktors bzw. Vollzug am externen Objekt im Vordergrund. Dienstleistungen sind damit der Bedarfsdeckung Dritter dienende Prozesse mit materiellen/immateriellen Wirkungen, deren Vollzug bzw. deren Inanspruchnahme einen synchronen Kontakt zwischen dem Leistungsanbieter und dem Leistungsabnehmer bzw. seinem Objekt von der Bedarfsdeckung her erfordert (vgl. Berekoven, 1983, S. 23). Charakterisierendes Merkmal einer Dienstleistung ist hier lediglich der notwendige (zeitlich) synchrone Kontakt zwischen dem Anbieter und dem Kunden bzw. dessen Objekten (vgl. Meyer, 1994, S. 12).

4. Ergebnisorientierte Definition

   Ziel von Dienstleistungen ist es, einen Nutzen beim Abnehmer zu erzielen. Dieser Nutzen, der sich als Ergebnis des Dienstleistungsprozesses ergibt, steht bei der ergebnisorientierten Definition im Mittelpunkt der Betrachtung. Diese Definition geht auf Maleri zurück, der unter Dienstleistungen für den fremden Bedarf produzierte, immaterielle Wirtschaftsgüter versteht (Maleri, 1997, S. 3). Die Ergebnisse von Dienstleistungen sind regelmäßig materieller Natur (z. B. Abschlussbericht einer Unternehmensberatung oder saubere Kleidung nach einer Reinigung). Insofern scheint diese Definition alleine ebenfalls nicht geeignet, eine weitgehend eindeutige Abgrenzung von Dienst- und Sachleistungen zu gewährleisten.

Nach Meffert/Bruhn ist eine phasenbezogene Integration der potenzial-, prozess- und ergebnisorientierten Interpretation von Dienstleistungen notwendig, um die konstitutiven Merkmale einer Dienstleistung in ihrer Gesamtheit zu erfassen (vgl. Meffert/Bruhn, 2000, S. 28). Somit ergibt sich folgende auch in Abbildung 1 dargestellte Definition des Dienstleistungsbegriffes:

„Dienstleistungen sind selbstständige, marktfähige Leistungen, die mit der Bereitstellung (zum Beispiel Versicherungsleistungen) und/oder dem Einsatz von Leistungsfähigkeiten (zum Beispiel Friseurleistungen) verbunden sind (Potenzialorientierung). Interne (zum Beispiel Geschäftsräume, Personal, Ausstattung) und externe Faktoren (also solche, die nicht im Einflussbereich des Dienstleisters liegen) werden im Rahmen des Erstellungsprozesses kombiniert (Prozessorientierung). Die Faktorkombination des Dienstleistungsanbieters wird mit dem Ziel eingesetzt, an den externen Faktoren, an Menschen (zum Beispiel Kunden) oder deren Objekten (zum Beispiel Auto des Kunden) nutzenstiftende Wirkungen (zum Beispiel Inspektion beim Auto) zu erzielen (Ergebnisorientierung)" (Meffert/Bruhn, 2000, S. 27).

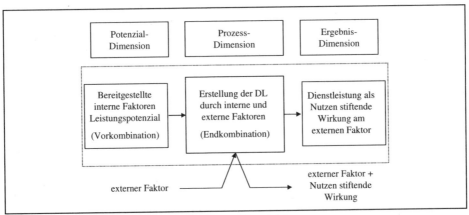

Abb. 1: Dimensionenorientierte Betrachtung von Dienstleistungen
(Quelle: In Anlehnung an Schlüter, 1999, S. 242).

Die vorangestellte Definition verdeutlicht die Eigenschaften einer Dienstleistung. Dennoch scheint sie für die konkrete Einordnung einer Leistung als Dienst- oder Sachleistung nicht ausreichend praktikabel, da zur Einordnung einer Leistung alle Phasen geprüft werden müssen, ohne dass die Definition explizite Prüfkriterien liefert. Fraglich bleibt beispielsweise, was eine selbstständige, marktfähige Leistung ist. Auch die Kombination interner und externer Faktoren ist bei nahezu jeder Leistung gegeben. Auf die zwingend notwendige Integration (s. u.) wird nicht weiter eingegangen. Eine Einordnung erfordert somit viel Zeit, ist aber vor allen Dingen auf Grund der fehlenden Kriterien nicht durchführbar.

Als mögliche Prüfkriterien könnten die einer Dienstleistung zugesprochenen konstitutiven Merkmale herangezogen werden. Dies sind die Immaterialität der Dienstleistung, das Integrationserfordernis des externen Faktors und die zeitliche Synchronisation von Produktion und Absatz, das sogenannte „uno-actu"-Prinzip (vgl. Stuhlmann, 1999, S. 25; Meffert/Bruhn, 2000, S. 41 ff.; Maleri, 1997, S. 84 ff.).

Immaterialität

Die Immaterialität der Dienstleistung ist eines der am häufigsten angeführten, aber auch eines der umstrittensten konstitutiven Merkmale. Dienstleistungen können nicht gefühlt, geschmeckt, gerochen oder gesehen werden. Dies hat für den Kunden zur Folge, dass er den Kauf von Dienstleistungen als risikoreicher empfindet, da die Leistungseigenschaften nur schwer im Vorfeld des Erstellungsprozesses zu evaluieren sind (vgl. McDougall/Snetsinger, 1990, S. 28). Obwohl sowohl die Vorleistung der Dienstleistung als auch ihr Ergebnis einen materiellen Charakter aufweisen können, wie sich z. B. am Abschlussbericht eines Beratungsprojekts verdeutlichen lässt, wird Dienstleistungen das Merkmal der Immaterialität zugeschrieben (vgl. Meffert, 1994, S. 522). Dies ist darauf zurückzuführen, dass zur Leistungserstellung Leistungspotenziale vorhanden sein müssen, die vor ihrer Realisierung unkörperlich und daher sinnlich nicht wahrnehmbar sind (vgl. Meffert/Bruhn, 2000, S. 51). Einschränkungen erfährt dieses Kriterium dadurch, dass z. B. Rechte und Informationen auch die Eigenschaft der Immaterialität aufweisen, ohne dass ihnen zugleich die Dienstleistungseigenschaft zuteil wird (vgl. Klose, 1999, S. 9). Insofern kann es nicht allein, sondern nur in Verbindung mit den anderen Merkmalen als konstituierendes Merkmal interpretiert werden. Folglich handelt es sich um ein notwendiges, aber kein hinreichendes Kriterium.

Integrationserfordernis des externen Faktors

Als zweites Kriterium ist die zwingend notwendige Integration eines externen Faktors in den Erstellungsprozess zu nennen. Die möglichen Erscheinungsformen des externen Faktors sind sehr vielfältig. Zum einen kann es sich um die Person selbst handeln, die eine Dienstleistung in Anspruch nimmt (z. B. Fortbildung). Zum anderen kann es sich auch um ein Objekt handeln, an dem eine Dienstleistung vollzogen wird und welches der Kunde vorher beizusteuern hat (z. B. Reparatur eines Gegenstandes), oder aber der Kunde muss zur Verrichtung der Dienstleistung wichtige Informationen zur Verfügung stellen (z. B. Abholort und -zeit bei einer Transportdienstleistung; vgl. Haller, 1998, S. 55). „Charakteristisch für Dienstleistungen ist die Teilnahme des externen Faktors, nicht seine konkrete Erscheinungsform" (Corsten, 1985, S. 12).

Die Integration des externen Faktors kann verschiedene Formen aufweisen. So kann von einer raumzeitlichen und einer lediglich zeitlichen Integrationsnotwendigkeit gesprochen werden (vgl. Corsten, 2000, S. 150). Bei der raumzeitlichen Integration haben der Leistungsgeber und der Leistungsnehmer einen räumlich und zeitlich synchronen Kontakt, während z. B. bei einer telefonischen Beratung eine zeitliche Integration bei räumlicher Trennung vorliegt. Die Integration kann außerdem unterschiedliche Intensitäten aufweisen, wobei sich die Aktivitäten von Anbieter und Nachfrager der Dienstleistung durch eine partielle Substitutionalität auszeichnen (vgl. Corsten, 2000, S. 151; vgl. auch Abbildung 2). Beispielsweise kann der Anbieter durch Internalisierung, d. h. die Übernahme von Teilleistungen vom Nachfrager, den von ihm erbrachten Leistungsumfang erhöhen und somit den Nachfrager entlasten. Demgegenüber bezeichnet die Externalisierung den Vorgang der Verlagerung von Teilleistungen auf den Nachfrager bei einer gleichzeitigen Reduktion des Aktivitätsgrades des Anbieters.

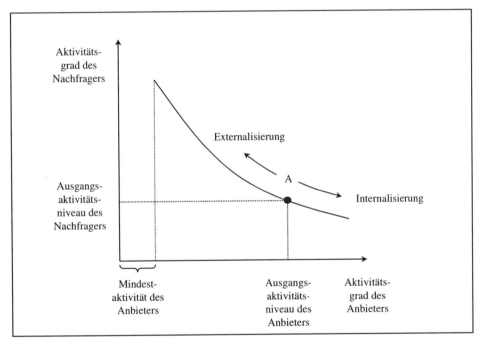

Abb. 2: Die Substitutionalität von Anbieter- und Nachfrageraktivitäten (Quelle: Vgl. Corsten, 1999, S.151).

Eine Mindestaktivität des Anbieters ist allerdings Voraussetzung, da eine vollständige Aktivitätsverlagerung auf den Nachfrager die Selbsterbringung der Dienstleistung durch diesen zur Folge hätte. Bei einer vollständigen Verlagerung der Aktivitäten auf den Nachfrager kann nicht mehr von einer Dienstleistung gesprochen werden, weil der Nachfrager eine solche Leistung eigenständig und autonom erbringen würde. Ebenso ist es zwingend erforderlich, dass der Nachfrager zumindest sein Bedürfnis nach einer Dienstleistung äußert und den externen Faktor in den Erstellungsprozess miteinbringt. Dienstleistungen als Interaktionsprodukte können nicht autonom realisiert werden (vgl. Hentze/Lindert, 1998, S. 1012).

An einem abschließenden Beispiel soll noch einmal die unterschiedliche Einbindung des externen Faktors bei Dienst- und Sachleistungen verdeutlicht werden. Die Autoproduktion ist eine typische Sachleistung. Ein Auto kann vollständig unabhängig vom Kunden hergestellt werden. Trotzdem lässt sich heute vermehrt beobachten, dass der Kunde als externer Faktor in den Erstellungsprozess integriert ist, z. B. in Form von Vorgaben bezüglich der Konfiguration des zu erstellenden Fahrzeugs. Diese Integration des Kunden ist aber keine notwendige Bedingung, um ein Automobil erstellen zu können. Bei einer Dienstleistung, z. B. einer Friseurdienstleistung, ist die Integration des externen Faktors im Gegensatz dazu unabdingbar. Der Kunde muss während der Erstellung der Dienstleistung „Haare schneiden" sich/seinen Körper als „Produktionsfaktor" in den Erstellungsprozess einbringen. Ohne die Einbringung des externen Faktors ist eine Dienstleistung im Gegensatz zu einer Sachleistung nicht erstellbar.

Uno-actu-Prinzip

Bei der Dienstleistung sind Leistungserstellung und Leistungsabgabe identisch und erfolgen zeitgleich nach dem „uno-actu"-Prinzip. Mit diesem Begriff wird die zeitliche Synchronisation von Produktion und Absatz beschrieben (Corsten, 1990, S. 19). Es gibt somit kein Gut oder Objekt, welches vom Anbieter zum Nachfrager wechseln kann. Leistungsgegenstand der Dienstleistung ist überwiegend ein Prozess, der an dem externen Produktionsfaktor vollzogen wird (vgl. Klose, 1999, S. 11). Aus diesem Merkmal ergibt sich zwangsläufig die Nichtlagerfähigkeit einer Dienstleistung, da diese häufig im Augenblick ihrer Entstehung vergeht und somit nicht lagerfähig ist. Zudem weisen Dienstleistungen eine fehlende Transportfähigkeit auf.

Von Dienstleistung wird im Folgenden gesprochen, wenn eine Leistung die drei konstituierenden Merkmale erfüllt. Somit lassen sich Dienstleistungen als Leistungen interpretieren, die durch eine Kombination interner und externer Produktionsfaktoren am externen Faktor erbracht werden, wobei diese Leistung auf Grund der zeitlichen (und räumlichen) Synchronität von Produktion und Absatz ex ante immateriell ist.

2.2 Netzwerk

Im Bereich der Netzwerkforschung gab es in den vergangenen Jahren eine Vielzahl unterschiedlicher Forschungsansätze (vgl. Lorenzoni/Grandi/Boari, 1989; Mueller, 1988; Bartlett/Goshal, 1990; Miles/Snow/Coleman, 1992; Jarillo, 1988; Sydow, 1992 und die dort angegebenen Quellen; Obrig, 1992; Alter/Hage, 1993; Meyer, 1994; Powell, 1990; Teubner, 1992; Klein, 1996).

Systematisiert werden können diese Ansätze zunächst nach ihrem jeweils dominierenden Begriffsverständnis. Es lassen sich Ansätze mit personeller Ausrichtung, die Netzwerke als Gefüge sozialer Beziehungen interpretieren, Ansätze mit interner Ausrichtung, die Netzwerke als Gefüge innerhalb von Unternehmen definieren und Ansätze mit externer Ausrichtung, die Netzwerke als Gefüge zwischen Unternehmen untersuchen, unterscheiden (vgl. Abbildung 3).

Innerhalb der letztgenannten Forschungsrichtung kann weiter in einen transaktionskostenorientierten und in einen systemtheoretischen Ansatz (oberer, rechter Bereich der Abbildung 3) differenziert werden. Die Vertreter der transaktionskostenorientierten Ausrichtung sehen Netzwerke tendenziell als Hybridform zwischen den Extrempolen Markt und Unternehmung. Dies bedeutet allerdings nicht, dass die Existenz von Netzwerken auch transaktionskostentheoretisch erklärt wird (Borchert/Markmann/Steffen/Vogel, 1999, S. 56). Die aus der Sicht der Systemtheorie argumentierenden Autoren fassen Netzwerke als eine spezifische Form neben Markt und Unternehmung auf.

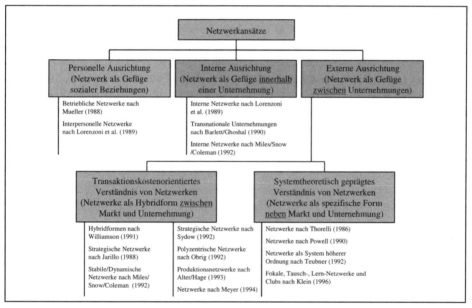

Abb. 3: Die Systematik der skizzierten Netzwerkansätze
(Quelle: Borchert/Markmann/Steffen/Vogel, 1999, S. 57).

Anschauungsobjekt von Mueller (oberer, linker Bereich der Abbildung 3) ist eine überwiegend hierarchisch und bürokratisch strukturierte Unternehmung. Netzwerke fasst er als Konzepte menschlicher Beziehungen innerhalb dieser hierarchischen Struktur auf (vgl. Mueller, 1988, S. 21 ff.). Lorenzoni/Grandi/Boari unterscheiden zwischen externen, internen und interpersonalen Netzwerken (vgl. hier wie im Folgenden Lorenzoni/

Grandi/Boari, 1989). Ein interpersonales Netzwerk reflektiert nach ihrer Auffassung die Beziehungen und die Kommunikation zwischen Individuen und/oder Gruppen.

Interne Netzwerke entwickeln sich aus der Externalisierung interner Organisationseinheiten. Als interne Netzwerke lassen sich also die Beziehungen zwischen Organisationseinheiten innerhalb einer Unternehmung ansehen (oberer, mittlerer Bereich der Abbildung 3). Bartlett/Goshal sehen transnationale Unternehmen als integrierte Netzwerke an und untersuchen die Beziehungen zwischen Stammhaus, Inlands- und Auslandsniederlassungen. Das interne Netzwerk nach Snow/Miles/Coleman entsteht, indem Marktmechanismen auf die Beziehungen innerhalb eines Unternehmens übertragen werden (vgl. Snow/Miles/Coleman, 1992, S. 11 ff.). Auf diese Weise besteht die Möglichkeit der Steigerung der Allokationseffizienz innerhalb des Unternehmens, der Reduktion von Ressourcenabhängigkeiten und der Reduzierung von Reaktionszeiten (vgl. Snow/Miles/Coleman, 1992, S. 13).

Bei diesen Ansätzen liegt der Fokus also auf personellen Beziehungen bzw. auf Beziehungen von Akteuren innerhalb von Unternehmungen. Bei der Erfolgsfaktorenforschung in Dienstleistungsnetzwerken sollen allerdings Netzwerke als Beziehungsgefüge zwischen Unternehmungen, d. h. zwischen eigenständigen und zumindest rechtlich selbstständigen Organisationseinheiten betrachtet werden. Diese können zwar auch als Verbindungen zwischen Personen und somit als personelle Netzwerke interpretiert werden. Im Folgenden soll der Schwerpunkt der Untersuchung auf den Beziehungen zwischen den organisationellen Einheiten liegen. Insofern erfahren die personellen und die intraorganisationellen Ansätze keine weitere Berücksichtigung. Zu klären ist, ob Netzwerke eine eigene, spezifische Governanceform neben Markt und Unternehmung darstellen, oder ob es sich bei Netzwerken um eine hybride Koordinationsform auf einem Kontinuum zwischen Markt und Unternehmung handelt. Powell sieht in Netzwerken einen eigenständigen Organisationstyp, wobei er als charakterisierende Elemente eine langfristige Perspektive und Vertrauen anführt und somit letztendlich dem transaktionstheoretischen Hintergrund nahe kommt (vgl. Powell, 1987, S. 82; Powell, 1990; Jarillo, 1988, S. 36 ff.). Die Diskussion soll an dieser Stelle nicht weiter vertieft werden, sondern es wird auf die genannten Autoren verwiesen. Der Grund hierfür liegt in der Zielsetzung dieses Kapitels. Dienstleistungsnetzwerke sollen u. a. anhand der Netzwerkkonfiguration kategorisiert werden. Hierzu bietet es sich an, eine Einordnung von Netzwerken auf dem Kontinuum zwischen Markt und Hierarchie vorzunehmen. Ein Verständnis von Netzwerken als eigenständige Form zwischen diesen beiden Extrempolen erfordert zum einen eine explizite Definition des Netzwerkbegriffs. Zum anderen ist es fraglich, inwieweit die konstitutiven Merkmale einer solchen Definition bei existierenden Dienstleistungsnetzwerken beobachtet werden können. Die Möglichkeit einer solchen Beobachtung ist jedoch Voraussetzung, um anschließend eine Systematisierung vornehmen zu können.

Im Folgenden werden Netzwerke als Hybridformen auf dem Kontinuum zwischen Markt und Hierarchie verstanden.

Unter einem Markt – im Sinne der neoklassischen Theorie – ist dabei eine Organisationsform ökonomischer Aktivitäten zwischen beliebigen, unabhängigen und sich begrenzt rational und opportunistisch verhaltenden Marktteilnehmern, die eine genau spezifizierte Arbeitsleistung austauschen, zu verstehen (vgl. Sydow, 1992, S. 98). Der Markt kann dabei organisiert und damit institutionalisiert sein (Börsen, Jahrmärkte, Auktionen, elektronische Handelsplattformen) oder aber nicht organisiert sein. Marktliche Beziehungen sind eher kurzfristig angelegt. Die Koordination erfolgt über den Preis.

Begrenzte bzw. beschränkte Rationalität und Opportunismus sind dabei Grundannahmen institutionenökonomischer Ansätze. Begrenzte Rationalität ist eine Folge von unvollständigem Wissen und der begrenzten menschlichen Verarbeitungskapazität. Menschen können lediglich in Bezug auf ihren subjektiven Wissensstand rational handeln (vgl. Simon, 1959, zitiert nach Picot/Reichwald/Wigand, 2001, S. 45). Opportunistisches Verhalten basiert auf der individuellen Nutzenmaximierung, wobei der opportunistisch Handelnde bei der Erreichung seiner eigenen Nutzenmaximierung auch negative Auswirkungen für andere Akteure in Kauf nimmt (vgl. Picot/Reichwald/Wigand, 2001, S. 45; Sydow, 1992, S. 131). Dargestellt werden kann dieses Verhalten am Gefangenendilemma (vgl. hierzu Luce/Raiffa, 1957; Ullmann-Margalit, 1977).

Die Unabhängigkeit der Marktteilnehmer kann in diesem Zusammenhang in die rechtliche und die wirtschaftliche Unabhängigkeit unterschieden werden. Rechtliche Unabhängigkeit konstituiert sich in einer rechtlich eigenständigen Gesellschaftsform. Jede Unternehmung behält im Netzwerk ihre eigene Rechtspersönlichkeit. Die wirtschaftliche Unabhängigkeit bzw. wirtschaftliche Selbstständigkeit bezieht sich auf das Ausmaß der Fähigkeit einer Unternehmung, eigenständige, strategische Entscheidungen zu treffen (vgl. Sydow, 1992, S. 90). Strategische Entscheidungen sind aber immer auch durch das Beziehungsgeflecht von Lieferanten, Abnehmern, Kapitalgebern, Arbeitnehmern, Verbänden und dem Staat, in das die Unternehmung eingebunden ist, beeinflusst (vgl. Sydow, 1992, S. 79 und S. 90). Aus dieser Einbindung resultieren vielfältige Einschränkungen der Handlungsfreiheit einer Unternehmung, sodass eine wirtschaftliche Unabhängigkeit immer nur eine eingeschränkte Unabhängigkeit bzw. Selbstständigkeit sein kann. Ebenso ist die wirtschaftliche Selbstständigkeit mit dem Eingehen einer Kooperationsbeziehung eingeschränkt. Die Entwicklung und Aufrechterhaltung einer solchen Beziehung erfordert von der Unternehmung Investitionen in Form einer teilweisen Aufgabe der Freiheit unabhängigen Handelns (vgl. Sydow, 1992, S. 90).

Das andere Extrem des Kontinuums bildet die Unternehmung, in der die Koordination mittels Hierarchie erfolgt. Hierarchie bedeutet, dass die Beziehungen zwischen den Handelnden durch Über-/Unterordnung gekennzeichnet sind. Die Unternehmensleitung erteilt Weisungen gegenüber einer prinzipiell begrenzten Zahl von Organisationsmitgliedern, wodurch die marktliche Koordination weitgehend substituiert wird. Im Gegensatz zu marktlichen Beziehungen sind hierarchische Beziehungen auf Dauer angelegt und kennzeichnen sich durch ex ante abgestimmte Pläne (vgl. Sydow, 1992, S. 98).

Seinen theoretischen Ursprung hat die Unterscheidung von Markt, Hierarchie und Hybridformen in der Transaktionskostentheorie (vgl. grundlegend Coase, 1937, S. 386-405; Williamson, 1990, S. 1 ff.; Weber, 1999, S. 111). Die Transaktionskostentheorie untersucht die im Rahmen der Übertragung von Handlungs- und Verfügungsrechten entstehenden Kosten. Dies sind Kosten, die während der einzelnen Phasen der Transaktion entstehen. Eine Transaktion umfasst die Anbahnung, Vereinbarung, Kontrolle und u. U. die Anpassung (vgl. Picot, 1982, S. 269). Transaktionskosten sind somit (vgl. Sydow, 1992, S. 130; Picot/Reichwald/Wigand, 2001, S. 50):

- Anbahnungskosten (z. B. für Informationssuche, Recherchen, Reisen, Beratung),
- Vereinbarungskosten (z. B. für Verhandlung, Vertragsformulierung, Vereinbarung usw.),
- Abwicklungskosten (z. B. Prozesssteuerung),
- Kontrollkosten (z. B. für Sicherstellung der Einhaltung von Terminen, Qualität, Mengen-, Preis- oder Geheimhaltungsvereinbarungen),
- Anpassungskosten (z. B. für Durchsetzung von qualitativen, preislichen oder terminlichen Änderungen auf Grund veränderter Bedingungen während der Laufzeit).

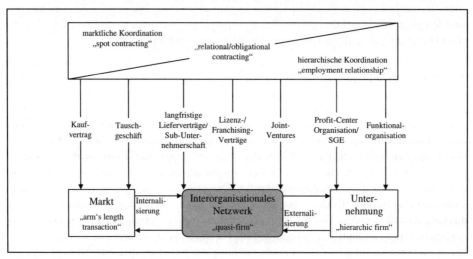

Abb. 4: Organisationsformen ökonomischer Aktivitäten (Quelle: Sydow, 1992, S. 104).

Die Summe der Transaktionskosten ist ein zentraler Bestimmungsfaktor für die Wahl der Organisationsform ökonomischer Aktivitäten. Dabei wird die Höhe der Transaktionskosten durch die Anzahl der Transaktionspartner, die Transaktionshäufigkeit und -unsicherheit sowie durch die strategische Bedeutung der Transaktion für eine Unternehmung beeinflusst. Diejenige Organisationsform erscheint am effizientesten, die die

Transaktionskosten minimiert (vgl. Abbildung 4). Je nach Ausprägung dieser Einflussvariablen ist dabei eine marktliche, eine hierarchische oder eine hybride Koordinationsform vorteilhaft.

2.3 Definition von Dienstleistungsnetzwerken

Aus den zuvor dargestellten theoretischen Grundlagen lässt sich folgende Definition von Dienstleistungsnetzwerken aufstellen:

Dienstleistungsnetzwerke bezeichnen die auf die Erbringung einer Dienstleistung ausgerichtete Zusammenarbeit von zwei oder mehr, rechtlich selbstständigen Unternehmungen, die jedoch zumindest in Bezug auf den Kooperationsbereich wirtschaftlich nicht unabhängig sind.

Die Beziehungen zwischen den die Dienstleistung erbringenden Unternehmungen gehen dabei über rein marktliche Beziehungen hinaus. Dies bedeutet, dass sie für eine gewisse Dauer angelegt sind und die Dienstleistung von den Unternehmungen nicht nur einmalig erbracht, sondern dauerhaft am Markt angeboten werden soll. Explizit mit einbezogen werden auch von im Konzernverbund agierenden Unternehmungen gemeinsam erbrachte Dienstleistungen (vgl. z. B. Profit-Center Organisation in Abbildung 5). Ausgeschlossen sind lediglich rein marktliche Beziehungen und Dienstleistungen, die ausschließlich in einer Hierarchie, also allein von einer Unternehmung erbracht werden.

3 Systematisierung von Dienstleistungsnetzwerken

Zur Identifikation der Erfolgsfaktoren von Dienstleistungsnetzwerken ist es notwendig, eine Systematisierung der zu beobachtenden Dienstleistungsnetzwerke vorzunehmen. Diese Notwendigkeit ergibt sich aus der Vielzahl möglicher Konfigurationen dieser Netzwerke und aus der Heterogenität der von diesen Netzwerken angebotenen Dienstleistungen. Durch die Systematisierung der Dienstleistungsnetzwerke anhand von drei Dimensionen soll eine Bildung von Clustern und damit auch eine Basis für ein Benchmarking erreicht werden. Durch die Systematisierung ist es möglich, ähnliche Dienstleistungsnetzwerke zu identifizieren und Gründe für die Exzellenz einzelner herauszufinden. Diese Systematisierung ist dabei mittels vielfältigster Kriterien denkbar. So existieren im Bereich der Dienstleistung eine Vielzahl eindimensionaler Systematisierungsansätze (vgl. Corsten, 1988, S. 24 f.). Ebenso gibt es im Bereich der Netzwerkforschung eine Vielzahl von Kriterien zur Unterscheidung von Netzwerktypen bzw. Forschungsansätzen (vgl. Kap. 2.2 und ausführlich Borchert/Markmann/Steffen/Vogel, 1999, S. 5 ff.).

Im Folgenden werden diese beiden Bereiche aber nur jeweils anhand eines Kriteriums kategorisiert. Dies geschieht, um eine nicht zu große Anzahl von Feldern bzw. Klassen zu erhalten. Zwar kann eine hohe Anzahl von Kriterien eine sehr genaue Abgrenzung von Dienstleistungsnetzwerken ermöglichen. Die Genauigkeit hat aber auch zur Folge, dass eine große Anzahl von Feldern nicht oder nur mit einzelnen existierenden Dienstleistungsnetzwerken besetzt werden können.

Die Systematisierung der Dienstleistungsnetzwerke wird anhand von drei Dimensionen durchgeführt. Zunächst werden die Dienstleistungsnetzwerke nach Branchen eingeteilt, auf einer zweiten Achse werden die Branchen nach der Dienstleistungskomplexität unterteilt und auf der dritten Achse erfolgt eine Einordnung nach dem Konfigurationstyp des Netzwerks. Daraus ergibt sich der im vierten Teil dieses Kapitels dargestellte Service Cube.

3.1 Branchen

In der ersten Dimension des Service Cube werden die zu untersuchenden Netzwerke anhand einer Branchensystematik eingeordnet. Dies geschieht vor dem Hintergrund der Heterogenität des Dienstleistungssektors und der Zielsetzung der Untersuchung. Die Einteilung in Branchen liefert eine erste Strukturierung. Eine solche Einteilung ist zudem geeignet, um die Bildung von Clustern und die Identifikation von Erfolgsfaktoren der Dienstleistungsnetzwerke innerhalb dieser Cluster, zu ermöglichen. Würden die Dienstleistungsnetzwerke nur anhand der noch zu erläuternden Dimensionen Dienstleistungskomplexität und Netzwerkkonfiguration kategorisiert, wäre die Bildung von Clustern erschwert. Es wäre beispielsweise vorstellbar, dass ein Dienstleistungsnetzwerk im Kultur- und Freizeitbereich Dienstleistungen vergleichbarer Komplexität mit einer vergleichbaren Netzwerkkonfiguration wie ein Netzwerk aus dem Beratungsbereich anbietet. Ein Vergleich dieser beiden Netzwerke kann sicherlich interessante Aspekte aufzeigen. Er sollte aber erst in einem zweiten Schritt (nach einem branchcnintcrncn Vergleich) und unter Berücksichtigung der Besonderheiten der Branche erfolgen.

Die Dienstleistungsnetzwerke werden folgenden Branchen zugeordnet:

- Handelsunternehmen
- Verkehrsbetriebe inkl. Fernverkehr und Gütertransport
- Finanzdienstleister (Banken/Versicherungen u. Ä.)
- Gaststätten und Beherbergungsgewerbe
- Bildungseinrichtungen, Schulen, Universitäten usw.
- Kultur- und Freizeitdienstleister
- Gesundheits-, Wellness- und Schönheitsdienstleistungen
- Beratungsdienstleistungen (Unternehmensberater)
- Agentur-, Makler-, Kommissionärsdienstleistungen
- Telekommunikations- und Informationsdienstleister

3.2 Dienstleistungskomplexität

In der zweiten Dimension werden die Netzwerke anhand der Komplexität der von ihnen erbrachten Dienstleistung kategorisiert. Ausgehend von den allgemeinen Definitionen von Dienstleistung und Komplexität soll das Konstrukt der Komplexität einer Dienstleistung konstruiert und „messbar" gemacht werden. Die Messbarkeit basiert dabei auf der Zusammenführung verschiedener eindimensionaler Systematisierungsansätze.

Komplexität soll dabei nicht im Sinne einer „normalen" Kompliziertheit von Problemen oder Strukturen verstanden werden. Komplexität meint vielmehr allgemein diejenige Eigenschaft von Systemen, in einer gegebenen Zeitspanne eine große Anzahl von verschiedenen Zuständen annehmen zu können, was deren geistige Erfassung und Beherrschung durch den Menschen erschwert (vgl. Bleicher, 1996, S. 31). Aus dieser Vielzahl möglicher Zustände ergeben sich vielfältige, wenig voraussagbare und ungewisse Verhaltensmöglichkeiten. Ein System besteht aus einer Summe von Elementen, zwischen denen Beziehungen bestehen bzw. hergestellt werden können (vgl. Benkenstein/Güthoff, 1996, S. 1497; Homburg/Kebbel, 2001, S. 480; Kieser, 1974, S. 302; Bronner, 1992, S. 1122). Ein Zustand beschreibt dabei genau eine spezifische Element-Beziehungs-Kombination. Je häufiger sich die Beziehungen zwischen den Elementen bzw. die Stellung der Elemente zueinander ändert, desto höher wird die Komplexität dieses Systems.

Als System für die Untersuchung der Komplexität soll hier das Beziehungsgefüge zwischen dem Dienstleistungsanbieter und dem vom Anbieter bereitgehaltenen Potenzial, dem Kunden und dem vom Kunden eingebrachten externen Faktor und der Art der zu erbringenden Dienstleistung verstanden werden (vgl. Abbildung 5; Benkenstein/Güthoff, 1996, S. 1498). In Abbildung 5 ist die spezifische Dienstleistung dabei immer im Vorfeld festzulegen. Anschließend ist das dargestellte System zu untersuchen. Zwischen dem Kunden, dem Dienstleistungsanbieter, dem bereitgehaltenen Leistungspotenzial und dem externen Faktor können vielfältige Beziehungen bestehen. Diese Elemente und die zwischen ihnen bestehenden Beziehungen werden wiederum durch die Art und die Eigenschaften der jeweils betrachteten Dienstleistung beeinflusst.

Bestehende Ansätze zur Beurteilung der Komplexität von Dienstleistungen nehmen die Perspektive des Kunden ein (vgl. Güthoff, 1995, S. 29 ff.; Homburg/Kebbel, 2001, S. 481). Diese Untersuchungen behandeln das Konstrukt der Qualität bzw. der Qualitätswahrnehmung von Dienstleistungen. Insofern muss die Bewertung der Dienstleistungskomplexität aus der Sicht des Kunden vorgenommen werden. In Anbetracht der Zielsetzung vorliegender Arbeit wird hier die Perspektive des Dienstleistungsanbieters eingenommen. Nicht die vom Kunden wahrgenommene Komplexität ist entscheidend, sondern die Herausforderungen an das Management des Dienstleistungsanbieters, die sich aus der Komplexität des betrachteten Systems ergeben. Letztendlich wird das Dienstleistungsnetzwerk am erfolgreichsten sein, welches die Komplexität am besten „beherrschen" kann.

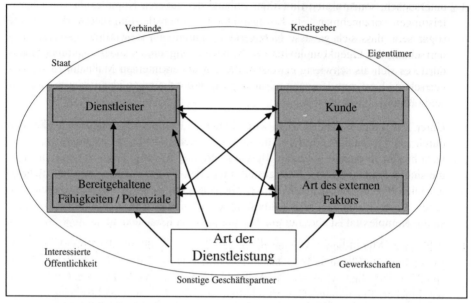

Abb. 5: Das Dienstleistungssystem

In diesem System lassen sich vier Perspektiven von Komplexität unterscheiden.

1. Die bereits erwähnte Komplexität aus der Sichtweise des Kunden, die sogenannte subjektive Komplexität. Dargestellt ist diese in Abbildung 5 im rechten grauen Kasten. Entscheidend für die Beurteilung der Komplexität in dieser Perspektive ist die Wahrnehmung durch den Kunden (vgl. Homburg/Kebbel, 2001, S. 481).

2. Zum Zweiten ist die objektive Komplexität bzw. die Innenkomplexität zu nennen. Unter objektiver Komplexität verstehen Homburg/Kebbel die Komplexität, die sich aus der internen Gestaltung der Prozesse zur Erbringung der Dienstleistung ergibt (vgl. Homburg/Kebbel, 2001, S. 481). Bleicher bezeichnet diese als Innenkomplexität, die dadurch entsteht, dass versucht wird, innerhalb der Unternehmung bzw. hier innerhalb des Netzwerks die äußere Komplexität durch organisatorische Maßnahmen auf ein für den einzelnen Mitarbeiter bzw. das einzelne Netzwerkmitglied beherrschbares Maß zu reduzieren (vgl. Bleicher, 1996, S. 31). Diese auch als Eigenkomplexität bezeichnete innere Komplexität, welche im linken grauen Kasten in der Abbildung 5 dargestellt ist, wird im Folgenden nicht weiter berücksichtigt. Die noch zu erläuternden Kriterien der Potenzialphase bilden zwar Ansatzpunkte des Komplexitätsmanagements innerhalb der Unternehmung bzw. innerhalb des Netzwerks. Es wird aber lediglich betrachtet, inwiefern sich durch die Notwendigkeit der Faktorbereithaltung komplexitätssteigernde Wirkungen ergeben. Ziel der Systematisierung ist es nicht, die generellen organisatorischen Maßnahmen der einzelnen Dienstleistungsanbieter und -netzwerke in Bezug auf den Umgang mit der Komplexität zu

untersuchen, sondern eine Einteilung anhand der äußeren Komplexität von Dienstleistungen vorzunehmen. Ein Erfolgsfaktor von Dienstleistungsnetzwerken könnte sogar sein, dass sich gewisse Netzwerkkonfigurationen wesentlich besser zur Beherrschung der Eigenkomplexität des Netzwerks eignen als andere. Darüber hinaus dürfte es sich als schwierig erweisen, diese netzwerkinternen Maßnahmen zur Beherrschung bzw. zum Umgang mit Komplexität überhaupt zu identifizieren bzw. anschließend zu bewerten.

3. Unter der äußeren Komplexität wird diejenige Komplexität verstanden, die sich durch die Interaktion des Dienstleistungsanbieters mit der Umwelt ergibt. Diese wird hier noch einmal unterteilt. Berücksichtigung findet hier nur die Komplexität, die sich, wie in Abbildung 5 dargestellt und oben bereits erläutert, aus den Elementen Dienstleister, Kunde und Art der Dienstleistung sowie den Beziehungen zwischen diesen Elementen ergibt. Diese innerhalb der Ellipse in Abbildung 5 dargestellte Komplexität ist aber nur ein Teil der äußeren Komplexität.

4. Auf einer „Meta-Ebene" können noch weitere prinzipiell auf die Komplexität einflussnehmende Elemente berücksichtigt werden. Dies sind wie in Abbildung 5 beispielhaft und ohne Anspruch auf Vollständigkeit dargestellt: Der Staat, Verbände, Kreditgeber, Eigentümer, Gewerkschaften, sonstige Geschäftspartner oder die interessierte Öffentlichkeit. So wird der Erstellungsprozess einer Dienstleistung oder die Art der Dienstleistung regelmäßig durch gesetzliche Vorschriften reglementiert (Kreditgeber haben gewisse Kontrollrechte usw.). Teilweise sind diese Auswirkungen indirekt über die Art der Dienstleistung mit berücksichtigt (z. B. gibt es für Finanzdienstleistungen spezifische, gesetzliche Regeln, die zu beachten sind). Eine darüber hinausgehende direkte Berücksichtigung dieser Faktoren erfolgt im weiteren Verlauf jedoch nicht. Zum einen erscheint der Einfluss dieser Elemente und der Beziehungen des inneren Systems zu diesen Elementen vernachlässigbar. Zum anderen werden sich für jegliche Dienstleistungen bzw. deren Anbieter vergleichbare Auswirkungen ergeben, wodurch sie im Rahmen einer Systematisierung nicht zur Abgrenzung der Dienstleistungen untereinander dienen können.

Ein weiteres Element obiger Komplexitätsdefinition ist die gegebene Zeitspanne bzw. der Faktor Zeit. Güthoff berücksichtigt die Zeit in ihrer Untersuchung mit Hilfe der Länge der Leistungserstellung als einen komplexitätstreibenden Faktor (vgl. Güthoff, 1995, S. 34). Homburg/Kebbel unterscheiden zwischen dem Konstrukt Komplexität und Dynamik und klammern das Konstrukt Dynamik und somit den Zeitfaktor explizit aus (vgl. Homburg/Kebbel, 2001, S. 480). Für die vorliegende Untersuchung erscheint diese Ausblendung nicht zielführend zu sein. Die Folge wäre eine statische Zeitpunktbetrachtung des Systems. Die Erstellung einer Dienstleistung erstreckt sich regelmäßig über einen längeren Zeitraum, wobei sich je nach Betrachtungszeitpunkt eine unterschiedliche Komplexität in Form einer unterschiedlichen Anzahl von Zuständen ergibt. Da dementsprechend die Komplexität einer Dienstleistung vom Zeitpunkt der Komplexitätsbestimmung abhängt, ist eine Ausblendung der Dynamik vor dem Hintergrund der Systematisierung nicht sinnvoll.

Als gegebene Zeitspanne wird zum einen die Zeitdauer der Dienstleistungserstellung betrachtet. Zum anderen soll aber auch die Potenzialphase als Zustand zu Prozessbeginn und die Ergebnisphase als Zustand am Prozessende berücksichtigt werden. Kritisiert werden kann hier, dass diese Zeitspanne je nach Dienstleistung höchst unterschiedlich sein kann. Eine theoretische Vergleichbarkeit würde eine normierte Komplexitätsmessung in Form der Zustände pro Zeiteinheit erfordern. Auf Grund der Heterogenität der zu betrachtenden Dienstleistungen erscheint eine solche Normierung aber nicht operationalisierbar zu sein.

Allgemein ist damit die Komplexität einer Dienstleistung umso höher, je mehr verschiedene Zustände das System - bestehend aus Dienstleistungsanbieter, Konsument und der Dienstleistungsart - unmittelbar vor, während und unmittelbar nach der Erstellung der Leistung annehmen kann. Die Komplexität von Dienstleistungen soll nun anhand von acht einzelnen Kriterien beurteilt werden. Im Einzelnen sind dies die folgenden Kriterien (vgl. Tabelle 1).

Phase	Kriterium
Potenzialphase	Koordination der internen Faktorkapazitäten
	Art der bereitgehaltenen Faktoren
Prozessphase	Ausprägung des Faktors Arbeit
	Anzahl/Heterogenität der Teilleistungen
	Interaktionsintensität
	Individualität der Dienstleistung
	Vertragsverhältnis
Ergebnisphase	Art der Verwendung (zeitliche Nutzenstiftung)

Tab. 1: Kriterien der Komplexitätsbeurteilung

Koordination der internen Faktorkapazitäten

Bei der Koordination der internen Faktorkapazitäten gibt es verschiedene komplexitätstreibende Faktoren. Zunächst ist die Anzahl der zu koordinierenden Faktoren zu berücksichtigen. Je mehr Faktoren zur Erstellung einer Dienstleistung bereitgehalten werden müssen, umso größer ist die Anzahl möglicher Zustände und damit die Komplexität. Ist zur Erbringung der Dienstleistung nur eine Person notwendig, so ergibt sich eine geringe Koordinationsnotwendigkeit. Kann eine Dienstleistung (z. B. schwierige Operation) nur durch ein Team von Spezialisten in Kombination mit spezieller Ausrüstung erbracht werden, ergibt sich ein hoher Koordinationsaufwand in der Potenzialphase und somit eine hohe Koordinationsnotwendigkeit. Ein Koordinationsbedarf kann weiterhin durch die Notwendigkeit entstehen, die Faktoren räumlich zu verlagern. Dies ist z. B. bei Beratungsleistungen der Fall, wo die internen Faktoren, also die Berater, zum Kunden verlagert werden und nicht der Kunde zum Standort des Anbieters kommt. Eine weitere Koordinationsnotwendigkeit ergibt sich bei stark schwankender Nachfrage im Zeitablauf, wenn eine kurzfristige Kapazitätsanpassung möglich ist. Dies wird allerdings in den seltensten Fällen möglich sein, da in der Regel weder Maschinen noch Personal kurzfristig auf- oder abbaubar sind. Das zeitliche Kapazitätsmanagement soll des Weiteren auch deshalb nicht in die hier vorgenommene Komplexitätsbewertung miteinfließen, da es eine Koordinationsnotwendigkeit für alle Dienstleistungsanbieter darstellt.

Art der bereitgehaltenen Faktoren

Eine Dienstleistung kann allgemein durch Personal, durch Maschinen oder durch eine Kombination dieser beiden Einsatzfaktoren mit dem externen Faktor erbracht werden. In Abhängigkeit von der Dienstleistung müssen also entweder Personal oder Maschinen oder beides vom Anbieter der Dienstleistung bereitgehalten werden. So sind bei Notardienstleistungen oder allgemein bei Beratungsleistungen, bei denen überwiegend persönliche Arbeitsleistung zur Erstellung der Dienstleistung eingesetzt wird, überwiegend personelle Einsatzfaktoren bereitzuhalten. Dagegen wird z. B. bei Autoreparaturen neben der eingesetzten Arbeitszeit der Mechaniker auch der Einsatz von Reparaturanlagen und Werkzeugen in einem nicht unerheblichen Maß notwendig. Ein anderes Beispiel einer Dienstleistung, bei der die Leistung hauptsächlich von einer Maschine erbracht wird, ist ein Reinigungsservice. Bei diesen Dienstleistungen sind entsprechend auch Maschinen als interne Einsatzfaktoren bereitzuhalten. Solche Dienstleistungen, bei denen maschinelle Einsatzfaktoren dominieren, zeichnen sich durch einen geringeren Koordinationsbedarf bzw. durch eine bessere Planbarkeit aus und sind somit im Sinne obiger Komplexitätsdefinition als weniger komplex einzustufen. Diese geringere Koordinationsnotwendigkeit ergibt sich aus der Passivität einer Maschine bezüglich der Beziehungen zu anderen Systemelementen. Eine solche Beziehung kennzeichnet sich durch Einseitigkeit.

Ausprägung des Faktors Arbeit

Die zur Erstellung der Dienstleistung notwendige Ausprägung des Faktors Arbeit kann eher körperlicher oder eher geistiger Natur sein. Bezogen ist dieses Kriterium auf die vom Dienstleister im Rahmen des Erstellungsprozesses erbrachten Leistungen. Es wird hier nicht wie beim vorherigen Kriterium das Potenzial an sich, also die Faktorart, betrachtet, sondern der Beitrag dieses Faktors zur Leistungserstellung. Erbringen die eingesetzten Faktoren die Veränderung am externen Faktor durch geistige Leistungen, oder erfolgt die Veränderung durch körperliche/maschinelle Leistungen? Als Beispiel für eher körperliche Dienstleistungen können z. B. die Reinigung von Kleidung oder die Reparatur von Objekten angeführt werden, wobei die „körperliche" Tätigkeit nicht zwangsläufig von einer Person durchzuführen ist, sondern auch von bzw. mit Hilfe von Maschinen oder Produktionsanlagen durchgeführt werden kann. Als im Wesentlichen auf geistigen Arbeitsinput basierende Dienstleistungen können beispielsweise sämtliche Beratungsleistungen (Unternehmensberatung, Vermögensberatung usw.) genannt werden.

Bei der Textilreinigung erfolgt die Auftragsannahme und die Übergabe der gereinigten Ware durch Personal; der eigentliche Kern der Dienstleistung, die Reinigung der Textilien, erfolgt jedoch automatisiert durch eine Maschine. Im Vergleich zu einer personalintensiv erbrachten Dienstleistung ist eine solche Dienstleistung von geringerer Komplexität als z. B. die Beratungsleistung einer Unternehmensberatung. Es gibt eine klare Auftragssituation, ein oder mehrere standardisierte Reinigungsprogramme mit vorhersehbaren bzw. sicher eintretenden Ergebnissen. Im Gegensatz dazu besteht zwar auch bei einer Unternehmensberatung eine klare Auftragssituation, aber die von den Beratern erwartete bzw. zu erbringende Leistung wird regelmäßig nicht planbar, nicht sicher vorhersehbar sein. Einfluss auf die Komplexität einer Dienstleistung hat diese Kategorie insofern, als allgemein bei geistigem Arbeitsinput eine wesentlich größere Anzahl von Zuständen bzw. eine geringere Vorhersehbarkeit des Leistungsprozesses und des Ergebnisses im Vergleich zu körperlichen/maschinellen Tätigkeiten möglich ist. Im Sinne der allgemeinen Komplexitätsdefinition ergibt sich also eine umso höhere Komplexität der Dienstleistung, je mehr geistiger Arbeitsinput notwendig ist bzw. eine umso niedrigere Komplexität, je höher der körperliche/maschinelle Arbeitsinput ist.

Anzahl/Heterogenität der Teilleistungen

Bei der Anzahl/Heterogenität der Teilleistungen steht die Art der Dienstleistung im Mittelpunkt der Betrachtung. Die Dienstleistung kann aus einer Vielzahl oder lediglich aus wenigen, nacheinander und/oder parallel zu erbringenden Einzelleistungen bestehen. Allein mit der Anzahl der Teilleistungen steigt die Zahl der Systemelemente und damit die Komplexität an. Zum anderen wird die betrachtete Zeitspanne der Dienstleistungserstellung mit zunehmender Anzahl der Teilleistungen ansteigen, wodurch sich ebenfalls komplexitätserhöhende Wirkungen ergeben können. Neben der Anzahl der Teilleistungen hat auch die Gleichartigkeit bzw. die Verschiedenheit der einzelnen Leistungselemente komplexitätsbeeinflussende Wirkungen. Werden homogene Teilleistungen erbracht, ist von einer geringeren Anzahl von Zuständen der Beziehungen zwischen Dienstleister und Kunden auszugehen als bei sehr heterogenen Einzelleistungen. Eine Unternehmensberatungsdienstleistung kann hier wiederum als sehr komplex angeführt werden. Die Beratung setzt sich aus vielen einzelnen Teilleistungen zusammen, die in der Regel verschiedenartig sein werden. Als Beispiel einer in Bezug auf dieses Kriterium durch geringe Komplexität gekennzeichnete Dienstleistung lässt sich eine Transportdienstleistung des öffentlichen Personennahverkehrs anführen. Einziges Leistungselement ist hier der Transport von A nach B. Insofern zeichnet sich diese Dienstleistung durch eine in Bezug auf dieses Kriterium minimale Anzahl von Zuständen und somit durch eine niedrige Komplexität aus.

Interaktionsintensität

Die Komplexität von Dienstleistungen wird des Weiteren durch die Einbeziehung des Kunden in den Prozess der Dienstleistungserstellung gesteigert. Gemeint ist dabei jegliche Form der Einbeziehung des Kunden, sei es als Vollzugs- oder als Unterstützungsfunktion (vgl. Meffert/Bruhn, 2000, S. 25 f.).

Der Kunde kann gleichzeitig der eingebrachte externe Faktor sein, er kann aber auch ein Objekt als externen Faktor in den Erstellungsprozess einbringen. Insofern müssen bei diesem Kriterium zwei Beziehungen betrachtet werden, je nachdem, ob der Kunde selbst oder ein Objekt des Kunden der externe Faktor ist. Zum einen muss die Beziehung des Kunden zum Dienstleister als komplexitätsbeeinflussend berücksichtigt werden. Dies betrifft z. B. Vertragsvereinbarung, Abwicklung, Anpassen an/Eingehen auf Kundenwünsche usw. Zum anderen erfolgt die Erstellung der Dienstleistung durch eine Kombination des internen und des externen Faktors. Betrachtet wird in dieser Prozessperspektive also das Zusammenwirken dieser Faktoren und die sich ergebende Anzahl von Zuständen.

Eine geringe Komplexität besteht, wenn der Kunde nur bei der Auftragsverarbeitung und bei der „Leistungsübergabe" integriert wird, während die nutzenstiftende Wirkung an einem Objekt des Kunden erbracht wird. Dies wäre wie oben bereits geschildert z. B. bei einer Reinigungsdienstleistung der Fall. Der Kunde gibt seine zu reinigende Kleidung (Objekt als externer Faktor) mit den entsprechenden Reinigungswünschen ab, der Prozess der Reinigung erfolgt ohne eine weitere Einbeziehung des Kunden und anschließend nimmt der Kunde seine gereinigte Kleidung wieder in Empfang. Eine solche Dienstleistung zeichnet sich bezüglich der Integration und der Interaktion mit dem Kunden durch eine geringe Anzahl von Zuständen aus. Dies ist auch dadurch bedingt, dass sich der externe Faktor als Objekt in den Beziehungen zu den anderen Systemelementen durch Passivität auszeichnet.

Im Gegensatz dazu ist die Dienstleistung der Vermögensberatung/-verwaltung bezüglich dieses Kriteriums als sehr komplex anzusehen (sofern der Kunde nicht einmalig ein umfassendes Betreuungsmandat erteilt). Mit dem Kunden werden zu Beginn der Beratung gewisse Ziele und Anlagekriterien vereinbart. Bei der anschließenden Umsetzung wird es je nach Umfang der erteilten Vollmachten dazu kommen, dass der Kunde im Extremfall bei jeder Transaktion informiert, aufgeklärt werden und seine Einwilligung geben muss. Im Zuge dieser Erstellung einer Dienstleistung ist der Kunde in hohem Maße in die Erbringung der Dienstleistung eingebunden. Im Sinne obiger Komplexitätsdefinition ist eine sehr hohe Zahl möglicher Zustände denkbar. Insofern steigt die Komplexität einer Dienstleistung mit einer zunehmenden Einbeziehung des Kunden in den Prozess der Dienstleistungserstellung.

Individualität der Dienstleistung

Bei diesem Kriterium wird untersucht, ob eine Dienstleistung standardisiert ist oder jeweils kundenspezifisch neu erstellt wird. Ein Beispiel für eine standardisierte Leistung ist die schon mehrfach erwähnte Textilreinigung. Der Kunde wählt anfangs ein Reinigungsprogramm und erhält eine standardisierte Leistung. Ein Beispiel für eine individuelle Dienstleistung ist die Personalvermittlungstätigkeit, die ein Headhunter erbringt. Für einen spezifischen Kunden wird in einer spezifischen Situation eine spezifische Lösung erbracht. Es wird eine Leistung mit der Losgröße Eins erbracht.

Die Komplexität steigt mit zunehmender Individualität. Dies kann insbesondere mit den im Zuge abnehmender Losgrößen geringeren Erfahrungswerten und den damit verbundenen notwendig höheren Anstrengungen verbunden sein. Im Gegensatz dazu gibt es bei standardisierten Dienstleistungen hohe Erfahrungswerte und eine hohe Sicherheit bezüglich der Ursache-Wirkung-Beziehungen während des Dienstleistungserstellungsprozesses. Als Beispiel für eine individuelle und somit komplexe Dienstleistung kann erneut die Unternehmensberatung angeführt werden. Die konkrete Beratungsleistung, z. B. eine Restrukturierung, ist immer sehr kundenspezifisch und wird sich nicht ohne weitere Anpassung multiplizieren lassen. Eine Unterhaltungsdienstleistung, wie z. B. ein Kinobesuch ist dagegen in hohem Maße standardisiert. Eine Anpassung an den Kunden erfolgt hier nicht.

Vertragsverhältnis

Das Kriterium Vertragsverhältnis betrachtet die rechtliche Ebene der Beziehung zwischen dem Kunden und dem Dienstleistungsanbieter. Regelmäßig wird dies ein mehr oder weniger standardisierter Kaufvertrag sein. Untersucht wird, ob zwischen dem Dienstleistungsanbieter und dem Kunden ein individueller Vertrag geschlossen wird oder ob die Erbringung auf Basis eines Standardvertrages erfolgt. Bei einem individuellen Vertrag ergibt sich ein hoher Abstimmungsbedarf zwischen Anbieter und Nachfrager bzw. ein hoher Prüfungsbedarf der Vertragsimplikationen auf beiden Seiten. Bei einem massenhaft angewendeten Vertrag (Kaufvertrag beim Kauf einer Kinokarte) ist ein solcher Prüf- bzw. Abstimmungsbedarf nicht mehr erkennbar. Somit ist mit einer steigenden Individualität des Vertrages von einer steigenden Komplexität der Dienstleistung auszugehen. Bei diesem Kriterium wird eine gewisse Korrelation mit dem vorherigen Kriterium feststellbar sein. Es ist jedoch nicht zwangsläufig so, dass bei einer individuellen Dienstleistung automatisch auch ein individueller Vertrag geschlossen wird. Eine

Unternehmensberatung kann z. B. durchaus weitgehend standardisierte Verträge verwenden.

Art der Verwendung/zeitliche Nutzenstiftung

Bei der zeitlichen Wirkung der Nutzenstiftung wird zwischen einer dauerhaften und einer nicht dauerhaften Wirkung der Nutzenstiftung unterschieden. Bei diesem Kriterium wird auf die Ergebnisebene der jeweiligen Dienstleistung abgezielt. Es kann davon ausgegangen werden, dass mit zunehmender Wirkungsdauer der Nutzenstiftung die Bedeutung für den Konsumenten steigt. Im Zuge dieser steigenden Bedeutung wird sich das Involvement des Kunden ebenfalls erhöhen. Letztendlich wird dies bereits in der Phase des Erstellungsprozesses in einer höheren Einflussnahme des Kunden und somit in einer höheren Komplexität resultieren. Mit zunehmendem zeitlichen Ausmaß der Wirkung ergibt sich somit eine höhere Komplexität.

Eine dauerhafte Wirkung kann z. B. der Abschlussbericht bzw. die Veränderung der Unternehmensorganisation im Anschluss an ein Beratungsprojekt haben. Diese Veränderung wird Nachwirkungen über mehrere Jahre haben. Eine schlechte Beratungsleistung kann gravierende Folgen für die Unternehmung haben. Insofern kann hier von einer sehr hohen Bedeutung der Dienstleistung für den Kunden ausgegangen werden. Eher kurzfristige Wirkung hat z. B. die bereits mehrfach zitierte Transportdienstleistung des öffentlichen Personennahverkehrs. Die Wirkung dieser Dienstleistung ist relativ leicht revidierbar und es ist davon auszugehen, dass die Bedeutung dieser Dienstleistung für die meisten Kunden äußerst gering ist.

Die Gesamteinschätzung der Komplexität einer Dienstleistung erfolgt durch eine Einzelbewertung der jeweiligen Kriterien mittels einer Fünferskala.

Kriterium	Max	Ausprägung (5 ← → 1)					Min
	Sehr komplex	> 80 %	> 60%	> 40 %	> 20 %	> 0 %	Wenig komplex
Koordination der internen Faktorkapazitäten	Hoher Koordinationsbedarf						Niedriger Koordinationsbedarf
Art der bereitgehaltenen Faktoren	Personal						Maschinen
Ausprägung des Faktors Arbeit	Geistig						Körperlich
Anzahl/Heterogenität der Teilleistungen	Hoch						Gering
Interaktionsintensität	Hoch						Gering
Individualität der Dienstleistung	Individuell						Standardisiert
Vertragsverhältnis	Einzelvertrag						Standardvertrag
Art der Verwendung (zeitliche Nutzenstiftung)	Dauerhaft						Nicht dauerhaft

Tab. 2: Komplexitätsbewertung

Bei jedem einzelnen Kriterium wird eine Einteilung auf einem Kontinuum zwischen sehr komplexer und sehr einfacher Ausprägung des jeweiligen Kriteriums vorgenommen.

Wird eine Dienstleistung bezüglich eines Kriteriums als „sehr komplex" eingestuft, werden fünf Punkte vergeben, für eine Einstufung „sehr einfach" wird ein Punkt zugeordnet. Anhand der Summe der vergebenen Punkte über alle acht Kriterien erfolgt eine Gesamtbewertung der Komplexität einer Dienstleistung gemäß folgender Tabelle 3.

Urteil	Sehr geringe Komplexität	Geringe Komplexität	Mittlere Komplexität	Hohe Komplexität	Sehr hohe Komplexität
Bandbreite der Punktsumme	0 - 14	15 - 20	21 - 27	28 - 33	34 - 40

Tab. 3: Punkteverteilung zum Gesamturteil Komplexität

3.3 Netzwerktyp

In der dritten Dimension (Netzwerkdimension) soll, wie in Kapitel 2.2 beschrieben, eine Einordnung der Netzwerke auf dem Kontinuum zwischen Markt und Hierarchie erfolgen. Während marktliche Beziehungen eher kurzfristiger Natur sind und die Koordination über den Preis erfolgt, sind hierarchische Beziehungen eher dauerhaft, auf Basis detaillierter Verträge angelegt.

Die Einordnung existierender Netzwerke kann anhand des Bindungsgrades vorgenommen werden. Der Bindungsgrad gibt Auskunft darüber, ob und in welchem Ausmaß die Akteure sich vertraglich abstimmen und festlegen (vgl. Ahlert, 2000, S. 31). Der Bindungsgrad kann dabei in die Teildimensionen Bindungsumfang, Bindungsdauer und Bindungsintensität unterteilt werden. Ist nur ein Teil der Aktivitäten der Netzwerkmitglieder durch die Partizipation am Netzwerk einer Bindung unterworfen, so kann von einem geringen Bindungsumfang gesprochen werden. Bringt ein Mitglied des Dienstleistungsnetzwerks hingegen alle seine Aktivitäten in das Netzwerk mit ein, so ist der Bindungsumfang sehr hoch. Die Bindungsdauer untersucht, ob eine Bindung nur vorübergehend oder langfristig/unbegrenzt eingegangen wird. Die Bindungsintensität kennzeichnet die Intensität der Verhaltensabstimmung. Ein Dienstleistungsnetzwerk kann sich durch eine weitreichende Systemkopfsteuerung kennzeichnen oder ungesteuert bzw. weder strategisch noch operativ durch ein Netzwerkmitglied geführt sein. Ein nicht systemkopfgeführtes Netzwerk (z. B. Verbundgruppe) zeichnet sich dadurch aus, dass über die grundlegenden Vereinbarungen hinaus die Koordination weitgehend durch Marktmechanismen erfolgt. Grundlegende Vereinbarungen können dabei beispielsweise in Verträgen oder in Beteiligungen, Lieferungsvereinbarungen usw. bestehen. Über diese fixierten Regelungen hinaus besteht in einem Netzwerk aber weiterer Koordinationsbedarf, der eher durch marktliche Mechanismen oder durch eher hierarchische Mechanismen gedeckt werden kann. Ein systemkopfgeführtes Netzwerk wendet dabei eher hierarchische Mittel an. Somit ergeben sich entsprechende Auswirkungen auf die Positionierung der Dienstleistungsnetzwerke auf dem Kontinuum zwischen Markt und Hierarchie.

Eine extrem hohe Bindung und damit eine hierarchienahe Einordnung liegt somit vor, wenn sich die Akteure langfristig in allen Aktivitätsbereichen der einzelnen Netzwerkmitglieder und mit sehr weitreichenden Vorgaben abstimmen, bzw. sich der Steuerung eines Systemkopfs unterwerfen (vgl. Ahlert, 2001c, S. 7). Kennzeichen eines hierarchienahen Netzwerkes sind z. B. weitreichende (gegenseitige) Beteiligungen der Netzwerkteilnehmer untereinander in Verbindung mit einer zentralen Führungseinheit. Als eher lose und marktnahe Netzwerkkonfiguration kann z. B. eine befristete Kooperationsvereinbarung zwischen einem Hotelbetreiber und einer Fluggesellschaft charakterisiert werden, die zusammen die Dienstleistung Urlaub anbieten. Dies gilt umso mehr, wenn beide Partner noch über viele andere Beziehungen verfügen und nicht existenziell auf das Geschäft aus dieser Kooperationsvereinbarung angewiesen sind.

3.4 Der Service Cube

Aus den zuvor beschriebenen Dimensionen ergibt sich in der Zusammenführung folgender als Service Cube bezeichneter Würfel, in den existierende Dienstleistungsnetzwerke eingeordnet werden können.

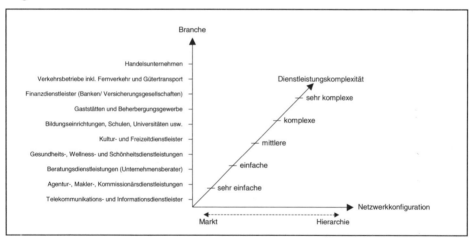

Abb. 6: Der Service Cube

Hierzu wird dem Dienstleistungsnetzwerk in den drei Dimensionen die jeweilige Ausprägung zugeordnet. Dienstleistungen von unterschiedlicher Komplexität werden in den Branchen durch eher markt- oder eher hierarchienahe Netzwerkkonfigurationen erbracht. Der Service Cube ermöglicht, einen guten Eindruck der Heterogenität der Dienstleistungsnetzwerke zu vermitteln. Darüber hinaus ist er unabdingbare Voraussetzung einer Erfolgsforschung im Bereich der Dienstleistungsnetzwerke. Eine solche ist zielführend nur möglich, wenn die Unterschiede bzw. Gemeinsamkeiten zwischen den untersuchten

Objekten erkannt und berücksichtigt werden. Dabei kann der Service Cube Unterstützung leisten.

4 Der Ansatz der Erfolgsforschung in Dienstleistungsnetzwerken

In einer Marktwirtschaft spielt der Erfolg eine entscheidende Rolle. Unternehmen, Kooperationen oder Dienstleistungsnetzwerke werden anhand ihres Erfolges bewertet und gemessen. Die rasante Veränderung der Wettbewerbssituation führt zu umfangreichen Änderungen im Management der Unternehmungen. Sie müssen sich stärker an den Kundenwünschen orientieren. Probleme an den Produkten oder Dienstleistungen sowie Änderungen der Kundenbedürfnisse können nur im Dialog mit dem Kunden erfahren werden und erfordern unverzügliche Reaktionen. Was sind die Quellen, aus denen diese Innovationskraft geschöpft werden kann? Das konsequente „Messen an den Besten", also das **Benchmarking** (vgl. Ahlert/Schröder, 1998, S. I ff.). Bevor das Vergleichen beginnen kann, muss zunächst ein Maßstab für Spitzenleistungen gefunden werden. Gesucht werden Faktoren, die exzellente von weniger erfolgreichen Anbietern signifikant unterscheiden: die **Erfolgsfaktoren**. Fasst man die beiden Aspekte, also das Benchmarking sowie die Erfolgsfaktoren-Forschung zusammen, spricht man im Münsteraner Ansatz von der **Erfolgsforschung**.

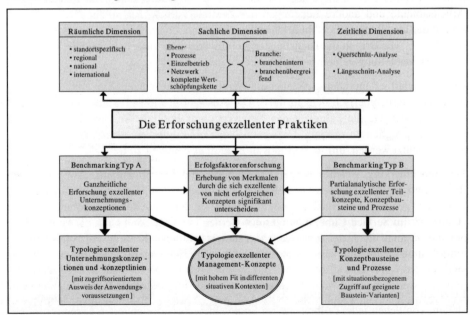

Abb. 7: Münsteraner Ansatz der Erfolgsforschung
(Quelle: Ahlert/Schröder, 1998, S. I)

Dienstleistungsnetzwerke als zur Erbringung einer Dienstleistung ausgerichtete Zusammenarbeit von zwei oder mehr rechtlich selbstständigen Unternehmungen, die wirtschaftlich zumindest in Bezug auf den Kooperationsbereich nicht unabhängig sind, stellen besondere Anforderungen an die Erfolgsforschung. Besonders bei der Identifikation der Erfolgsfaktoren müssen Netzwerkaspekte beachtet werden.

Der Erfolgsfaktor Netzwerkmanagement muss demnach für die jeweilige Dienstleistungsteilbranche operationalisiert werden. Von besonderem Interesse sind dabei die Steuerungs- und Führungsinstrumente im Netzwerk. Ist es eher lose oder eher straff geführt? Wer übernimmt Steuerungsfunktionen? Wer hat das Recht, Sanktionen auszusprechen? – Fragen von höchster Erfolgsrelevanz und häufig Ausgangspunkt von Konflikten im System (vgl. Evanschitzky, 2001, S. 305 ff.).

Es muss bedacht werden, dass bei einem Dienstleistungsnetzwerk (i. d. R.) der Kunde mit lokalen Anbietern in direktem Kontakt steht, die ihrerseits wiederum ein Netzwerk darstellen. Das wirft Fragen nach dem Markenmanagement auf: Tritt jeder unter eigener Marke auf oder bekommt das Netzwerk eine gemeinsame Marke (vgl. Ahlert/Kenning/Schneider, 2000, S. 195 ff.)?

Sachlich verteilte Leistungen sind in Dienstleistungsnetzwerken – neben räumlich verteilten, die sich aus den Charakteristiken der Dienstleistung ergeben – die Regel. So besteht z. B. ein Beraternetzwerk aus einzelnen Beratern, die den Kunden „vor Ort" betreuen. Dabei greifen diese aber auf Leistungen wie Datenbanken, teil-standardisierte Arbeitsabläufe und andere Leistungen der Zentrale zurück. Ein solcher Systemhintergrund, der als „Back-Office" bezeichnet werden kann, übernimmt also gewisse Teilleistungen, die „vor Ort" in die Dienstleistung einfließen oder diese erst ermöglichen. Daher ist die Sicherstellung gemeinsamer Qualitätsstandards notwendig.

Ebenso bedarf es für Dienstleistungsnetzwerke eines besonderen Typs von „Mitarbeiter", der unternehmerisch denken muss. Die Auswahl geeigneter Mitarbeiter ist ebenso erfolgskritisch wie die Fähigkeit des Netzwerks, das implizite Wissen aller Teile dem Ganzen zugänglich zu machen. Dies kann durch eine innovative Informationstechnologie unterstützt werden, um so die Innovationskraft systemweit zu fördern.

Das Benchmarking, welches auf den Erfolgsfaktoren dergestalt aufbaut, dass es die Güte der Umsetzung in einzelnen Dienstleistungsnetzwerken mit Hilfe von Positionierungsmodellen vergleichbar macht, sollte zunächst in den jeweiligen Teilbranchen, den „Clustern" im Service Cube, durchgeführt werden. Anschließend kann die Übertragung auf die gesamte Dienstleistungsbranche versucht werden. Es ist zu vermuten, dass es einige allgemeingültige Erfolgsfaktoren gibt, während andere teilbranchenspezifisch sind.

Letztlich muss versucht werden, eine Typologie exzellenter Praktiken zusammen zu stellen, von denen jede Teilbranche im Sinne eines vorbildorientierten Lernens profitieren kann.

5 Ausblick

Dienstleistungsnetzwerke zeichnen sich durch eine hohe Heterogenität im Hinblick auf die Dimension der Branchen, der Dienstleistungskomplexität und der Netzwerkkonfiguration aus. Die sich daraus ergebende Fragestellung ist, inwiefern sich Dienstleistungen einer gewissen Komplexität in einer bestimmten Branche durch eher markt- oder eher hierarchienahe Netzwerkkonfigurationen erbringen lassen. Ist es sinnvoll, sehr komplexe Dienstleistungen branchenübergreifend mittels hierarchischer Netzwerkkonfiguration oder vielleicht eher durch eine marktnahe Koordinationsform zu steuern? Es ist aber auch durchaus denkbar, dass zwischen den Dimensionen Dienstleistungskomplexität und Netzwerkkonfiguration keine Abhängigkeit besteht. Entscheidend sind eventuell andere Faktoren, wie z. B. die im Folgenden näher betrachteten Erfolgsfaktoren. Beispielsweise kann ein exzellentes Markenmanagement nicht nur in einem Konzern – also in einer hierarchienahen Koordinationsform – existieren, sondern auch in einem sehr marktnahen Netzwerk erbracht werden.

Für die Erfolgsforschung ist die entscheidende Frage, ob Erfolgsfaktoren, die für ein bestimmtes Teilcluster identifiziert werden, für andere ebenso erfolgskritisch sind. Oder anders formuliert: Lassen sich die Erkenntnisse der Erfolgsforschung branchenübergreifend nutzen und ist somit auch ein **branchenübergreifendes Dienstleistungsbenchmarking** möglich? Wo sind die Grenzen der Übertragbarkeit?

Forschung und Praxis müssen in den nächsten Jahren Antworten auf diese Fragen liefern. In diesem Buch werden anhand empirischer Fallbeispiele aus den Bereichen „New Economy", „Vertriebsnetzwerke", „Finanzdienstleistungen", „Franchisesysteme" sowie der „Application Service Provider Branche" erste Ansätze zur weiteren Diskussion gestellt.

Erfolgsfaktoren in der New Economy

Heiner Evanschitzky/Thomas Mörsdorf

1   Herausforderungen für die New Economy

2   Theoretischer Hintergrund
    2.1   Dienstleistungsnetzwerke der New Economy als Analyseobjekt
    2.2   Generierung von Hypothesen zum Erfolg von Dienstleistungsnetzwerken
        2.2.1   Ansätze der Erfolgsfaktorenforschung
        2.2.2   Erfolgsfaktoren für Dienstleistungsnetzwerke der New Economy
        2.2.3   Operationalisierung der Erfolgsfaktoren
    2.3   Das Modell: NetworkExcellence

3   Überprüfung des Modells
    3.1   Methodik
    3.2   Datenanalyse auf Erfolgsfaktoren-Ebene
        3.2.1   Beschreibung der Stichprobe
        3.2.2   Erfolgsfaktoren für die New Economy
        3.2.3   Test der Hypothesen mit Hilfe der Regressionsanalyse
    3.3   Datenanalyse ausgewählter Erfolgsfaktoren
        3.3.1   Analyse der Beziehungen zwischen Erfolgsfaktor und zugehörigen Items
        3.3.2   Datenanalyse mit Hilfe der Faktorenanalyse

4   Diskussion der Ergebnisse und Ausblick

1 Herausforderungen für die New Economy

Die sogenannte „New Economy", soviel ist seit den spektakulären Pleiten zahlreicher dot.coms klar geworden, ist im Kern immer noch eine „Economy". Diese funktioniert nach den Regeln und Gesetzen des Marktes. Der Euphorie der späten 90er Jahre, die geprägt waren durch das Aufkommen neuer Geschäftsideen und vermeintlich neuer Geschäftsmodelle, folgte spätestens seit Anfang des Jahres 2000 eine Phase der Ernüchterung.

Trotz negativer Meldungen haben es einige Unternehmen geschafft, ein zukunftsfähiges, innovatives Geschäftsmodell zu etablieren. Unter einem Geschäftsmodell versteht man den kompletten Planungsprozess zur Etablierung eines Geschäftes. Es lässt sich in die Komponenten

- Nutzenmodell,
- Architekturmodell und
- Erlösmodell

aufteilen.

Langsam macht sich die Erkenntnis breit, dass nur derjenige dauerhaft erfolgreich sein kann, der zumindest in einer dieser drei Dimensionen seines Geschäftsmodells einen komparativen Konkurrenzvorteil (KKV) besitzt.

Für ein Unternehmen der New Economy gilt es, die Frage zu beantworten, welche Faktoren letztlich dafür verantwortlich sind, dass das eigene Unternehmen einen solchen KKV schaffen und langfristig sichern kann. Faktoren, die signifikant die exzellenten von den weniger erfolgreichen Unternehmen unterscheiden, nennt man daher Erfolgsfaktoren. Ziel der vorliegenden Arbeit ist es,

- die Erfolgsfaktoren für die New Economy zu identifizieren,
- diese in ein Modell („NetworkExcellence") zu integrieren und anschließend
- dieses Modell empirisch zu testen und
- Ansätze für mögliche Handlungsempfehlungen zu geben.

Um einen theoretischen Hintergrund für die Untersuchung zu schaffen, werden zunächst vorhandene Erfolgsfaktoren-Studien analysiert. So sollen alle Quellen nach möglichen Erfolgsfaktoren für die New Economy untersucht werden. Ebenso werden mögliche Erfolgsfaktoren aus der Literatur abgeleitet, um so einen möglichst umfassenden Überblick über das Thema „Erfolg" zu erlangen.

Diese möglichen Erfolgsfaktoren werden zunächst konzeptualisiert, d. h. in eine theoretische Sprachebene unter Heranziehung zentraler Erklärungsansätze transformiert. Es werden somit hypothetische Zusammenhänge aufgezeigt.

Daran schließt sich die Operationalisierung an, d. h. auf der empirischen Sprachebene werden die Konstrukte einer Messbarkeit zugeführt (Berekoven/Eckert/Ellenrieder, 1999, S. 88 f.). Dies geschieht i. d. R. durch einen Fragebogen, der eine entsprechende Messvorschrift enthält.

Die ein Gesamtmodell ergebenden Hypothesen werden in einem weiteren Schritt empirisch getestet. Unter Zuhilfenahme statistischer Methoden werden die erhobenen Daten analysiert und interpretiert. Bei geeigneter Methode können einzelne Hypothesen abgelehnt bzw. nicht verworfen werden. Ebenso werden Aussagen zum Gesamtmodell abgeleitet.

Ein abschließender Teil gibt Anhaltspunkte zur Ableitung möglicher Handlungsempfehlungen für New Economy Dienstleister.

2 Theoretischer Hintergrund

2.1 Dienstleistungsnetzwerke der New Economy als Analyseobjekt

Der Begriff „New Economy" wird häufig als Sammelbegriff für die Veränderungen des Wirtschaftssystems auf Grund neuer technologischer Entwicklungen, insbesondere im Bereich der Informations- und Kommunikationstechnologie, verwendet. Meijaard (Meijaard, 2001) folgert daraus, dass

„... potential economic transaction and interaction costs are changing, and -more specifically- the rules and opportunities for cost-effective solutions to communication and management are undergoing changes. New products and services are showing new allocations of value between producer, and, new allocations of costs between client and suppliers."

Die wesentlichen Merkmale der New Economy sind demnach

- das Entstehen neuer Organisationsformen zur Erstellung
- neuer Leistungen mit z. T. geänderten Kostenstrukturen,
- ein voranschreitendes „Customer Empowerment",
- veränderte Marktmechanismen durch neue Informationsasymmetrien sowie die sich daraus ergebenden
- neuen Anforderungen an Innovationskraft und Entrepreneurship.

New Economy Unternehmen müssen sich neuen Anforderungen stellen. Diese lassen sich mit den Begriffen Interaktivität, Transparenz und Schnelligkeit umschreiben.

Durch den Einsatz der Internet-Technologie besteht für das Marketing erstmalig die Möglichkeit, kostengünstig den direkten Kundenkontakt zu suchen. Der Kunde wird so zum „Co-Produzenten". Ebenso wird der Kunde zunehmend informierter. Preise werden (grundsätzlich) vergleichbar und Konkurrenzprodukte lassen sich mit relativ geringen Suchkosten finden.

Dies gilt in besonderem Maße auch für Dienstleister. Durch die Integration des Kunden in den Leistungserstellungsprozess ergeben sich durch Informations- und Kommunikationsmedien neue Anwendungsmöglichkeiten. Die Erstellung einer kundenindividuellen Lösung für komplexe Konsumprobleme wird effizient möglich. Da solche Probleme in der Regel aus einer Kombination von verschiedenen Leistungskomponenten bestehen (z. T. auch Produkt-Leistungskomplexen), stellt sich für Unternehmen die Frage, ob sie ein solches aus Kundensicht definiertes Konsumproblem alleine oder mit Partnern befriedigen möchten. Sollte die Entscheidung gefallen sein, mit Partnern zusammen zu arbeiten, entsteht ein Dienstleistungsnetzwerk (zur Definition: vgl. dazu insbesondere den ersten Beitrag in diesem Buch). Stammt mindestens einer dieser Partner aus der New Economy, kann man von einem Dienstleistungsnetzwerk der New Economy sprechen.

2.2 Generierung von Hypothesen zum Erfolg von Dienstleistungsnetzwerken

Im Folgenden sollen mögliche Erfolgsfaktoren für Dienstleistungsnetzwerke der New Economy hergeleitet werden. Dabei werden zunächst allgemeine Ansätze der Erfolgsfaktorenforschung herangezogen, um anschließend auf die Besonderheiten des Analyseobjektes einzugehen.

2.2.1 Ansätze der Erfolgsfaktorenforschung

Das Buch von Peters und Waterman „Auf der Suche nach Spitzenleistungen" war einer der ersten groß angelegten Versuche, Erfolg von Unternehmungen anhand von Erfolgskriterien zu ermitteln und zu erklären (vgl. erste Auflage: Peters/Waterman, 1982). Die Studie stellte sieben Kriterien auf, die erfolgreiche von weniger erfolgreichen Unternehmungen signifikant unterscheiden können. Bekannt wurde dieser Ansatz als „McKinsey-7S-Modell" (vgl. Peters/Waterman, 1991, S. 32). Es besteht aus den Erfolgsfaktoren Struktur, System, Stil, Stammpersonal, Spezialkenntnis, Strategie, Selbstverständnis.

Im Weiteren wurden daraus acht Merkmale erfolgreicher Unternehmungen gebildet (vgl. Peters/Waterman, 1991, S. 36 ff.):

- Primat des Handelns,
- Nähe zum Kunden,
- Freiraum für Unternehmertum,
- Produktivität durch Menschen,
- Sichtbar gelebtes Wertesystem,

- Bindung an das angestammte Geschäft,
- Einfacher, flexibler Aufbau,
- Straff-lockere Führung.

Neben diesen „weichen" Erfolgsfaktoren wurden auch sechs Erfolgsmaßstäbe festgelegt, welche „harte" ökonomische Größen aus den letzten 20 Jahren (von 1961-1980) abbilden. Dies sind

- kumulierter Vermögenszuwachs,
- kumuliertes Eigenkapitalwachstum,
- durchschnittliches Verhältnis von Markt- zu Buchwert,
- durchschnittliche Gesamtkapitalrendite,
- durchschnittliche Eigenkapitalrendite,
- durchschnittliche Umsatzrendite.

Die Studie von Peters und Waterman macht deutlich, dass Erfolgsfaktorenstudien einerseits das Vorhandensein eines Maßstabes zur Beurteilung des Erfolgs voraussetzen. Dieser Maßstab besteht regelmäßig aus ökonomischen Kategorien. Bisweilen treten aber auch vorökonomische Größen auf. So sehen Meffert und Böing neben ökonomischen Zielen auch zielgruppengerichtete, psychografische und langfristige Ziele als Maßstab für den Erfolg an (vgl. Meffert/Böing 2000, S. 4). Andererseits ist es das Ziel einer Erfolgsfaktorenstudie, eine Anzahl von Erfolgsfaktoren entweder explorativ zu finden oder zu überprüfen, ob hypothetisch vorausgesetzte Erfolgsfaktoren tatsächlich erfolgskritisch sind.

Eine weitere einflussreiche Erfolgsfaktoren-Forschungsrichtung ist das seit 1972 existierende „PIMS-Programm" des Strategic Planning Institute (vgl. Buzzell/Gale 1987). In diesem als Projekt verstandenen Ansatz wurde versucht, Unternehmensstrategie mit ökonomischem Erfolg in Verbindung zu bringen. Trotz zahlreicher Kritiker (vgl. Barzel/Wahlen, 1990, S. 109 und insbesondere Fritz, 1994 und die dort angegebene Literatur) lässt sich schlussfolgern, dass es offenbar eine überschaubare Anzahl von Faktoren gibt, die den Erfolg eines Unternehmens determinieren und dass diese Faktoren zu weiten Teilen durch Entscheidungen des Managements zu beeinflussen sind.

2.2.2 Erfolgsfaktoren für Dienstleistungsnetzwerke der New Economy

Nachfolgend sollen zunächst mögliche Erfolgsfaktoren aus den Bereichen der „Produkt-Erfolgsfaktorenforschung" („research on new product success") sowie der „Dienstleistungsforschung" gesammelt werden, um dann ihre Eignung für das Untersuchungsobjekt, also Dienstleistungsnetzwerke der New Economy, zu überprüfen.

Eine Meta-Analyse von 40 Erfolgsfaktorenstudien, die primär Nicht-Dienstleister der Old Economy analysieren, kam zu folgenden, in absteigender Wichtigkeit aufgelisteten Erfolgsfaktoren (vgl. Fritz, 1990, S. 104):

- Humanressourcen,
- Kundennähe,
- Innovationsfähigkeit,
- Produkt- bzw. Angebotsqualität,
- Führungsstil, Führungssystem,
- Organisationsstruktur,
- Konzentration auf einen klaren Geschäftsschwerpunkt,
- Investition und Finanzierung,
- Produktion.

Die gleiche Meta-Analyse betrachtete von den 40 Erfolgsfaktorenstudien die elf Studien genauer, die sich durch vergleichsweise hohe „Solidität" auszeichnen (gemeint ist damit, dass große Stichproben mit Validitätsnachweisen vorliegen). Auch hier kommen die Erfolgsfaktoren „Humanressourcen", „Angebotsqualität" und „Innovationsfähigkeit" sowie „Kundennähe" gehäuft vor (vgl. Fritz, 1990, S. 104).

Aus den zahlreichen (auch) neueren Studien zum Thema „Erfolg von Produkten" (vgl. Cooper, 1979; De Brentani, 1989; Cooper/Kleinschmidt, 1993; Kleinschmidt, 1994; Jensen/Harmsen, 2001) wird besonders auf die Wichtigkeit des Faktors Innovation bzw. Innovationsmanagement abgestellt. Es ergibt sich somit folgende erste Hypothese:

H1: *Erfolgreiche New Economy Dienstleister haben ein funktionierendes Innovationsmanagement, welches sicher stellt, dass Inventionen schnell an den Markt gebracht werden.*

Da keine der bisher genannten Erfolgsfaktorenstudien ausschließlich auf Dienstleister eingeht, sollen Ansätze der Dienstleistungsforschung zur Generierung weiterer Erfolgsfaktoren ausgewertet werden.

Erfolg wird als Ergebnis einer positiven Qualitätsbewertung angesehen. Es wird die Wirkungskette von Qualität über Zufriedenheit und Bindung bis hin zum ökonomischen Erfolg aufgezeigt (vgl. Parasuraman/Zeithaml/Berry, 1984; Keiningham/Zahorik/Rust, 1994; Hallowell, 1996; Biermann, 1997; Homburg/Bruhn, 1999; Bruhn/Murmann, 2000). Daraus lassen sich als mögliche Erfolgsfaktoren zunächst die Qualität der erbrachten Leistung sowie eingeschränkt die Kundenorientierung ableiten. Ebenso erscheint es mehr als wahrscheinlich, dass der Faktor Humankapital, insbesondere für Dienstleister, erfolgskritisch ist, da Dienstleistungen durch Interaktion zwischen dem Dienstleister und dem externen Faktor entstehen.

Die Tendenz zur Individualisierung von Produkten und Leistungen lässt sich deutlich erkennen (vgl. Pine/Victor/Boyton, 1993; Duray/Milligan, 1999; Peters/Saidin, 2000). Die massenhafte Erstellung individualisierter Produkte wird als entscheidender Wettbewerbsvorteil angesehen (vgl. z. B. Pine/Victor/Boyton, 1993), da Produkte, welche nur unwesentlich teurer als standardisierte Produkte angeboten werden, zu einer erhöhten Kundenzufriedenheit führen. Diese Kundenzufriedenheit lässt sich dadurch erklären, dass der Dienstleister in erhöhtem Maße kundenorientiert arbeitet (vgl. Duray/Milligan, 1999). Peters und Saidin übertrugen das Konzept der Mass-Customization auf Dienstleistungen (vgl. Peters/Saidin, 2000). Offensichtlich birgt dieses Konzept auch für Ersteller von Dienstleistungen Differenzierungsvorteile. Es handelt sich also um einen weiteren möglichen Erfolgsfaktor. Folglich ergeben sich die nächsten drei Hypothesen:

H2: *Erfolgreiche New Economy Dienstleister erstellen eine qualitativ hochwertige Leistung.*

H3: *Erfolgreiche New Economy Dienstleister arbeiten kundenorientiert (CRM).*

H4: *Erfolgreiche New Economy Dienstleister beschäftigen gut ausgebildete, vom Kunden als kompetent angesehene Mitarbeiter.*

Seit einigen Jahren wird in der Marketing-Forschung verstärkt das Thema Marke diskutiert (z. B. Ahlert/Kenning, 1999; Kenning, 2001; Köhler/Majer/Wiezorek, 2001). Die Marke wird als Seele der Unternehmung angesehen, die dem Kunden als „Vertrauensanker" dient (vgl. Ahlert/Kenning, 1999, S. 115). Da bei Dienstleistungen in besonderem Maße Schwierigkeiten bei der objektiven Bewertung der erbrachten Leistung bestehen, führt dieser Risikofaktor dazu, dass Vertrauen in eine Marke die objektive Nachprüfung der adäquaten Leistungserstellung z. T. ersetzt. Daher ist ein Markenmanagement, welches auf die Stärkung der eigenen Marke abzielt, voraussichtlich ein weiterer Erfolgsfaktor.

H5: *Erfolgreiche New Economy Dienstleister setzen auf die positive Verankerung der eigenen Marke bei der angesprochenen Zielgruppe.*

Der Vertrieb präsentiert sich z. T. immer noch als eine „Black Box". Man kennt die Input- und Output-Faktoren, aber die Wirkungsmechanismen dazwischen sind unklar (Huckemann et al. 2000, S. 5). Diese Erkenntnis trifft in besonderem Maße für

Dienstleister zu. Da die erstellte Leistung nicht tangibel ist, hat der Vertrieb die Aufgabe, gemeinsam mit den Kunden die richtige Leistung, zur richtigen Zeit und am richtigen Ort zu erstellen.

Auch in der New Economy stellt sich die Frage nach dem Vertrieb der Leistungen. Hier kommt dem Medium Internet eine besondere Bedeutung zu: Wie kann es in die Vertiebsaktivitäten integriert werden? Anders ausgedrückt: Auf welchem Weg bzw. durch welchen Kanal möchte der Kunde seine Leistung erhalten?

Homburg, Schneider und Schäfer haben versucht, die Dimensionen eines exzellenten Vertriebs aufzuspannen. Diese sind (vgl. Homburg/Schneider/Schäfer, 2001, S. 10 f.)

- die Vertriebsstrategie,
- das Vertriebsmanagement,
- das Informationsmanagement und
- das Kundenbeziehungsmanagement.

Diese vier Faktoren betrachten neben den bereits aufgestellten Hypothesen zum Customer Relationship Management (zur Verbesserung der Kundenorientierung) insbesondere das Vertriebsmanagement als Erfolgsfaktor.

Die Besonderheiten der New Economy liegen darin, dass es mit Hilfe der Informations- und Kommunikationstechnologie möglich ist, eine Vielzahl von Informationen über den Kunden zu generieren (Meijaard, 2001; o. A., 2001). Dieser Rohstoff „Information" ist besonders erfolgskritisch für die New Economy, nicht nur im Rahmen eines exzellenten Vertriebs. Daher lauten die beiden nächsten Hypothesen:

H6: *Erfolgreiche New Economy Dienstleister sind in der Lage, den Kunden ihre Leistungen zur richtigen Zeit, in der richtigen Menge an den richtigen Ort zu bringen (Vertriebsmanagement).*

H7: *Erfolgreiche New Economy Dienstleister haben ein systematisches Informationsmanagment implementiert.*

Bei Dienstleistungen wird der Kunde in den Prozess der Leistungserstellung einbezogen (vgl. den ersten Beitrag des vorliegenden Buchs). Daher ist (in der Regel) die physische Nähe von Dienstleistungsanbieter und -abnehmer notwendig. Wenn davon ausgegangen wird, dass Dienstleistungen nicht zentral erstellt werden, treffen Anbieter und Abnehmer dezentral aufeinander. Um trotzdem eine effiziente Leistungserstellung zu gewährleisten, können die verteilten Aktivitäten in einem Netzwerk erstellt werden. Dieses würde Kundennähe mit Effizenz des Systemhintergrunds verbinden (vgl. Ahlert, 2001c, S. 11; Evanschitzky, 2001, S. 304 f.). Netzwerke sind ebenso geeignet, wenn sachlich verteilte

Aktivitäten zu koordinieren sind. Dies ist von besonderer Bedeutung bei Forschungs- und Entwicklungstätigkeiten (vgl. Gemünden/Ritter/Heydebreck, 1996). Also kann hypothetisch vorausgesetzt werden, dass das Vorhandensein eines funktionierenden Netzwerkmanagements ein Erfolgsfaktor sein könnte.

H8: Erfolgreiche New Economy Dienstleister sind als Netzwerk konfiguriert.

Das Internet ermöglicht es Dienstleistern, weltweit präsent zu sein. Daher soll als letzter Erfolgsfaktor die Internationalisierung angesprochen werden. Es geht dabei um das Agieren über Landesgrenzen hinaus (vgl. Coe, 1997; zur Internationalisierung von KMUs durch Netzwerk-Bildung: vgl. insbesondere Chetty/Holm, 2000; zu den neueren Ansätzen: vgl. insbesondere Fletcher, 2001 und die dort angegebene Literatur). Dabei kann sich die Internationalisierung sowohl auf (neue) Absatzmärkte als auch auf (neue) Beschaffungsmärkte beziehen.

H9: Erfolgreiche New Economy Dienstleister agieren über Landesgrenzen hinaus.

2.2.3 Operationalisierung der Erfolgsfaktoren

Um die neun möglichen Erfolgsfaktoren und die sich daraus ableitenden Hypothesen empirisch zu testen, bedarf es einer weiteren Operationalisierung, d. h. die Erfolgsfaktoren müssen einer Messung zugänglich gemacht werden. Dies geschieht auf zweierlei Art und Weise:

- direkt durch die Einsetzung von **Kennzahlen**,
- indirekt durch qualitative **Befragungs-Items**.

So lässt sich jedes individuelle New Economy Dienstleistungsnetzwerk in ein Positionierungsmodell einordnen, um so einerseits die eigene Exzellenz zu überprüfen und andererseits das eigene Dienstleistungsnetzwerk im Vergleich zu den Wettbewerbern zu sehen (zum Vorgehen bzw. der Berechnung der Realposition vgl. Evanschitzky/Steiff, Kap. 3 des vorliegenden Buchs).

2.3 Das Modell: NetworkExcellence

Die der Untersuchung zugrunde liegenden Hypothesen bezüglich des Erfolgs von New Economy Dienstleistern lassen sich gemäß der in Punkt 2.2.2 gemachten Ausführungen in die folgenden neun Erfolgsfaktoren übertragen:

- Innovationsmanagement,
- (Leistungs-)Qualität,
- Kundenorientierung (durch Customer Relationship Management),
- Humankapital,
- Markenmanagement,
- Vertriebsmanagement,
- Informationsmanagement,
- Netzwerkmanagement,
- Internationalisierung.

Diese neun potenziellen Erfolgsfaktoren von New Economy Dienstleistern lassen sich (in leicht modifizierter Reihenfolge) in dem Modell „NetworkExcellence" zusammenfassend darstellen. Das Modell beschreibt zunächst nur die Einflüsse der Erfolgsfaktoren auf den Gesamterfolg. Weitere empirische Tests müssen zeigen, wie stark der Einfluss der einzelnen Faktoren auf den Gesamterfolg ist und welche Art des Zusammenhangs im Datensatz vorliegt.

Der zu erklärende Erfolg wird einerseits direkt durch (z. B.) vier Erfolgsmaßstäbe gemessen und zum anderen indirekt durch (z. B.) neun Hypothesen. Diese Hypothesen werden wiederum durch eine Batterie von Items, die sich in Kennzahlen (Kennzahl „HK" z. B. als die zur Messung des Humankapitals eingesetzte Kennzahl) und qualitative Items („qual. Items") unterteilen lassen, operationalisiert und somit „messbar" gemacht.

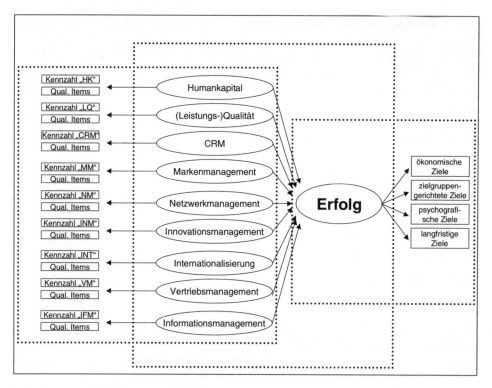

Abb. 1: Das Modell „NetworkExcellence"

3 Überprüfung des Modells

3.1 Methodik

Zur Überprüfung des Modells „NetworkExcellence" wurde eine schriftliche und eine online Befragung unter insgesamt 181 gezielt angeschriebenen New Economy Dienstleistungsnetzwerken durchgeführt. Insgesamt kamen 72 vollständig ausgefüllte Fragebögen zurück, die in eine weitere Auswertung eingeflossen sind. Der Rücklauf lag mit 39,8 % auf erfreulich hohem Niveau. Es sei jedoch hier angemerkt, dass zunächst in einer unpersönlichen „Kalt-Akquise" etwa 2.000 New Economy Dienstleister mit der Frage angeschrieben wurden, ob sie an einer Studie zum Thema „Erfolgsfaktoren der New Economy" teilnehmen möchten. 181 bekundeten ihr grundsätzliches Interesse, worauf dann nur noch diese angeschrieben wurden.

Den potenziellen Teilnehmern wurde es freigestellt, ob sie per interaktiver E-Mail, per online Fragebogen oder per Fax-Fragebogen an der Studie teilnehmen möchten. Der überwiegende Teil (n = 53) wählte die erste Alternative, nämlich eine Teilnahme via interaktiver E-Mail.

Der Fragebogen selbst war (ohne Deckblatt und Schlussbemerkungen) zwölf Seiten lang und gliederte sich in die drei Bereiche:

- Fragen zum Erfolg des eigenen Dienstleistungsnetzwerks,
- Fragen zu den einzelnen (neun) Erfolgsfaktoren sowie
- demographische Fragen zum Dienstleistungsnetzwerk und zum Beantworter.

Der Erfolg des eigenen Dienstleistungsnetzwerks wurde als Eingangsfrage durch Selbsteinschätzung („sehr erfolgreich" bis „gar nicht erfolgreich") direkt-affektiv abgefragt. Am Ende des Fragebogens wurde diese Frage aufgegriffen, jedoch anders formuliert, nämlich als „durchschnittlicher Zielerreichungsgrad".

Der Hauptteil der Befragung bestand in den Fragen zu den einzelnen, in Kapitel 2 hergeleiteten Hypothesen. Die neun Erfolgsfaktoren wurden durch je 10-20 Items abgefragt, die anhand einer Fünfer-Skalierung von „trifft voll zu" bzw. „sehr geeignet" bis „trifft gar nicht zu" bzw. „gar nicht geeignet" bewertet werden sollten. In jedem dieser neun Abschnitte wurde zunächst die Bedeutung des entsprechenden Erfolgsfaktors für die Branche abgefragt, anschließend die Wichtigkeit für das eigene Dienstleistungsnetzwerk. Als dritte Frage wurde die Güte der Umsetzung bzw. Implementierung des Erfolgsfaktors abgefragt; so wurde die „Exzellenz" im jeweiligen Erfolgsfaktor direkt abgefragt.

Nach den Fragen zu den einzelnen Items des jeweiligen Erfolgsfaktors wurde gefragt, ob dieser gemessen wird. Anschließend wurden jeweils Kennzahlen angeboten, die gemäß ihrer Eignung zur Messung des jeweiligen Erfolgsfaktors bewertet werden sollten.

Im dritten Teil des Fragebogens wurden die Unternehmensdemographika abgefragt. Dabei ist die Frage nach der Unternehmensstruktur -neben den „klassischen" Fragen nach Branche, Umsatz und Mitarbeiterzahl- für weitere Studien von besonderer Bedeutung: Um welche Art von „Dienstleistungsnetzwerk" handelt es sich bei dem Befragten? Diese Selbsteinordnung kann in einer späteren Analyse mit einer Fremdpositionierung im „Service Cube" verglichen werden (vgl. den ersten Beitrag im vorliegenden Buch).

Die Auswertung der Daten muss sich auf Grund ihrer enormen Menge (72 Datensätze mit je 284 Fragen) auf die wichtigsten Bereiche beschränken.

Dabei wird zunächst der Datensatz durch Mittelwertbildung und Korrelationen auf Erfolgsfaktoren-Ebene beschrieben (Kapitel 3.2). Ziel ist die Herausarbeitung der Wichtigkeit der einzelnen Erfolgsfaktoren für den Gesamterfolg. Ebenso sollen mit Hilfe der Regressionsanalyse die eingangs hergeleiteten Hypothesen getestet werden.

In Kapitel 3.3 wird zunächst herausgestellt, welches die wichtigsten Erfolgsfaktoren sind. Dazu wird der Datensatz auf Item-Ebene betrachtet. Die wichtigsten Erfolgsfaktoren werden dann mit Hilfe der Faktorenanalyse weiter untersucht. So soll die große Zahl an Variablen auf wenige reduziert werden.

3.2 Datenanalyse auf Erfolgsfaktoren-Ebene

3.2.1 Beschreibung der Stichprobe

Die der Auswertung zugrunde liegende Stichprobe besteht aus 72 New Economy Dienstleistern. Sie setzt sich zusammen aus

- 41,8 % Internet- bzw. Multimedia Dienstleistern,
- 19,4 % Beratungsdienstleistern,
- 8,3 % Softwareunternehmen und -dienstleistern,
- 5,6 % (online) Händlern sowie
- 24,9 % sonstigen Dienstleistern.

Die befragten Dienstleistungsnetzwerke sind zu 44,3 % im Business-to-Business Bereich, zu 25 % im Business-to-Consumer Bereich und zu 30,7 % in beiden Bereichen tätig.

Gemessen an Umsatz und Mitarbeiterzahl wurden in dieser Stichprobe eher kleine Dienstleister befragt:

- 66,7 % erwirtschaften einen Jahresumsatz von maximal 10 Mio. DM und
- 73,4 % haben weniger als 50 Mitarbeiter.

Ebenso haben nur 27,9 % der befragten Dienstleistungsnetzwerke Mitarbeiter im Ausland beschäftigt; die Stichprobe kann daher eher als „national" eingestuft werden.

3.2.2 Erfolgsfaktoren für die New Economy

Die erste Frage, die gestellt wurde, war die Einschätzung des Erfolgs des eigenen Dienstleistungsnetzwerks. Dabei sollte der Erfolg zunächst anhand einer Fünfer-Skala, später als „Zielerreichungsgrad", bewertet werden.

Bewertung des Erfolgs	Anteil [%]
gar nicht erfolgreich	0,00
nicht erfolgreich	2,78
weder noch	22,22
erfolgreich	55,56
sehr erfolgreich	19,44
Zielerreichungsgrad [%]	**Anteil [%]**
[0 - 25[	12,50
[25 - 50[	6,25
[50 - 75[	12,50
[75 - 100[	50
> 100	12,50

n = 72

Tab. 1: Alternative Bewertungen des eigenen Erfolgs

Es fällt auf, dass sich die befragten New Economy Dienstleister generell recht gut bewerten. 75 % halten sich für mindestens „erfolgreich". Bezüglich des Grads der Zielerreichung sehen sich 62,5 % bei mindestens 75 %. Die vergleichsweise optimistische Selbsteinschätzung (Franchise-Systeme schätzen sich, das ergab die im Rahmen des 4. Beitrags im 2. Kapitel dieses Buchs durchgeführte Umfrage, signifikant schlechter ein) muss bei den weiteren Analysen (insbesondere bei Clusterbildungen) beachtet werden.

Mit der jeweils ersten Frage zu jedem der neun Erfolgsfaktoren wurde die Wichtigkeit des jeweiligen Faktors für die eigene Branche abgefragt. Folgende Ergebnisse brachte die Befragung (Bemerkung: grundsätzlich wurde eine Fünfer-Skalierung gewählt mit „5" als „bestem" Wert und „1" als „schlechtestem"):

Erfolgsfaktor	Branchen-wichtigkeit	Standardab-weichung
Humankapital	4,75	0,49
Vertriebsmanagement	4,60	0,65
Informationsmanagement	4,53	0,60
Leistungsqualität	4,44	0,73
Innovationsmanagement	4,42	0,69
Netzwerkmanagement	4,13	1,14
CRM	4,11	0,97
Markenmanagement	3,94	0,89
Internationalisierung	3,00	1,49

n = 72

Tab. 2: Mittelwerte der Wichtigkeit der Erfolgsfaktoren

Grundsätzlich wird den vorgeschlagenen Erfolgsfaktoren eine hohe Wichtigkeit für die eigene Branche zugemessen, was Werte zwischen 4,75 und 3,94 ausdrücken. Einzige Ausnahme bildet der Faktor „Internationalisierung" mit einem Wert von 3,0. Die hohe Standardabweichung zeigt, dass es dazu jedoch bei den Befragten kein einheitliches Meinungsbild gibt. Ebenso gibt eine Kreuztabelle darüber Aufschluss, dass 66,7 % der Dienstleistungsnetzwerke, die bereits jetzt zumindest Mitarbeiter im Ausland beschäftigen, also als „international tätige Dienstleistungsnetzwerke" bezeichnet werden können, der Internationalisierung hohe bis sehr hohe Wichtigkeit zumessen. Da jedoch die absolute Anzahl dieser Gruppe gering ist, kann diese Aussage nur ihrer Tendenz nach gewertet werden.

Ansonsten decken sich die Ergebnisse bezüglich der Wichtigkeit der jeweiligen Erfolgsfaktoren mit denen aus zahlreichen vergleichbaren Studien (vgl. z. B. Ahlert/ Evanschitzky, 2001; sowie die in diesem Werk abgedruckten empiriegestützten Beiträge). Auffallend ist die Wichtigkeit des Faktors „Informationsmanagement" (4,53). Das verwundert jedoch kaum, da es sich bei den befragten Dienstleistungsnetzwerken um Vertreter der New Economy handelt. Viele wurden erst im Zuge der massenhaften Durchsetzung der Informations- und Kommunikationstechnologie gegründet. Ihre Dienstleistungen sind häufig in dem Bereich des Informationsmanagements angesiedelt.

Die Umsetzung der als wichtig anerkannten Erfolgsfaktoren im eigenen Netzwerk soll im Folgenden betrachtet werden.

Einsatz des Erfolgsfaktors im eigenen Netzwerk	Mittelwert	Standardabweichung
Humankapital	3,75	0,76
Leistungsqualität	4,08	0,64
CRM	3,49	1,00
Markenmanagement	3,29	1,24
Netzwerkmanagement	3,36	1,35
Innovationsmanagement	3,78	0,98
Internationalisierung	2,37	1,13
Vertriebsmanagement	3,59	1,12
Informationsmanagement	3,64	0,89

n = 72

Tab. 3: Umsetzung der Erfolgsfaktoren im eigenen Dienstleistungsnetzwerk

Generell bewegt sich die Bewertung der eigenen Leistungsfähigkeit bez. der verschiedenen Erfolgsfaktoren zwischen 3,29 und 3,78, also im mittelmäßigen Bereich. Herausgehoben seien der gute Wert bei der Leistungsqualität (4,08), sowie der schwache Wert bei der Internationalisierung (2,37). Offenbar sind die New Economy Dienstleister von ihrer eigenen Leistungsfähigkeit überzeugt. Das Gegenteil lässt sich für den Faktor „Internationalisierung" behaupten. Hier sehen viele Defizite (wobei eine hohe Standardabweichung wieder nahelegt, dass kein einheitliches Meinungsbild vorliegt).

Erwartungsgemäß erhöhen sich die jeweiligen Mittelwerte bei einer Clusterung nach „erfolgreichen" Dienstleistungsnetzwerken und verringern sich bei den „wenig erfolgreichen".

Zuletzt sollen die **Korrelationen** zwischen dem Gesamterfolg des Dienstleistungsnetzwerks und den jeweiligen Erfolgsfaktoren analysiert werden.

Einsatz des Erfolgsfaktors im eigenen Netzwerk	Korrelation	Signifikanzniveau
Humankapital	0,37	0.01
Leistungsqualität	0,38	0.01
CRM	0,44	0.01
Markenmanagement	0,50	0.01
Netzwerkmanagement	0,41	0.01
Innovationsmanagement	0,57	0.01
Internationalisierung	0,46	0.01
Vertriebsmanagement	0,45	0.01
Informationsmanagement	0,26	0,05

n = 72

Tab. 4: Korrelationen zwischen Erfolg und den Erfolgsfaktoren

Die Korrelation liefert ein Maß für die Stärke des linearen Zusammenhangs zwischen zwei (metrisch skalierten) Merkmalen (vgl. Berekoven/Eckert/Ellenrieder, 1999, S. 198). Hier wird also der Zusammenhang zwischen dem „Erfolg" und den einzelnen Erfolgsfaktoren betrachtet. Grundsätzlich spricht man ab einer Korrelation von 0,5 von einem starken Zusammenhang zwischen den beiden betrachteten Variablen.

Festzustellen ist, dass die Korrelationen generell mittelstark (um 0,4) ausgeprägt sind, d. h. eine Zunahme beispielsweise der Güte des Innovationsmanagements würde sich linear zum Erfolg des Dienstleistungsnetzwerks entwickeln. Einzig das Informationsmanagement weist eine eher geringe Korrelation zum Erfolg auf. Die Richtung des Zusammenhangs, also die Frage nach dem Einfluss einer abhängigen Variablen (hier „Erfolg") von einer unabhängigen (hier der jeweilige Erfolgsfaktor), wird später im Rahmen einer Regressionsanalyse untersucht.

3.2.3 Test der Hypothesen mit Hilfe der Regressionsanalyse

Mit Hilfe der Regressionsanalyse (die hier aus befragungstechnischen Gründen anstelle der heute üblichen Kausalanalyse Anwendung finden soll) soll versucht werden, die neun aufgestellten Hypothesen zu testen. Die Regressionsanalyse gibt Auskunft über die Art des Zusammenhangs zwischen einer abhängigen und einer unabhängigen metrisch skalierten Variablen (vgl. Backhaus et al., 2000, S. 2). Sie kann damit hypothetische

Ursache-Wirkung-Zusammenhänge testen. Bei der Berechnung mit dem Statistik-Programm SPSS wird ein B-Wert bestimmt, der Aufschluss über die Wirkungsstärke und Wirkungsrichtung der Variablen gibt. Ebenso wird das entsprechende Signifikanzniveau angezeigt, welches über die Irrtumswahrscheinlichkeit, mit der die Nullhypothese abgelehnt werden kann, Auskunft gibt.

Abbildung 2 zeigt den Wirkzusammenhang zwischen dem jeweiligen Erfolgsfaktor und dem (Gesamt-)Erfolg. Dabei wurde zur besseren Übersichtlichkeit ebenso der Mittelwert der Wichtigkeit an den jeweiligen Erfolgsfaktor geschrieben wie die Wirkungsstärke B und das Signifikanzniveau.

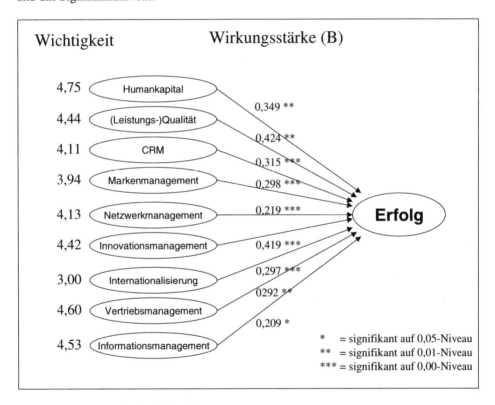

Abb. 2: Wirkungsstärke der Erfolgsfaktoren

Die Wirkungsstärke, also der Einfluss des Erfolgsfaktors auf den Erfolg, bewegt sich zwischen +0,209 und +0,424, was als „starke positive Wirkungsstärke" bezeichnet werden kann (Krönfeld, 1995, S. 230).

Offensichtlich sind die aufgestellten Hypothesen mit dem vorliegenden Datensatz und der angewendeten Methodik nicht zu widerlegen. Die jeweilige Wirkungsstärke ist signifikant mindestens auf 0,05-Niveau. Daher kann angenommen werden, dass die neun aus der Theorie hergeleiteten Erfolgsfaktoren erfolgsrelevant sind und auch in weiteren Studien getestet werden sollten.

3.3 Datenanalyse ausgewählter Erfolgsfaktoren

3.3.1 Analyse der Beziehungen zwischen Erfolgsfaktor und zugehörigen Items

Nachdem das Modell der „NetworkExcellence" auf Ebene der Erfolgsfaktoren beschrieben wurde, soll nun jeder einzelne Erfolgsfaktor in seiner Beziehung zu den zugehörigen Items untersucht werden. Dabei werden drei herausragende Fälle beschrieben:

- der Erfolgsfaktor „Humankapital",
- der Erfolgsfaktor „Vertriebsmanagement" und
- der Erfolgsfaktor „Informationsmanagement".

Erfolgsfaktor	Branchen-wichtigkeit	Umsetz-ungsgüte	„Gap"
Humankapital	4,75	3,75	1,00
Vertriebsmanagement	4,60	3,59	1,01
Informationsmanagement	4,53	3,64	0,89
Leistungsqualität	4,44	4,08	0,36
Innovationsmanagement	4,42	3,78	0,64
Netzwerkmanagement	4,13	3,36	0,77
CRM	4,11	3,49	0,62
Markenmanagement	3,94	3,29	0,65
Internationalisierung	3,00	2,37	0,63

n = 72

Tab. 5: Das „Umsetzungs-Gap"

Der Grund für eine weitere Analyse dieser drei Erfolgsfaktoren ist, dass diesen nicht nur die höchsten Wichtigkeiten für den Erfolg in der New Economy zugemessen werden. Es fällt darüber hinaus auf, dass hier auch ein „Umsetzungs-Gap" besteht, will heißen: die Differenz zwischen der Wichtigkeit für die Branche und der Güte der Umsetzung im eigenen Unternehmen ist relativ groß.

Der Erfolgsfaktor Humankapital wurde mit 11 Items operationalisiert. Dieser Auswahl wurde die Hypothese hinterlegt, dass dasjenige Dienstleistungsnetzwerk den Faktor „Humankapital" optimal umsetzt, das die jeweiligen Items optimal umsetzt, also mit hohen Werten belegt.

Um zu überprüfen, wie gut die Umsetzung ist und wo noch Verbesserungsbedarf besteht, sollen die Mittelwerte verglichen werden. Dabei werden die zwei Cluster „Erfolgreiche" und „nicht Erfolgreiche" gebildet. Wie oben erwähnt, sollen hier die als erfolgreich im jeweiligen Item gelten, die den Statements mindestens zustimmen („4" oder „5" in der globalen Bewertung des eigenen Erfolgs), als nicht erfolgreich sollen alle übrigen gelten.

Item (kurz)	Mittelwert	Standardab-weichung	Mittelwert „Erfolgreiche"	Mittelwert „nicht Erfolgreiche"	Differenz
Fähigkeiten exzellent	3,97	0,73	4,17	3,58	0,59
Kenntnisse exzellent	4,00	0,67	4,04	3,92	0,13
Trainingsmaßnahmen	2,64	1,14	2,92	2,08	**0,83****
Fähigkeiten messen	2,44	1,22	2,63	2,08	0,54
Fertigkeiten exzellent	3,92	0,73	4,13	3,50	0,63
Harmonieförderung	3,83	1,10	4,13	3,25	**0,88****
Identifikation	4,28	0,65	4,50	3,83	**0,67***
Beteiligung am Unternehmenswert	2,86	1,54	2,92	2,75	0,17
Know-how Austausch	4,17	0,73	4,29	3,92	0,38
Anreizsysteme	1,78	1,12	2,00	1,33	**0,67***
Zufriedenheit hoch	3,89	0,91	4,08	3,50	0,58
n = 72			n = 48	n = 24	* = signifikant 0,05-Niveau ** = signifikant 0,01-Niveau

Tab. 6: Mittelwertdifferenzen der Items zum Faktor Humankapital

Es fällt auf, dass die laut Selbsteinschätzung 48 „Erfolgreichen" generell allen Items einen höheren Grad an Zustimmung beimessen. Besonders hoch (und signifikant auf 0,01-Niveau) ist die Differenz bei den Items „Trainingsmaßnahmen werden angeboten" und „Harmonie Förderung". Mit einigem Abstand folgen die Items „Identifikation mit dem Unternehmen" und „Vorhandensein von Anreizsystemen", deren Differenzen ebenfalls signifikant (auf 0,05-Niveau) sind (Zur Bedeutung des Signifikanz-Niveaus: vgl. Bühl/Zöfel, 2000, S. 99 ff.).

Die vier Items, bei denen eine signifikante Mittelwertdifferenz vorliegt, zeichnen sich darüber hinaus dadurch aus, dass sie nicht nur eine mittlere bis hohe Korrelation zur Güte des Faktors „Humankapital" aufweisen, sondern auch zum Gesamterfolg des Dienstleistungsnetzwerks.

Item	Korrelation zur „Umsetzungsgüte"	Korrelation zum „Gesamterfolg"
Trainingsmaßnahmen	0,476**	0,608**
Harmonieförderung	0,418**	0,440**
Identifikation	0,535**	0,404**
Anreizsysteme	0,330**	0,220

n = 72

* = signifikant 0,05-Niveau
** = signifikant 0,01-Niveau

Tab. 7: Korrelationen der vier Items zum Humankapital

Es zeigt sich, dass New Economy Dienstleister bei der Mitarbeiterführung noch Schwächen aufweisen. Insgesamt sollte der Fokus auf „weichen" Faktoren wie Weiterbildungsangeboten und Maßnahmen zur Förderung des Gemeinschaftssinns liegen und nicht etwa auf „harten" Faktoren wie die Beteiligung am Unternehmenswert, wo die Korrelation zur Güte des Faktors „Humankapital" bei nur 0,09 liegt.

Der Erfolgsfaktor Vertriebsmanagement wurde im Fragebogen mit 12 Items operationalisiert. Analog zum Erfolgsfaktor Humankapital soll auch hier zunächst untersucht werden, in welchem Teilbereich des Vertriebsmanagements Handlungsbedarf bezüglich der Umsetzung herrscht.

Item (kurz)	Mittelwert	Standardabweichung	Mittelwert „Erfolgreiche"	Mittelwert „nicht Erfolgreiche"	Differenz
Vertriebsstrategie bzgl. Produkte	4,14	1,03	4,62	3,31	1,31
Vertriebsstrategie bzgl. Kunde	4,34	0,76	4,62	3,85	0,77
Vertriebsstrategie bzgl. Positionierung	3,80	1,15	4,33	2,85	1,49
Vertriebsstrategie bzgl. Zielerreichung	3,66	1,10	4,19	2,85	1,34
Verkaufsprozesse	3,49	1,14	3,90	2,85	1,06
Stufendefinition im Verkaufsprozess	2,94	1,42	3,71	1,85	1,87**
Erfolgskennziffern	2,91	1,55	3,81	1,62	2,19**
Planung der Kapazitätsbelastung	3,34	1,30	3,86	2,54	1,32
Individuelles Vertriebscontrolling	2,60	1,43	3,38	1,46	1,92**
Individuelle Fortbildung	2,82	1,43	3,52	1,75	1,77*
operatives CRM	3,60	1,45	4,19	2,62	1,58
analytisches CRM	2,91	1,30	3,50	2,08	1,42
	n = 72		n = 42	n = 30	* = signifikant 0,05-Niveau ** = signifikant 0,01-Niveau

Tab. 8: Mittelwertdifferenzen der Items zum Vertriebsmanagement

42 New Economy Dienstleister schätzen sich selbst als mindestens „erfolgreich" beim Management ihres Vertriebs ein. Es fällt auf, dass die Mittelwertdifferenzen generell höher ausfallen, als beim Faktor Humankapital. Offenbar ist das Vertriebsmanagement ein Faktor, zu dem kein einheitliches Meinungsbild unter den Befragten vorherrscht. Dies zeigen auch die recht hohen Standardabweichungen von 1,40. Dies verwundert, da dem Vertriebsmanagement bei relativ geringer Standardabweichung (0,65) eine hohe Wichtigkeit (4,60) für die Branche zugemessen wird.

Ebenso sind die Korrelationen zwischen den Items und dem Gesamterfolg des Dienstleistungsnetzwerks sowie zur Güte des eigenen Vertriebsmanagements im mittleren Bereich bis guten Bereich angesiedelt.

Item	Korrelation zur „Umsetzungsgüte"	Korrelation zum „Gesamterfolg"
Stufendefinition im Verkaufsprozess	0,591**	0,271*
Erfolgskennziffern/ Gütemaßstäbe	0,673**	0,374**
Individuelles Vertriebscontrolling	0,584**	0,303**
Individuelle Fortbildung	0,492**	0,401**

n = 72

* = signifikant 0,05-Niveau
** = signifikant 0,01-Niveau

Tab. 9: Korrelationen der vier Items zum Vertriebsmanagement

Bei der Analyse fällt auf, dass die Korrelationen zwischen Item und Erfolgsfaktor deutlich größer sind, als zwischen Item und Gesamterfolg, d. h., es scheinen sehr spezifische Fragen zum Vertriebsmanagement zu sein, die nicht notwendigerweise direkt sehr stark mit dem Gesamterfolg korrelieren. Die Items mit der größten Mittelwertdifferenz sind

- Gütemaßstäbe, Kennzifferneinsatz (2,19),
- Vertriebscontrolling (1,92),
- Definition des Verkaufsprozesses (1,87) und
- abgeleitete Qualifizierungsmaßnahmen (1,77).

Diese stellen im Wesentlichen Fragen nach den Contolling-Aktivitäten bzw. nach festgelegten Management-Prozessen im Dienstleistungsnetzwerk. Da beides in der Regel eher bei größeren Dienstleistern Anwendung findet, verwundern weder die großen Standardabweichungen noch die hohen Mittelwertdifferenzen. Eine Clusterung nach Dienstleistungsnetzwerken mit einem Umsatz von mindestens 50 Mio. DM unterstützt diese Vermutung: diese sind bei den vier Items deutlich besser als der Durchschnitt. Allerdings ist die Mittelwertdifferenz auf Grund der geringen Fallzahl nicht hinreichend signifikant.

Der Erfolgsfaktor Informationsmanagement ist für New Economy Dienstleister auf Grund ihres Arbeitsschwerpunkts von besonderer Bedeutung. Man kann vermuten, dass diese Dienstleister generell beim Thema „Information" strukturelle Vorteile gegenüber anderen Dienstleistungs-Teilbranchen besitzen. Die trotz allem „nur" gute Bewertung der eigenen Leistungsfähigkeit im Bereich Informationsmanagement (3,64) könnte aus der erhöhten Sensibilisierung für diese Thematik und somit kritischeren Selbsteinschätzung resultieren.

Das Informationsmanagement wird mittels vier Items operationalisiert.

Item	Mittelwert	Standardabweichung
Unser Netzwerk besitzt kennzahlengestütztes Informationsmanagement	2,06	1,13
Alle beschafften Daten werden gespeichert/dokumentiert	3,61	1,19
Spezialisten analysieren die Daten	3,03	1,24
Analysierte Daten werden zielgerichtet genutzt	3,44	1,12
n = 72		

Tab. 10: Mittelwert der vier Items des Informationsmanagements

Die Mittelwertdifferenzen zwischen erfolgreichen und nicht erfolgreichen Dienstleistern sind wenig aussagekräftig, da sie relativ gering und nicht signifikant sind. Daher sei hier auf diese Analyse verzichtet.

Interessant bei der Betrachtung der Mittelwerte der Items ist, dass dem Statement zum „kennzahlengestützten Informationsmanagement" generell nicht zugestimmt wird. Dafür gilt die gleiche Erklärung wie oben: offenbar haben die relativ kleinen Dienstleister, die in der Stichprobe überproportional enthalten sind, kein institutionalisiertes Controlling und demnach werden auch kaum Kennzahlen erhoben. Unterstützt wird diese Vermutung, wenn man genauer betrachtet, aus welchen Bereichen Kennzahlen erhoben werden.

"Erheben Sie gezielt Daten für die folgenden Bereiche und wie wichtig sind diese?"			"Welche Kennzahlen erheben Sie und wie wichtig sind diese?"		
Erfolgsfaktor	ja/nein	Mittelwert Wichtigkeit	Kennzahl	ja/nein	Mittelwert Wichtigkeit
Humankapital	24/46	3,47	Umsatz	66/6	4,72
Vertriebsmanagement	36/34	3,69	Gewinn	68/4	4,78
Informationsmanagement			Kosten	70/0	4,67
Leistungsqualität	34/36	2,97	EK	50/22	3,19
Innovationsmanagement	16/54	3,40	FK	44/28	2,97
Netzwerkmanagement	18/52	3,47	ROI	42/30	3,64
CRM	32/38	2,53	Firmenwert	44/28	3,81
Markenmanagement	**10/60**	**4,11**	Kunden-zufriedenheit	**24/48**	**4,25**
Internationalisierung	8/62	2,80			

n = 72

Tab. 11: Erhobene Kennzahlen

Die erhobenen Kennzahlen zeigen, dass im Wesentlichen die Größen Umsatz, Kosten und Gewinn erhoben werden. Gerade die als sehr wichtig erachtete Größe der „Kundenzufriedenheit" wird nicht erhoben. Ebenso werden keine Daten bzw. Kennzahlen aus dem als sehr wichtig erachteten Bereich des Markenmanagements erhoben.

Zusammenfassend kann man behaupten, dass gerade im Bereich des Controlling als Managementunterstützung noch erheblicher Verbesserungsbedarf bei New Economy Dienstleistern festzustellen ist.

3.3.2 Datenanalyse mit Hilfe der Faktorenanalyse

Die nun folgende Faktorenanalyse hat das Ziel, aus einer Vielzahl möglicher Variablen die voneinander unabhängigen Einflussfaktoren herauszukristallisieren (Backhaus et al., 2000, S. 253). Da im vorliegenden Datensatz relativ viele Items zur Operationalisierung der Erfolgsfaktoren herangezogen wurden, hilft eine Faktorenanalyse, diese Daten zu verdichten. Grundsätzlich lassen sich zwei Arten der Faktorenanalyse unterscheiden (vgl. hier und im Folgenden: Backhaus et al., 2000, S. 286):

- die Hauptkomponentenanalyse und

- die Hauptachsenanalyse.

Ziel der Hauptkomponentenanalyse ist es, die auf einen Faktor hoch ladenden Variablen durch einen Sammelbegriff zusammen zu fassen. Ziel der Hauptachsenanalyse ist die Ermittlung der Ursachen für die hohen Faktorladungen. Im vorliegenden Datensatz soll die Hauptachsenanalyse Anwendung finden.

Bevor eine Faktorenanalyse durchgeführt wird, muss die grundsätzliche Eignung des Datensatzes überprüft werden. Es fällt sofort auf, dass der Datensatz für den Erfolgsfaktor Informationsmanagement ungeeignet ist, da er nur vier Items enthält. Eine Faktorenanalyse führt daher hier nicht zum Erfolg.

Nun soll der Erfolgsfaktor Humankapital (bzw. die entsprechenden Items) auf seine Eignung für die Faktorenanalyse untersucht werden.

Die Korrelationskoeffizienten-Matrix hat relativ wenige Werte nahe Null. Ebenso sind die diagonalen Elemente in der Anti-Image-Matrix größer als 0,7 und das KMO-Kriterium (Kaiser-Meyer-Olkin-Kriterium) liegt mit einem Wert von 0,701 im Bereich „ziemlich gut". Die erklärte Gesamtvarianz liegt mit 65,91 % über dem Mindestwert von 60 %. Alles spricht für die Eignung des Datensatzes für eine Faktorenanalyse (zu den Gütekriterien: vgl. Backhaus et al., 2000, S. 265 ff.). Die Hauptachsen-Faktorenanalyse kommt zu dem in Tabelle 12 dargestellten Ergebnis.

Man erkennt deutlich drei extrahierte Faktoren. Die Gründe für die hohen Faktorladungen lassen sich leicht aufzeigen:

- Der erste Faktor beinhaltet die Items „Fähigkeiten", „Kenntnisse" und „Fertigkeiten". Die Ursache dafür liegt in der Qualifikation des Personals.

- Der zweite Faktor vereinigt die Items „Weiterbildung", Personalentwicklungsmaßnahmen", „Mitarbeiterbeteiligung" und „Anreizsysteme". Ursächlich dafür ist die Personalentwicklung im Dienstleistungsnetzwerk.

- Auf den dritten Faktor laden die Items „Identifikation", „Kommunikation", „Zufriedenheit" und „Betriebsklima". Die dahinter zu vermutende Ursache ist die Zufriedenheit des Personals.

	Komponenten		
	1	2	3
Fähigkeiten exzellent	0,830		
Kenntnisse exzellent	0,820		
Trainingsmaßnahmen		0,797	
Fähigkeiten messen		0,759	
Fertigkeiten exzellent	0,898		
Harmonieförderung			0,679
Identifikation			0,723
Beteiligung am Unternehmenswert		0,601	
Know-how Austausch			0,701
Anreizsysteme		0,579	
Zufriedenheit hoch			0,687

n = 72 Extraktionsmethode: Hauptachsen-Faktorenanalyse
Rotation: Varimax/Kaiser-Normalisierung, 5 Iterationen, KMO = 0,701

Tab. 12: Ergebnisse der Hauptachsen-Faktorenanalyse „Humankapital"

Die Ursachen für die Verbesserung des Faktors „Humankapital" liegen in der Hand des Dienstleistungsnetzwerks. Alle drei Faktoren lassen sich durch ein qualitätsorientiertes Human-Ressource Management deutlich verbessern.

Die Überprüfung der Eignung der Items des Erfolgsfaktors Vertriebsmanagement zeigt, dass sich auch diese Daten sehr gut für die Faktorenanalyse eignen (KMO bei 0,812, erklärte Gesamtvarianz: 74,78 %).

	Komponenten		
	1	2	3
Vertriebsstrategie bzgl. Produkte		0,549	
Vertriebsstrategie bzgl. Kunde		0,590	
Vertriebsstrategie bzgl. Positionierung		0,777	
Vertriebsstrategie bzgl. Zielerreichung		0,751	
Verkaufsprozesse		0,704	
Stufendefinition im Verkaufsprozess	0,853		
Erfolgskennziffern	0,739		
Planung der Kapazitätsbelastung	0,686		
Individuelles Vertriebscontrolling	0,777		
Individuelle Fortbildung	0,823		
operatives CRM			0,872
analytisches CRM	0,501		0,493

n = 72 Extraktionsmethode: Hauptachsen-Faktorenanalyse
Rotation: Varimax/Kaiser-Normalisierung. 8 Iterationen. KMO = 0.812

Tab. 13: Ergebnisse der Hauptachsen-Faktorenanalyse „Vertriebsmanagement"

Auch bei dieser Analyse ergeben sich drei Faktoren:

- Der erste Faktor vereinigt sechs Items auf sich, wobei das „analytische CRM" eine recht geringe Ladung aufweist. Der Grund für die Ladungen liegt im Vertriebscontrolling.

- Ursächlich für die hohen Ladungen auf den zweiten Faktor sind eindeutige Aussagen zur Vertriebsstrategie.

- Der dritte Faktor besteht nur aus dem Item „operatives CRM". Ebenfalls liegt eine gerade noch feststellbare Ladung auf dem „analytischen CRM". Damit ist die Ursache der Ladung das Customer Relationship Management des Dienstleistungsnetzwerks.

Um also die Vertriebsstrategie zu beeinflussen, muss zuerst eine eindeutige Strategie formuliert, diese mit den Maßnahmen des CRM umgesetzt und schließlich das Ergebnis durch ein vertriebsspezifisches Controlling begleitet werden.

4 Diskussion der Ergebnisse und Ausblick

Der Erfolg von Dienstleistungsnetzwerken lässt sich zu einem hohen Grad durch relativ wenige Variablen erklären. Diese Variablen sind die Erfolgsfaktoren von Dienstleistungsnetzwerken. Der vorliegende Beitrag analysiert die Erfolgsfaktoren von New Economy Dienstleistern. Dabei handelt es sich um einen Teil des tertiären Sektors, der in weiten Bereichen durch die gleichen Erfolgsfaktoren gekennzeichnet ist, wie andere Dienstleistungs-Teilbranchen (vgl. dazu die übrigen empirisch fundierten Beiträge des vorliegenden Buchs).

Mit der vorgelegten Studie lassen sich einige interessante Ergebnisse für das Analyseobjekt „New Economy Dienstleister" festhalten.

Zunächst ist festzustellen, dass den neun hypothetisch aufgestellten Erfolgsfaktoren durch die Befragten eine hohe Relevanz für den Erfolg eines Dienstleistungsnetzwerks zuerkannt wird (Tabelle 2). Als besonders wichtig werden die Faktoren „Humankapital", „Vertriebsmanagement" sowie „Informationsmanagement" erachtet. Geringere Bedeutung hat lediglich der Faktor „Internationalisierung". Ebenso besteht eine mittlere bis hohe Korrelation zwischen den Erfolgsfaktoren und dem Erfolg. Diese ist signifikant auf mindestens 0,05-Niveau (Tabelle 4).

Ebenso gibt die Regressionsanalyse den begründeten Anlass dazu, die aus der Theorie hergeleiteten Hypothesen bezüglich der neun Erfolgsfaktoren nicht zu verwerfen (Abbildung 2). Es kann also davon ausgegangen werden, dass die hergeleiteten Erfolgsfaktoren relevant für den Gesamterfolg von New Economy Dienstleistungsnetzwerken sind.

Die größten Abweichungen zwischen der Einschätzung der Wichtigkeit eines Erfolgsfaktors für die Branche und die Güte der Umsetzung im eigenen Dienstleistungsnetzwerk liegen bei den Faktoren „Humankapital", „Vertriebsmanagement" und „Informationsmanagement" vor (Tabelle 5). Die weitere Analyse dieser drei Faktoren ergab, dass

- beim Erfolgsfaktor **Humankapital** die Schwächen der New Economy Dienstleister auf den weichen Faktoren der Mitarbeiterführung liegen,

- beim Erfolgsfaktor **Vertriebsmanagement** ein systematisches Controlling der Aktivitäten fehlt und

- beim Erfolgsfaktor Informationsmanagement die Anzahl der erhobenen Kennzahlen zu gering ausfällt.

Die drei oben angeführten Faktoren (und die identifizierten Ansatzpunkte für Verbesserungen) sind die wesentlichen Gründe der großen Abweichung zwischen Branchenwichtigkeit und Umsetzungsgüte.

Um nachfolgend Handlungsempfehlungen für die drei kritischen Erfolgsfaktoren ableiten zu können, wurde mit Hilfe einer Hauptachsen-Faktorenanalyse die Datenstruktur weiter untersucht. Dabei sei zunächst angemerkt, dass beim Faktor „Informationsmanagement" die Eignung zur Faktorenanalyse fehlt.

Der Erfolgsfaktor Humankapital besteht aus den drei Komponenten „Qualifikation des Personals", „Personalentwicklung" und „Personalzufriedenheit" (Tabelle 12). Diese sind ursächlich für die Güte des Humankapitals. Um demnach diesen Faktor substanziell und nachhaltig zu verbessern, bedarf es eines qualitätsorientierten Human-Ressource-Management.

Das Vertriebsmanagement besteht aus den Komponenten „Vertriebscontrolling", „Vertriebsstrategie" und „CRM" (Tabelle 13). Zur Verbesserung dieses Erfolgsfaktors ist es nötig, die Vertriebsstrategie mit den Maßnahmen des CRM umzusetzen und die Ergebnisse durch das Controlling zu begleiten.

Die Grenzen der hier vorgestellten Analyse liegen im Wesentlichen in zwei Tatsachen begründet: Erstens ist der Datensatz mit einer Fallzahl von 72 relativ gering für explikative Analysen und zweitens ist die Stichprobe an New Economy Dienstleistern nicht repräsentativ für die Grundgesamtheit. Hier wurden überwiegend kleine Dienstleister befragt, die z. T. andere Erfolgsfaktoren haben als größere. Insbesondere sei dies zum Erfolgsfaktor „Internationalisierung" gesagt.

Mit diesen Einschränkungen leistet die vorgestellte Analyse einen guten Beitrag zur Erklärung des komplexen Konstrukts „Erfolg von Dienstleistungsnetzwerken". Weitere Erhebungen sollten insbesondere darauf zielen, einen möglichst repräsentativen Schnitt durch die Branche zu erhalten. Ebenso ist es überlegenswert, im Rahmen einer größer angelegten Studie die New Economy Dienstleister im Service Cube zu positionieren und sie so im Vergleich zu anderen Dienstleistungsnetzwerken zu analysieren. Auf diese Weise lässt sich das Modell der „NetworkExcellence" erweitern, um so einen größeren Ausschnitt der beobachtbaren Wirklichkeit modellhaft zu erfassen.

Erfolgsfaktoren des Vertriebs

Josef Hesse/Matthias Huckemann

1 Viele Wege führen zum Kunden – das Multikanalphänomen

2 Begriffliche Grundlagen
   2.1 Die Distributionspolitik als Bestandteil des Marketing
   2.2 Die Aufgaben der Vertriebspolitik
      2.2.1 Vertriebswege- bzw. Absatzkanalpolitik
      2.2.2 Gestaltung des Vertriebssystems
      2.2.3 Lieferungspolitik (Vertriebs- bzw. Marketinglogistik/Lieferkonditionen)
   2.3 Die Bedeutung von Erfolgsfaktoren im Rahmen der Koordination im Absatzkanal

3 Das Modell zur Herleitung der Erfolgsfaktoren
   3.1 Aussagen zur Vertriebsstrategie
   3.2 Prozesse
   3.3 Erfolgskennziffern
   3.4 Customer Relationship Management (CRM)
   3.5 Das Modell des exzellenten Vertriebs

4 Überprüfung des Modells
   4.1 Beschreibung der Umfrage und deskriptive Auswertungen
   4.2 Die Struktur der Umfrage und explorative Auswertung
   4.3 Diskussion der Ergebnisse

5 Zusammenfassung und Ausblick

1 Viele Wege führen zum Kunden – das Multikanalphänomen

„Man muss Dinge nehmen, wie sie kommen; aber man sollte sie so kommen lassen, wie man sie nehmen möchte". Das vorangestellte Zitat von Goetz Curt beschreibt die Wichtigkeit eines analytischen Vorgehens bei der Planung, Steuerung und Kontrolle der Aufgabenbereiche eines Unternehmens. Gerade bei der Steuerung des Vertriebs ist ein solches Vorgehen von erfolgsentscheidender Wichtigkeit. Die Dominanz der Kundenorientierung im Marketing führt dazu, dass sich die Unternehmen in Deutschland zunehmend auf die Bedürfnisse heterogener Zielgruppen einstellen müssen. Dies gilt auch für die Gestaltung des Vertriebs, welcher entsprechend seiner Aufgabenbereiche (Abschnitt 2.2.2) eng mit den jeweiligen Vertriebspartnern respektive Konsumenten zusammenarbeiten muss.

Die Bedeutung des Vertriebs wird dabei zunehmend wichtiger. Zu diesem Schluss kamen 79 von 100 befragten Vertriebsmanagern aus 86 deutschen Unternehmen (vgl. Mercuri International 2000, S. 9). Dieses Ergebnis ist unter anderem damit zu begründen, dass die Unternehmen im Aufgabenbereich des Vertriebs eine Möglichkeit erkannt haben, sich gegenüber ihren Wettbewerbern und Kunden zu profilieren. So möchten laut einer Umfrage des Instituts für Handelsmanagement und Netzwerkmarketing über 80 % der Konsumenten künftig verschiedene Vertriebswege im Rahmen ihrer Kaufentscheidung nutzen. 50 % der im Rahmen dieser Untersuchung befragten Konsumenten sehen in einem Angebot verschiedener Vertriebswege sogar einen komparativen Konkurrenzvorteil, würden sich also bei ihrer Kaufentscheidung eher solchen Anbietern zuwenden, die über mehrere Vertriebswege verfügen (vgl. Evanschitzky/Hesse, 2001).

Die stetige Weiterentwicklung der technologischen Möglichkeiten erlaubt es Unternehmen, schnell und effizient mit den Kunden in Kontakt zu treten. Die klassischen Vertriebswege werden somit um diese technologieinduzierten Vertriebswege erweitert. Ein Beispiel solcher technologieinduzierter Vertriebswege bildet das Internet. Dabei geht es nicht nur darum, die Produkte „online" an den Verbraucher zu verkaufen. Auch die Unterstützung der klassischen Vertriebswege, beispielsweise durch ein ausführliches Informationsangebot oder durch die Möglichkeit eines online Kundencenters, wird durch das Internet möglich. Ein gutes Praxisbeispiel für die Integration derartiger technologieinduzierter Vertriebswege ist die Douglas Holding, welche unter anderem mit dem Unternehmensbereich Christ sowohl offline als auch online mit dem Kunden interagieren kann. Der Kunde erhält somit die Möglichkeit, seine Produkte sowohl im stationären Handel als auch im virtuellen Handel zu beziehen (vgl. Maiwaldt, 2000). Auch die Kontaktaufnahme mit dem Kundenservice wird online angeboten und kann so jederzeit vom Kunden genutzt werden (vgl. Maiwaldt, 2001, S. 181).

Das Beispiel der Douglas Holding beschreibt eine Multikanalstruktur im Bereich des Retailing. Dabei soll unter dem sogenannten Multi-Channel-Retailing der parallele Einsatz mehrerer Vertriebskanäle durch ein Handelsunternehmen oder durch einen Hersteller verstanden werden, wobei in den unterschiedlichen Vertriebskanälen ein sich in wesentlichen Teilbereichen überlappendes Sortiment angeboten wird (vgl. Zentes/ Schramm-Klein, 2001, S. 290). Multikanalanbieter wie beispielsweise der Otto Versand konnten in den letzten Jahren stark wachsen (vgl. Schneider, 2001, S. 41 ff.).

An dieser Stelle sei jedoch erwähnt, dass ein Multikanalsystem mehr darstellen muss als die Diversifikation hinsichtlich der Vertriebskanäle. Mit der Erweiterung der Vertriebsstruktur auf ein Multi-Channel-Retailing muss eine entsprechende Anpassung der Kommunikation einhergehen. Eine entsprechende Multi-Channel-Communication, also die Beachtung und Abstimmung einer kanalspezifischen Kommunikationsstrategie, geht mit einer Diversifikation der Vertriebsstruktur einher. Auf den Bereich der Kommunikation soll im Folgenden jedoch nicht weiter eingegangen werden, da der Schwerpunkt des vorliegenden Beitrags auf dem Vertrieb als solches liegen soll.

Das Phänomen der Multikanalsysteme im Vertrieb bzw. die Erweiterung bestehender Vertriebsstrukturen durch neue Vertriebskanäle birgt, neben den offensichtlichen Chancen, auch Risiken wie z. B. der Nichtbeachtung eines einheitlichen und widerspruchsfreien Preissystems in den verschiedenen Vertriebswegen. Diese Problematik gilt insbesondere für den Einzelhandel, der seine Waren oftmals in seinen Filialen zu unterschiedlichen Preisen verkauft. Bei der Integration des Internets können selbstverständlich keine regionalen Preise gelten. Dieser Umstand bedeutet z. B. für die Parfümerie Douglas GmbH bei der Eröffnung ihrer „Internetfiliale" douglasbeauty.com erhebliche interne Diskussionen (vgl. Schneider, 2001, S. 41 ff.).

Gerade bei dem verhältnismäßig hohen Kostenanteil des Vertriebs gilt es bei der Neu- und Ausgestaltung auf Faktoren zu achten, die einen exzellenten Vertrieb definieren. Derartige Faktoren sollen im Folgenden als Erfolgsfaktoren bezeichnet werden. Es gilt nicht, die „heilige Kuh Vertrieb" zu schlachten, sondern mit gezielten Maßnahmen, unter Beachtung von den im Folgenden darzustellenden Erfolgsfaktoren, exzellenter einzusetzen.

Auf Grundlage einer empirischen Untersuchung des Lehrstuhls für BWL, insbesondere Distribution und Handel der Universität Münster und der Unternehmensberatung Mercuri International sollen die grundlegenden Erfolgsfaktoren des Vertriebs – unabhängig vom eingesetzten Vertriebskanal – beschrieben und analysiert werden.

In Abschnitt 2 werden dazu die begrifflichen Grundlagen des Beitrags definiert, um den Vertrieb respektive die Vertriebswege in das derzeitige Marketingverständnis einzuordnen. Auf Grundlage dieses Begriffsverständnisses werden in Abschnitt 3 die in Form von Hypothesen definierten Erfolgsfaktoren beschrieben und zu einem Modell des exzellenten Vertriebs zusammengefasst. Dieses Modell gilt es in Abschnitt 4 empirisch zu prüfen. Abschließend werden die Ergebnisse in Abschnitt 5 zusammengefasst und in einen übergreifenden Kontext gestellt.

2 Begriffliche Grundlagen

Im folgenden Abschnitt werden die terminologischen Grundlagen rund um den Begriff des Vertriebs dargestellt und erläutert. Dabei geht es insbesondere darum, die Vertriebspolitik als originären Bestandteil der Distributionspolitik innerhalb des derzeitigen Marketingverständnisses einzuordnen.

2.1 Die Distributionspolitik als Bestandteil des Marketing

Unter dem Begriff des Marketing versteht man, in der hier zugrunde liegenden klassischen (ökonomischen) Begriffsdefinition, die Planung, Koordination und Kontrolle aller auf die aktuellen und potenziellen Märkte ausgerichteten Unternehmensaktivitäten, bei welcher durch die dauerhafte Befriedigung der Kundenbedürfnisse die Unternehmensziele verwirklicht werden sollen (vgl. Meffert, 2000a, S. 8). Das Marketing wird hier als eine Form der marktorientierten Unternehmensführung verstanden.

Es stellt sich die Frage, wie sich die Distributionspolitik in dieses Marketingverständnis eingliedert.

Um diese Frage zu beantworten, gilt es zuerst den Begriff der Distribution von dem der betrieblichen Distributionspolitik abzugrenzen. Die Distribution bezeichnet die Gesamtheit der absatzwirtschaftlichen Aktivitäten aller an der Überführung eines Absatzgutes (Produkte/Dienstleistungen) vom Hersteller (Produktion) zum Verbraucher (Konsumtion) beteiligten Wirtschaftseinheiten. Demgegenüber bezieht sich die betriebliche Distributionspolitik auf bestimmte Entscheidungen und Maßnahmen des einzelnen Wirtschaftssubjektes (vgl. Ahlert, 1996, S. 15). Die Distributionspolitik kann somit wie folgt definiert werden:

Die Distributionspolitik beinhaltet einerseits – als Einzelinstrument im Sinne der operativen Marketinginstrumente – die Lieferungspolitik sowie die Verkaufs- und Außendienstpolitik. Andererseits kann sie als instrumenteübergreifender Entscheidungsbereich angesehen werden, welcher den Einsatz aller absatzpolitischen Instrumente – soweit sie auf die Absatzmittler ausgerichtet sind – umfasst (vgl. Ahlert, 1996, S. 21).

An dieser Stelle werden bereits die Überschneidungen des Begriffes der Distributionspolitik mit dem marktorientierten Begriffverständnis des Marketing deutlich. Aus Sicht eines einzelnen Unternehmens kann die Distributionspolitik jenem Teilbereich des Marketing zugerechnet werden, dem die systematische, zielgerichtete Einflussnahme auf die Kaufentscheidung der aktuellen und potenziellen Abnehmer obliegt (vgl. Ahlert, 1998/99, S. 11).

Das Ziel der Distributionspolitik ist es, den Absatzgütern physische und kommunikative Präsenz im Absatzkanal unter Nutzung des operativen Marketinginstrumentariums zu verschaffen.

Zu untersuchen bleibt, wie der Begriff des Vertriebs respektive der Vertriebspolitik in das distributionspolitische Verständnis einzuordnen ist.

2.2 Die Aufgaben der Vertriebspolitik

Unter dem Begriff Vertrieb wird im Allgemeinen das organisatorisch-technische System der Absatzdurchführung verstanden (vgl. Katalog E, S. 100). Dementsprechend werden unter der Vertriebspolitik alle Maßnahmen zur Gestaltung dieses Systems (hinsichtlich der physischen und kommunikativen Präsenz des Absatzgutes) subsumiert. Unter dem Begriff der Vertriebspolitik können somit die operativen Aufgaben der Distributionspolitik verstanden werden. Die distributionspolitischen Ziele bilden dabei den Bezugsrahmen für die im Bereich der Vertriebspolitik anfallenden Aufgaben. Die Abbildung 1 verdeutlicht die zuvor beschriebene Abgrenzung.

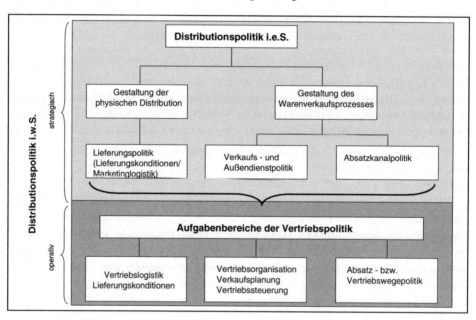

Abb. 1: Die Vertriebspolitik als operativer Bereich der Distributionspolitik
(Quelle: In Anlehnung an Ahlert, 1996 und Winkelmann, 2000)

Wie bereits verdeutlicht wurde, ist es Aufgabe der Vertriebspolitik, das organisatorisch-technische System „Vertrieb" zu planen, zu steuern und zu kontrollieren. Die Vertriebspolitik hat dabei zum Ziel, die notwendigen Bedingungen zu schaffen, um dem Absatzgut eine physische Präsenz im Absatzkanal zu verschaffen.

Die Aufgaben der Vertriebsspolitik, auf welche im Folgenden kurz eingegangen werden soll, sind (in Anlehnung an Ahlert und Winkelmann):

1. *Vertriebswege- bzw. Absatzkanalpolitik:* Gewinnung und Steuerung von Vertriebspartnern und die Gestaltung der Absatz- bzw. Vertriebswege.
2. *Gestaltung des Vertriebssystems:* Aufbau eines geeigneten Vertriebssystems, bestehend aus Vertriebsorganisation, Verkaufsform und Vertriebssteuerung.
3. *Lieferungspolitik (Vertriebslogistik bzw. Marketinglogistik/Lieferungskonditionen):* Die effiziente Bereitstellung des richtigen Absatzgutes (Produkte/Dienstleistungen) in der richtigen Menge, am richtigen Ort, zur richtigen Zeit und in der richtigen Qualität sowie die Vereinbarung der Lieferkonditionen.

Die Durchführung der dargestellten Aufgabenbereiche der Vertriebspolitik obliegt dem Vertriebsmanagement, welches sich im Sinne des Managementbegriffs mit der Planung, Steuerung und Kontrolle der anfallenden Aufgaben beschäftigt (vgl. Ahlert, 1997, S. 55).

2.2.1 Vertriebswege- bzw. Absatzkanalpolitik

Einen zentralen Aufgabenbereich der Vertriebspolitik bildet die Absatzwege- bzw. Absatzkanalpolitik, wobei die Begriffe Absatzweg und Absatzkanal im Folgenden synonym zu dem Begriff Vertriebsweg verwendet werden. Aufgabe der Vertriebswegepolitik ist es zum einen, die **Struktur der Absatzwege** durch eine vertikale und horizontale, selektive Auswahl festzulegen. Zum anderen fallen Aufgaben der Akquisition und Koordination der potenziellen Teilnehmer des Vertriebsweges in ihren Aufgabenbereich.

Im Rahmen des vertikalen Selektionsprozesses trifft das Unternehmen eine Auswahl zwischen den verschiedenen Absatzstufen. Wie in Abbildung 2 zu erkennen ist, kann ein Unternehmen die Länge des Vertriebsweges festlegen, in dem es zwischen einem direkten Absatz an den Verbraucher, einem indirekten verkürzten Absatz über entsprechende Einzelhändler oder einem indirekten unverkürzten Absatz mit einer oder mehreren zwischengelagerten Absatzstufen (z. B. Großhändler) entscheiden. Die Frage, welche sich ein Unternehmen im Rahmen des vertikalen Selektionsprozesses stellen muss, lautet somit: *„Wollen wir mit verschiedenen Absatzstufen zusammenarbeiten?"*

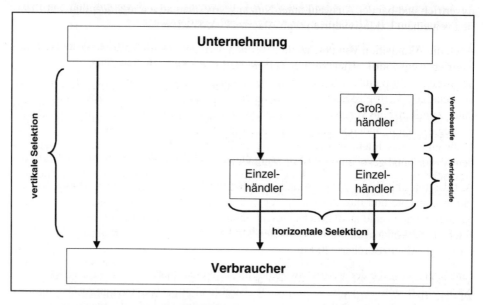

Abb. 2: Die vertikale und horizontale Selektion
(Quelle: In Anlehnung an Ahlert, 1996)

Im Rahmen einer horizontalen Selektion wird die Breite und Tiefe des Vertriebsweges bzw. seiner einzelnen Stufen festgelegt.

Die Dimension „Tiefe" bezieht sich dabei auf die unterschiedlichen Formen von Handelsbetrieben (beispielsweise nach Branche oder Betriebsform), die in den Vertriebsweg integriert werden sollen (vgl. Ahlert, 1996, S. 55). Es wird hier festgelegt, wie viele unterschiedliche Formen von Vertriebspartnern je Vertriebsstufe integriert werden sollen. Ein Unternehmen muss sich an dieser Stelle demnach folgende Frage stellen: *„Mit wie vielen verschiedenen Formen von Vertriebspartnern wollen wir zusammenarbeiten?"*

Nachdem ein Unternehmen die Tiefe der einzelnen Vertriebsstufen festgelegt hat, wird die Anzahl der zu nutzenden Handelsbetriebsformen (Ergebnis der Dimension „Tiefe") festgelegt. Diese Festlegung wird als Dimension der „Breite" innerhalb der horizontalen Selektion bezeichnet und muss Ergebnis der folgenden Fragestellung sein: *„Wie viele der ausgewählten Formen von Vertriebspartnern wollen wir in unseren Vertriebskanal integrieren?".*

Im Bereich der horizontalen Selektion können Entscheidungen hinsichtlich qualitativer und quantitativer Kriterien getroffen werden (beispielsweise anhand eines Anforderungskataloges). Werden keine Anforderungen und Beschränkungen definiert, so spricht man – die Bereitschaft der potenziellen Vertriebskanalpartner vorausgesetzt – von einem Universalvertrieb, bei dem Ansatz von qualitativen Auswahlkriterien von einem Selektivvertrieb und bei der Auswahl unter Nutzung von qualitativen und quantitativen Kriterien von einem Exklusivvertrieb (vgl. Ahlert, 1996, S. 157).

Auch die Akquisition von potenziellen Teilnehmern des Vertriebskanals ist Aufgabe der Vertriebswegepolitik. Hier verfügt der Hersteller generell über zwei mögliche Vorgehensweisen. Zum einen kann er seine Bemühungen direkt auf die seiner Meinung nach notwendigen Vertriebskanalteilnehmer ausrichten und so sein Absatzgut – in der Regel unter Zuhilfenahme von monetären Katalysatoren – in den Absatzkanal drücken (Push-Strategie). Zum anderen kann eine Unternehmung durch kommunikationspolitische Maßnahmen das Interesse beim Endverbraucher derart steigern, dass das Absatzgut in den Absatzkanal gezogen wird (Pull-Methode).

Auf das Für und Wider dieser Akquisitionsformen der zum Einsatz kommenden Kooperationskonzepte und ihre Auswirkungen soll an dieser Stelle jedoch nicht weiter eingegangen werden (eine ausführliche Beschreibung findet der Leser unter anderem in dem Buch „Prozessmanagement im vertikalen Marketing" und in der dort angegebenen Literatur, vgl. Ahlert/Borchert, 2000).

Eine letzte Aufgabe der Vertriebswegepolitik stellt die Koordination im Absatzkanal dar. Nach Ahlert umfassen die Konzepte zur Koordination unter anderem Gestaltungselemente wie beispielsweise die aktive und passive Bindungspolitik oder die institutionellen Vorkehrungen und laufenden Bemühungen des Konfliktmanagements. Auch die laufende Steuerung und Kontrolle des Absatzsystems ist ein Aufgabenbereich der Koordination im Absatzkanal (vgl. Ahlert, 1996, S. 162). Voraussetzung für derartige Koordinationsaufgaben ist ein funktionierendes Controlling, welches – wie in späteren Abschnitten erläutert – nur auf einer ausgeprägten informatorischen Basis funktionieren kann.

2.2.2   Gestaltung des Vertriebssystems

Die Gestaltung eines der Vertriebsstruktur adäquaten Vertriebssystems bildet eine weitere Aufgabe der Vertriebspolitik (vgl. Winkelmann, 2000, S. 255 ff.). Hierzu gehören die Festlegung der Verkaufsform sowie der Aufbau einer Vertriebsorganisation. Die Steuerung des operativen Vertriebssystems, also der unternehmenszugehörigen Organisation, die sich unternehmensintern oder -extern mit den Vertriebskanälen beschäftigt, stellt ebenfalls einen Aufgabenbereich dar.

Im Rahmen der Festlegung der Verkaufsform wird nach der Art des Kontaktes bzw. nach der Art des zur Kontaktaufnahme und Abwicklung eingesetzten Mediums in die in Abbildung 3 dargestellten Typologie der Verkaufsformen unterschieden.

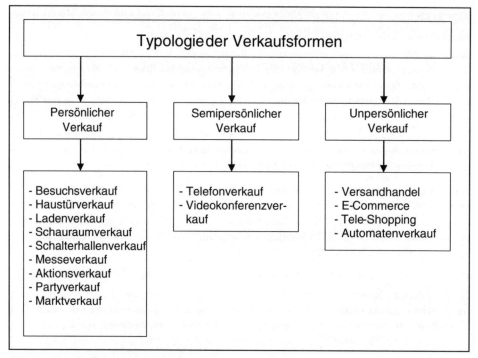

Abb. 3: Typologie der Verkaufsformen
(Quelle: Winkelmann, 2000, S. 260)

An dieser Stelle soll nicht auf jede einzelne Verkaufsform explizit eingegangen werden. Festzuhalten bleibt, dass mit einer Abnahme des persönlichen Kontaktes ein zunehmender Einsatz technologieinduzierter Verkaufsformen verbunden ist. Diesen Verkaufsformen gemein ist der Nachteil hinsichtlich des fehlenden persönlichen Kontaktes zum Kunden. Ihre Vorteile haben derartige Verkaufsformen jedoch in einer besseren Effizienz und Kontrollierbarkeit.

Der Aufbau und die Steuerung einer Vertriebsorganisation beschreibt die Zuweisung der einzelnen Aufgabenbereiche auf das Organisationssystem respektive die Organisationsbereiche und Mitarbeiter im Unternehmen. Im Allgemeinen unterscheidet man hinsichtlich der Organisationsstruktur den Innen- und Außendienst, welcher unterschiedliche Aufgaben wahrnimmt.

Zusätzlich dazu kann in den Aufgabenbereich des Key-Account-Management und in den der Vertriebsabteilung unterschieden werden, welche ebenfalls spezifische Aufgaben wie z. B. die Schlüsselkundenbetreuung wahrnehmen (vgl. Winkelmann, 2000, S. 263 f.).

Die Abbildung 4 zeigt einen Auszug der Aufgaben je Organisationsbereich mit den zugehörigen Zielsetzungen.

HAUPTAUFGABEN DER MITARBEITER IM VERKAUF			
	Außendienst: Umsatzzielerreichung		Key Account Manager: Umsatz-/Projektzielerreichung
1.	Interessentensuche und Potenzialklärung	1.	Schlüsselkundenbetreuung, -sicherung
2.	Kundenqualifizierung	2.	Kontraktmanagement, Konditionenverhandlungen
3.	Neukundengewinnung	3.	Projektabwicklung mit Kunden
4.	Stammkundensicherung	4.	Prozessoptimierung mit Kunden
5.	Konditionenverhandlungen	5.	Marktforschung mit Kunden
6.	Marktforschung beim Kunden	6.	Firmen- und Produktpräsentationen
7.	Produktvorstellung	7.	Abwicklung Beanstandungen
8.	Abwicklung Beanstandungen mit Innendienst	8.	Abstimmung mit Flächenvertrieb
9.	Mitarbeit an strategischer und operativer Planung	9.	Mitarbeit an strategischer und operativer Planung
10.	Mitarbeit an Verkaufsförderung, Messen	10.	Mitarbeit an Verkaufsförderung, Messen
	Innendienst: Effizienzzielerreichung		Vertriebsleitung: Umsatz-/Ergebniszielerreichung
1.	Unterstützung Außendienst, Bedarfsklärungen	1.	Führung der Verkaufsmitarbeiter
2.	Eigenverantwortliche Kleinkundenbetreuung	2.	Förderung der Verkaufsmitarbeiter
3.	Telefonische und schriftliche Kundenbetreuung	3.	Richtlinien für die Kundenbetreuung
4.	Auftragsabwicklung	4.	Erarbeitung Akquisitionsstrategie
5.	Fakturierung	5.	Festlegung Konditionenpolitik
6.	Beschwerdemanagement	6.	Verhandlungen mit Schlüsselkunden
7.	Abstimmung mit Logistik	7.	Steuerung Vertriebspartner
8.	Unterstützung für Vertriebspartner	8.	Festlegung Berichtswesen
9.	Mitarbeit an Mailingaktionen, Telefonmarketing	9.	Erarbeitung strategische und operative Planung
10.	Mitarbeit an Verkaufsförderung, Messen	10.	Abstimmung mit anderen betrieblichen Bereichen

Abb. 4: Hauptaufgaben der Mitarbeiter im Verkauf
(Quelle: Winkelmann, 2000, S. 263)

Wie bereits an den vielfältigen Aufgaben zu erkennen ist, bedarf es innerhalb der Vertriebsorganisation einer Steuerung und Vernetzung. Heutzutage werden verschiedene Systemansätze zur Steuerung unterschieden (jetzt und im Folgenden: vgl. Winkelmann, 2000, S. 272 ff.). Ohne auf die einzelnen Instrumente näher einzugehen, werden diese kurz aufgeführt:

(1) System mit Fokus Informationsbereitstellung,

(2) System mit Fokus Kundenorientierung,

(3) System mit Fokus Außendienststeuerung,

(4) System mit Fokus Gesamtvernetzung der Unternehmung.

Vor allem der Einsatz von Systemen mit dem Fokus „Kundenorientierung" wird derzeit im Rahmen des Customer Relationship Management Konzeptes verstärkt diskutiert. In Abschnitt 3.4 soll dieses Konzept, vor dem Hintergrund eines möglichen Erfolgsfaktors, kurz beschrieben werden.

2.2.3 Lieferungspolitik (Vertriebs- bzw. Marketinglogistik/Lieferungskonditionen)

Ein weiterer Aufgabenbereich innerhalb der Vertriebspolitik stellt die Lieferungspolitik dar. Diese setzt sich aus den Bereichen der Vertriebs- bzw. Marketinglogistik und der Lieferungskonditionen zusammen.

Die Festlegung der Lieferungskonditionen beschreibt die Entscheidungen bezüglich der Übernahme von Kosten und Gefahren, beispielsweise im Rahmen der Raumüberbrückung. Auch Entscheidungen bezüglich der technischen Abwicklung gehören zum Aufgabenbereich der Lieferungspolitik. Des Weiteren fallen Entscheidungen über die vereinbarten Lieferzeiten, Liefertermine, der Beschaffenheit und Qualität der Produkte, der rechtlichen Verpflichtungen sowie der personellen und sachlichen Lieferumstände in den Aufgabenbereich der Lieferungskonditionen (vgl. Ahlert, 1996, S. 25).

Ein weiterer Bestandteil der Lieferungspolitik ist die Vertriebslogistik. Hierunter versteht man im Allgemeinen alle Maßnahmen zur Gestaltung eines optimalen Material- und Informationsflusses entlang der Wertschöpfungskette vom Hersteller, gegebenenfalls über den Handel, bis hin zum Kunden, die eine termin-, mengen- und qualitätsgerechte Auslieferung sicherstellen (vgl. Winkelmann, 2000, S. 334). Ziel der Vertriebslogistik ist es somit, das richtige Produkt, zur richtigen Zeit, in der richtigen Menge, mindestens in der vereinbarten Qualität und am richtigen Ort vorzuhalten.

2.3 Die Bedeutung von Erfolgsfaktoren im Rahmen der Koordination im Absatzkanal

Allen Aufgaben der Vertriebspolitik gemein ist, dass sie auf einer übergreifenden, möglichst stringenten Strategie aufbauen müssen, da die verschiedenen Aufgaben, wie beispielsweise die Vertriebslogistik und die Gestaltung des Vertriebssystems, teilweise zeitgleich erfüllt werden müssen. Durch die Planung, Steuerung und Kontrolle der Vertriebspolitik bzw. der dort anfallenden Aufgaben kann ein den Zielen der Unternehmung entsprechendes Vertriebssystem geschaffen werden.

Es stellt sich nunmehr die Frage, wie sich eine erfolgreiche Vertriebspolitik respektive ein erfolgreiches Vertriebssystem von einer weniger erfolgreichen unterscheidet. Es ist davon auszugehen, dass es in einzelnen Aufgabenbereichen Faktoren geben muss, die weniger erfolgreiche Vertriebssysteme von exzellenten unterscheiden.

Eine Beachtung dieser Faktoren stellt die Basis für ein exzellentes Vertriebssystem dar. Diese Faktoren sollen im Folgenden als Erfolgsfaktoren bezeichnet und in den kommenden Abschnitten kurz dargestellt werden.

3 Das Modell zur Herleitung der Erfolgsfaktoren

Wie bereits in Abschnitt 1 erwähnt, soll es in dem vorliegenden Beitrag um die Identifikation von Erfolgsfaktoren gehen, die einen weniger exzellenten Vertrieb von einem als exzellent zu bezeichnenden Vertrieb unterscheiden.

Zu diesem Zweck wurde vom Institut für Handelsmanagement und Netzwerkmarketing ein hypothesengestützter Fragebogen entworfen und in Kooperation mit der Unternehmensberatung „Mercuri International" an Unternehmen – sowohl aus dem Dienstleistungsbereich als auch aus dem Industriebereich – versand. Von mehr als 70 Unternehmen konnten die Ergebnisse für den vorliegenden Beitrag genutzt werden. Die verschiedenen aus der Literatur generierten Hypothesen wurden im Fragebogen mit bestimmten Items abgefragt, deren Erklärung und Herleitung im folgenden Abschnitt beschrieben werden sollen. Die Gliederung des Abschnitts entspricht den dem Fragebogen zugrunde gelegten Hypothesen.

1. *Wenn ein Vertrieb als exzellent zu bezeichnen ist, dann liegt eine einheitliche und durchgängig kommunizierte Vertriebsstrategie vor, welche jedem Organisationsmitglied bekannt sein muss. (Abschnitt 3.1)*

2. *Wenn ein Vertrieb als exzellent zu bezeichnen ist, dann sind einzelne Prozesse eindeutig definiert, welche die sachlogische Abfolge der anfallenden Funktionen abbilden. (Abschnitt 3.2)*

3. *Wenn ein Vertrieb als exzellent zu bezeichnen ist, dann werden Erfolgskennzahlen systematisch erfasst. (Abschnitt 3.3)*

4. *Wenn ein Vertrieb als exzellent zu bezeichnen ist, dann werden Erfolgskennziffern systematisch genutzt. (Abschnitt 3.3)*

5. *Wenn ein Vertrieb als exzellent zu bezeichnen ist, dann ist ein Customer Relationship Management (CRM) zur Unterstützung und Umsetzung einer kundenorientierten Unternehmensführung integriert. (Abschnitt 3.4)*

Im Abschnitt 3.5 werden abschließend die Hypothesen in einem Modell zum exzellenten Vertrieb zusammengefasst.

3.1 Aussagen zur Vertriebsstrategie

Ein möglicherweise zentraler Erfolgsfaktor stellt die Definition einer Vertriebsstrategie dar, auf welche sich das gesamte Vertriebssystem stützen muss. Die Vertriebsstrategie stellt dabei die zentralen Weichen, beispielsweise für das Tagesgeschäft, und reduziert die Gefahr eines nicht Strategie konformen Verhaltens (vgl. Homburg/Schneider/ Schäfer, 2001, S. 19).

Die Vertriebsstrategie muss sich dabei an den aus den Unternehmenszielen abgeleiteten Rahmenstrategien des gesamten Unternehmens orientieren. Die Aussagen der Vertriebsstrategie sollten sich dabei stringent in einzelne Subzielsetzungen des Vertriebs übersetzen lassen. Die Abbildung 5 zeigt in vereinfachter Form den hierarchischen Aufbau der verschiedenen Strategieebenen und ordnet den Vertrieb als einen Unternehmensbereich ein.

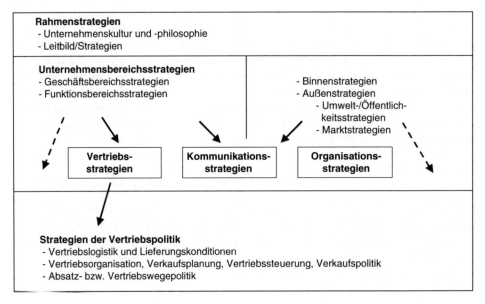

Abb. 5: Einordnung der Vertriebspolitik in die Rahmenstrategien der Unternehmung
(Quelle: In Anlehnung an Ahlert, 1998, S. 6)

Eine Strategie kann als ein sich an der strategischen Zielkonzeption des Unternehmens orientierender, mehrperiodischer Handlungsplan bezeichnet werden (vgl. Ahlert, 1998, S. 3). Für jeden Unternehmensbereich gilt es, stringente Substrategien zu definieren und diese in Form von einheitlichen Aussagen zu kommunizieren (vgl. Ahlert, 1998, S. 4 ff.).

Aus den Strategien müssen sich beispielsweise Aussagen über die verfolgte Produktpolitik, die anzusprechenden Kundengruppen, die Positionierung und die zu erreichenden Ergebnisse ableiten lassen.

Im Fragebogen wurde der Erfolgsfaktor „Aussagen zur Vertriebsstrategie" mit den folgenden Fragen/Items abgefragt (unsere Vertriebsstrategie beinhaltet Aussagen dazu):

- Welche Produkte und Dienstleistungen sollen forciert werden?
- Welche Kunden- und Marktsegmente sollen angegangen werden?

- Welche Positionierungsziele innerhalb der definierten Marktsegmente sollen verfolgt werden?
- Welche konkreten Ergebnisse mit unterschiedlichen Vertriebsaktivitäten bzw. -prozessen sollen erreicht werden?

3.2 Prozesse

Ein weiterer potenzieller Erfolgsfaktor bildet die Definition von Verkaufsprozessen, welche aufgestellt und kommuniziert werden müssen. Was aber genau ist ein Prozess innerhalb des Vertriebs? Um diese Frage zu beantworten, bietet es sich an, eine Analogie aus dem Bereich der Produktion heranzuziehen. Das Leistungspotenzial einer Drehmaschine wird z. B. durch Faktoren wie die Umdrehungszahl, die Bearbeitungstoleranzen, die Bearbeitungszeit oder die Rüstzeiten beschrieben. Fasst man diese Potenziale zusammen und stellt sie entsprechend ihres i. d. R. zeitlichen Ablaufes zusammen, so erhält man den Prozess der Leistungserstellung innerhalb der Produktion (jetzt und im Folgenden, vgl. Huckemann et al., 2000, S. 12).

Überträgt man diesen Gedanken in die Vertriebspolitik bzw. in die Steuerung des Vertriebssystems (Abschnitt 2.2.2 im vorliegenden Beitrag), so können auch hier Prozesse definiert werden. Im Bereich der Steuerung des Vertriebssystems wird dann nicht von Drehzahlen, sondern beispielsweise von Kundenkontakten gesprochen. Die Bearbeitungs- und Rüstzeiten können im Vertrieb mit der notwendigen Zeit des Kundenkontaktes bzw. der Vor- und Nachbearbeitungszeit verglichen werden (vgl. Huckemann et al., 2000, S. 8). Die Abbildung 6 beschreibt einen solchen Prozess am Beispiel des Verkaufsprozesses.

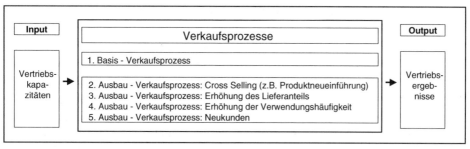

Abb. 6: Beispielhafte Darstellung eines Verkaufsprozesses
(Quelle: Huckemann, 2000, S. 12)

„Unter einem Prozess wird somit die zeitlich-sachlogische Abfolge von Funktionen verstanden, die zur Bearbeitung eines betriebswirtschaftlich relevanten Objektes erforderlich sind" (Becker/Schütte, 1996, S. 466).

Wenn es das Ziel eines Unternehmens ist, seine Wettbewerbsfähigkeit unter sich laufend verändernden Bedingungen (wie beispielsweise der Wunsch des Konsumenten nach einem Mehrkanalvertrieb) zu erhalten bzw. zu steigern, so müssen Prozesse definiert, gestaltet und permanent aktualisiert werden (vgl. Huckemann et al., 2000, S. 6). Nur so kann die Komplexität des Vertriebs in der Planung, Steuerung und Kontrolle Beachtung finden.

Die Hypothese an dieser Stelle lautet somit: Wenn ein Vertrieb als exzellent zu bezeichnen ist, dann sind einzelne Prozesse definiert.

Im Fragebogen wurde der Erfolgsfaktor „Definition von Prozessen" mit den folgenden Fragen/Items abgefragt:

- Im Rahmen unserer Vertriebsarbeit sind unterschiedliche Prozesse, wie beispielsweise die Neukundengewinnung, die Bestandskundenpflege usw., definiert.

- Die mit den Prozessen einhergehende Kapazitätsbelastung wird geplant und erfasst.

3.3 Erfolgskennziffern

Die Erhebung und die Nutzung von Erfolgskennziffern sind zwei weitere potenzielle Erfolgsfaktoren des Vertriebs. Unter Kennzahlen bzw. Kennziffern werden Berechnungsergebnisse verstanden, die in verdichteter Form über relevante Sachverhalte und Zusammenhänge Auskunft geben (vgl. Adam, 1997, S. 23).

Auf Basis der zuvor beschriebenen Prozessdefinition (Abschnitt 3.2) dienen Kennzahlen dazu, den Grad der Zielerreichung von bestimmten Aufgaben darzustellen. Am Beispiel eines Verkaufsprozesses kann durch Nutzung von Kennzahlen (z. B. der Anzahl von zum Erfolg geführten Kundenkontakten) ein Prozess im Sinne einer Fortschritts- oder Ergebniskontrolle bewertet werden. Zwingende Voraussetzung für ein Controlling ist die Erhebung von Kennzahlen bzw. deren Nutzung und Verwertung.

Im Rahmen der Vertriebspolitik bzw. im Aufgabenbereich der Gestaltung von Vertriebssystemen wurden bereits Konzepte zur Erhebung von Kennzahlen genannt (Abschnitt 2.2.2). Ergebnis solcher Instrumente sind Informationen, welche – einer Nutzung im Unternehmen vorausgesetzt – als Erfolgskennziffern genutzt werden können. Informationen respektive Kennzahlen können somit als die Grundlage des gesamten Managementprozesses bezeichnet werden. Des Weiteren dienen sie als Medium, mit dem zuvor definierte Prozesse gelenkt und kontrolliert werden können (vgl. Ahlert et al., 1998, S. 6). Die Abbildung 7 zeigt am Beispiel eines Verkaufsprozesses, wie einzelne Stufenerfolgskennziffern zu einer Gesamtkennziffer zusammengefasst werden können.

Erfolgsfaktoren des Vertriebs 77

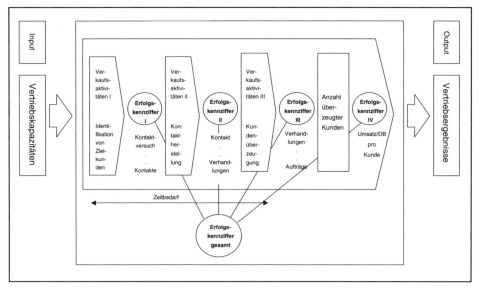

Abb. 7: Verdichtung von Erfolgskennziffern einzelner Stufen zu einer Gesamterfolgskennziffer (Quelle: Huckemann, 2000, S. 55)

Im Fragebogen wurden die Erfolgsfaktoren „Erfassung von Kennzahlen" und „Nutzung von Erfolgskennziffern" mit den folgenden Fragen/Items abgefragt:

- Innerhalb der Verkaufsprozesse sind detaillierte Stufen und Erfolgskennziffern festgelegt.
- Für die Erreichung der Erfolgskennziffern werden Leistungs- und Gütemaßstäbe definiert.
- Auf den Erfolgs- und Kapazitätskennziffern ist ein detailliertes, mitarbeiterindividuelles Vertriebscontrolling aufgebaut.
- Aus den Erfolgs- und Kapazitätskennziffern werden mitarbeiterindividuelle Anforderungsprofile und Qualifizierungsmaßnahmen abgeleitet.

3.4 Customer Relationship Management (CRM)

Der nachhaltige und dauerhafte Kontakt zum Kunden stellt gerade im Vertrieb einen wichtigen Erfolgsfaktor dar (vgl. Homburg/Schneider/Schäfer 2001, S. 30 f.). Mitarbeiter des Innen- und Außendienstes generieren sehr viele kundenspezifische Informationen, welche für verschiedene Stellen im Unternehmen relevant sind. Darüber hinaus ist es im Auftreten gegenüber den einzelnen Kunden von Bedeutung, über aktuelle kundenindividuelle Informationen zu verfügen.

Das Customer Relationship Management stellt dabei ein systematisches Konzept dar, das alle Unternehmensbereiche – und somit auch den Vertrieb – betrifft. Es bietet einen Rahmen, der das Unternehmen befähigt, seine Unternehmensstrategien bzw. die daraus abzuleitenden Substrategien und Maßnahmen derart zu gestalten, dass sie langfristig den Interessen des Kunden entsprechen (vgl. Rapp, 2000, S. 47).

Die Informationen über den Kunden stellen dabei eine notwendige, jedoch nicht hinreichende Bedingung für die Umsetzung eines Customer Relationship Management dar. Das CRM verfolgt über die Informationsgewinnung hinaus Ziele wie beispielsweise die Gewinnung von Neukunden oder die Optimierung der Kundenbeziehungen unter ökonomischen Gesichtspunkten. Aus diesem Grund wird der Bereich des Customer Relationship Management nicht unter den Erfolgsfaktoren der Erfolgskennzahlen subsumiert, sondern bildet einen eigenständigen Erfolgsfaktor.

Im Fragebogen wurde der Erfolgsfaktor „Einsatz eines CRM" mit den folgenden Fragen/Items abgefragt:

- Alle kundenrelevanten Informationen werden erfasst und stehen den Kundenkontaktpersonen stets zeitnah zur Verfügung (operatives Customer Relationship Management).

- Aus den vorhandenen Kundeninformationen werden detaillierte Vertriebs- und Marketingstrategien abgeleitet (analytisches Customer Relationship Management).

3.5 Das Modell des exzellenten Vertriebs

Nachdem in den vorangegangenen Abschnitten die Wichtigkeit bestimmter Erfolgsfaktoren beschrieben wurde, sollen diese in ein theoretisches Modell zum exzellenten Vertrieb zusammengeführt werden. Dabei ist darauf hinzuweisen, dass die einzelnen Erfolgsfaktoren nicht getrennt voneinander zu beachten sind. Interdependenzen zwischen den einzelnen Erfolgsfaktoren dürfen nicht vernachlässigt werden. So sollten beispielsweise die Ergebnisse des Customer Relationship Management auch im Rahmen der Definition von Prozessen Beachtung finden. Geschieht dies nicht, werden die Prozesse am Kunden vorbei gebildet und erfüllen nicht den Anspruch eines kundenorientierten Systems. Die Abbildung 8 zeigt die Zusammenführung der einzelnen Erfolgsfaktoren zum Modell des exzellenten Vertriebs.

Auf der linken Seite sind die Items, aus denen die Erfolgsfaktoren theoretisch abgeleitet wurden, dargestellt. Die fünf dargestellten Erfolgsfaktoren haben ihrerseits einen noch zu prüfenden Einfluss auf einen exzellenten Vertrieb.

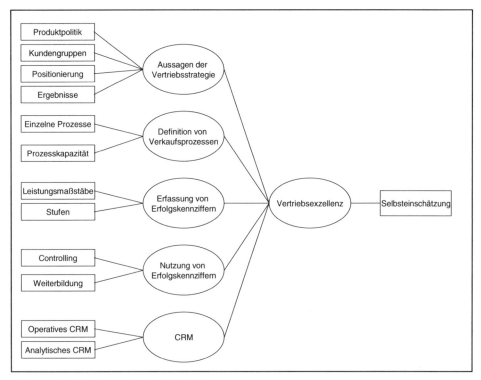

Abb. 8: Modell des exzellenten Vertriebs

4 Überprüfung des Modells

Im folgenden Abschnitt soll nun das aufgestellte theoretische Modell empirisch geprüft werden. Grundlage der empirischen Untersuchung bildet ein Datensatz zum Thema „Exzellenz im Vertrieb". Dieser Datensatz enthält die Selbsteinschätzungen von 70 deutschen Unternehmen aus verschiedenen Branchen.

Um ein empirisch überprüftes Modell des exzellenten Vertriebs aufstellen zu können gilt es, den Datensatz zuerst mit Hilfe von deskriptiven Auswertungen zu beschreiben. In Abschnitt 4.1 werden zu diesem Zweck die Korrelationen der abgefragten Items auf den Erfolg dargestellt. Anschließend wird die Zugehörigkeit der abgefragten Items zu bestimmten Faktoren – den späteren empirischen Erfolgsfaktoren – untersucht und deren Wirkungsrichtung mit Hilfe der Regressionsanalyse überprüft. Zu diesem Zweck werden in Abschnitt 4.2 die Faktorenanalyse und die Regressionsanalyse als Formen multivariater Analysemethoden eingesetzt. In Abschnitt 4.3 werden die Ergebnisse des explorativen Vorgehens diskutiert und zu einem abschließenden Modell des exzellenten Vertriebs zusammengefasst.

4.1 Beschreibung der Umfrage und deskriptive Auswertungen

Im ersten Bereich des Fragebogens hatten die befragten Unternehmen die Möglichkeit, die Wichtigkeit des Vertriebs für ihre Branche anzugeben und die Exzellenz ihres eigenen Vertriebs zu bewerten. Wie aus Abbildung 9 zu erkennen ist, rechnen über 70 % der Befragten dem Vertrieb eine sehr hohe Bedeutung für die Branche zu. Ihren eigenen Vertrieb schätzten lediglich ca. 12 % als exzellent ein.

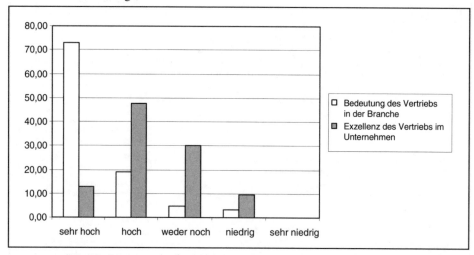

Abb. 9: Die Bedeutung des Vertriebs innerhalb der Branche und innerhalb des Unternehmens

Vor dem Hintergrund dieses Ergebnisses kann die Aussage getroffen werden, dass die Unternehmen sich der zunehmenden Bedeutung des Vertriebs bewusst sind, aber erhebliche Defizite bzw. ein daraus resultierendes Verbesserungspotenzial in ihrem eigenen Vertriebssystem sehen.

Wo aber können solche Verbesserungspotenziale gefunden werden? Welche Managementaufgaben im Rahmen der Vertriebspolitik beeinflussen den Erfolg? Antwort auf diese Fragen wurden in theoretischer Hinsicht bereits in Abschnitt 3 gegeben. Es gilt nun zu überprüfen, inwieweit welche Faktoren einen Einfluss auf die Exzellenz des Vertriebs haben. Eine Untersuchung der Korrelationen kann hier Aufschluss über die möglicherweise vorliegenden Zusammenhänge hinsichtlich eines gleichförmigen, parallelen Verhaltens geben.

Ein Maß für den Zusammenhang zwischen zwei Variablen bilden die Korrelationen (vgl. Backhaus, 2000, S. 259). Die nachfolgende Grafik zeigt die Korrelationen zwischen den abgefragten Items (1 Variable) des Fragebogens und der Selbsteinschätzung eines exzellenten Vertriebs (2 Variable).

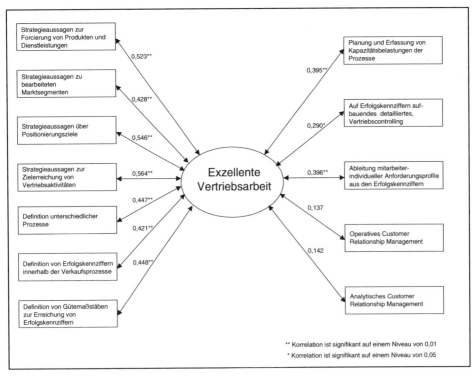

Abb. 10: Korrelationen zwischen den abgefragten Items und der Selbsteinschätzung des Erfolgs

Es ist deutlich zu erkennen, dass die abgefragten Items einen unterschiedlichen Einfluss auf den Erfolg des Vertriebs haben. Die Korrelationen mit einem Wert von über 0,5 zeigen einen hohen Zusammenhang zwischen den beiden Variablen, wohingegen ein Wert kleiner 0,4 einen eher schwachen Einfluss darstellt. Zusätzlich zu den Korrelationen wurden die verschiedenen Signifikanzniveaus angegeben. Das Signifikanzniveau gibt dabei die Irrtumswahrscheinlichkeit des herausgefundenen Zusammenhangs an. Ein Signifikanzniveau von 0,01 bedeutet beispielsweise, dass der herausgefundene Zusammenhang (also die Korrelation) mit einer Wahrscheinlichkeit von 99 % zutrifft bzw. im Sinne einer Irrtumswahrscheinlichkeit von 1 % nicht vorliegt. Im allgemeinen werden Signifikanzniveaus bis 0,05 (also einer Wahrscheinlichkeit des vorliegenden Zusammenhangs von 95 %) als ausreichend angesehen (vgl. Bleymüller/Gehlert/Gülicher, 1996, S. 101).

Aus der Abbildung 10 ist gut zu erkennen, dass die Items „Strategieaussagen zur Forcierung von Produkten und Dienstleistungen", „Strategieaussagen zu bearbeiteten Marktsegmenten", „Strategieaussagen über Positionierungsziele" und „Strategieaussagen zur Zielerreichung von Vertriebsaktivitäten" eine hohe Korrelation mit dem Erfolg aufweisen. Auch das Signifikanzniveau (also die Irrtumswahrscheinlichkeit) ist mit 0,01 erfreulich gering. Es kann an dieser Stelle demnach die Aussage getroffen werden, dass die Strategiefestlegung einen hohen Einfluss auf die Exzellenz des Vertriebs hat.

Eine ähnliche Aussage kann auch für die übrigen Items getroffen werden. Die Korrelationen zwischen den Items und der Selbsteinschätzung eines exzellenten Vertriebs sind hier jedoch vergleichsweise gering, werden aber durch die ebenfalls erfreulich geringen Irrtumswahrscheinlichkeiten gestützt. Auch hier ist demnach ein Einfluss auf die Exzellenz im Vertrieb zu erkennen.

Einen eher geringen Einfluss auf die Exzellenz im Vertrieb scheinen die Items „operatives Customer Relationship Management" und „analytisches Customer Relationship Management" zu haben. Die Korrelation von 0,137 bzw. 0,142 verbunden mit einer hohen Irrtumswahrscheinlichkeit von 0,283 bzw. 0,271 zeigen deutlich, dass der Einfluss dieser Items als sehr gering zu bezeichnen ist. Ob an dieser Stelle ein Widerspruch zu dem im Abschnitt 3.4 vermuteten Erfolgsfaktor „Einsatz eines CRM" vorliegt, kann an dieser Stelle noch nicht beantwortet werden. Es bleibt festzuhalten, dass der Einfluss auf einen exzellenten Vertrieb sehr gering ist.

Bei den zuvor dargestellten Korrelationen gilt es jedoch zu beachten, dass die Korrelationen lediglich einen Zusammenhang zwischen zwei Variablen darstellen.

4.2 Die Struktur der Umfrage und explorative Auswertung

Nachdem der Zusammenhang zwischen den einzelnen Items auf die Selbsteinschätzung eines exzellenten Vertriebs dargestellt wurde, gilt es im Folgenden zu prüfen, welche Erfolgsfaktoren aus den Ergebnissen der empirischen Erhebung zu erkennen sind. Für diesen Zweck wurde der Datensatz mit Hilfe der Faktorenanalyse untersucht. Auf Grund der in Abschnitt 4.1 dargestellten geringen Korrelationen (verbunden mit einer hohen Irrtumswahrscheinlichkeit) der Items „operatives Customer Relationship Management" und „analytisches Customer Relationship Management" mit der Selbsteinschätzung des exzellenten Vertriebs werden diese nicht in die Faktorenanalyse eingeschlossen. Ziel der Faktorenanalyse ist die Entdeckung von untereinander unabhängigen Beschreibungs- und Erklärungsvariablen (vgl. Backhaus et al., 2000, S. 253). Im vorliegenden Fall gilt es demnach zu untersuchen, ob die einzelnen Items zu unabhängigen Erklärungsvariablen zusammenzufassen sind. Tabelle 1 zeigt einen SPSS-Output mit den herausgefundenen Faktoren.

		Faktor 1	Faktor 2
1	Strategieaussagen zur Forcierung von Produkten und Dienstleistungen	0,825	
2	Strategieaussagen zu bearbeiteten Marktsegmenten	0,819	
3	Strategieaussagen über Positionierungsziele	0,767	
4	Strategieaussagen zur Zielerreichung von Vertriebsaktivitäten	0,669	
5	Definition unterschiedlicher Verkaufsprozesse		0,470
6	Definition von Erfolgskennziffern innerhalb der Verkaufsprozesse		0,882
7	Definition von Gütemaßstäben zur Erreichung von Erfolgskennziffern		0,849
8	Planung und Erfassung von Kapazitätsbelastungen der Verkaufsprozesse		0,653
9	Auf Erfolgskennziffern aufbauendes, detailliertes Vertriebscontrolling		0,764
10	Ableitung mitarbeiterindividueller Anforderungsprofile aus den Erfolgskennziffern		0,859

Tab. 1: Faktorladungen der einzelnen Items auf zwei Faktoren

Wie aus der Tabelle 1 zu erkennen ist, können auf Grund der SPSS-Ergebnisse zwei Faktoren extrahiert werden. Die Abbildung stellt darüber hinaus die Faktorladungen der einzelnen Items auf die herausgefundenen Faktoren dar. (Das für die Güte einer Faktorenanalyse herangezogene KMO-Kriterium lag im Falle dieser Analyse bei 0,857 und ist somit erfreulich hoch. Die erklärte Gesamtvarianz der beiden Faktoren ist mit 65 % ebenfalls in einem akzeptablen Bereich. Für ergänzende Informationen zur Bedeutung der Faktorladungen, der erklärten Gesamtvarianz sowie des KMO-Kriteriums vgl. Backhaus et al., 2000, S. 269).

Es bleibt nun die Frage zu beantworten, warum die einzelnen Items in der oben dargestellten Form auf die beiden Faktoren laden. Schaut man sich die einzelnen Faktorladungen der Items genauer an, so fällt auf, dass die Items 1-4 auf den Faktor 1 und die übrigen Items (5-10) auf den Faktor 2 laden. Bei der Interpretation dieser Faktoren ist zu beachten, dass die angewandte Hauptachsen-Faktorenanalyse mögliche, hinter den Items stehende „Gründe der Zusammenfassung" zu ermitteln versucht.

Der Faktor 1 vereint somit die abgefragten Items, die sich mit dem Bereich der Vertriebsstrategie beschäftigten. Der Grund für diese Zusammenführung ist in der Notwendigkeit einer einheitlich definierten Vertriebsstrategie zu finden. Der Faktor 1 soll somit als „Notwendigkeit einer einheitlichen Vertriebsstrategie" bezeichnet werden und bildet einen bereits in der Theorie (Abschnitt 3.1) vermuteten Erfolgsfaktor.

Der Faktor 2 vereint hingegen die übrigen abgefragten Items zu einem Faktor. Im Gegensatz zum Faktor 1 werden hier Items vereinigt, die sich mit den eher operativen Aufgaben innerhalb des Vertriebsmanagements beschäftigen. Legt man die Minimaldefinition des Controllingverständnisses von Ahlert zugrunde (Controlling ist die Managementunterstützung durch Information und Koordination; vgl. Ahlert, 2001a), so kann dieser Faktor als „Notwendigkeit des Einsatzes eines Vertriebscontrolling" bezeichnet werden.

Die Abbildung 11 zeigt die Zusammenführung der abgefragten Items zu zwei empirisch fundierten Erfolgsfaktoren.

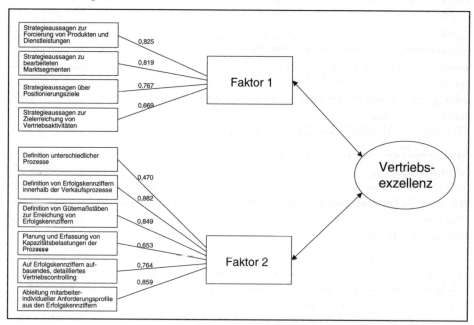

Abb. 11: Zusammenführung der abgefragten Items zu zwei Faktoren

Zur Überprüfung des Einflusses der beiden extrahierten Faktoren auf den exzellenten Vertrieb soll nun die Regressionsanalyse verwendet werden. Ziel der Regressionsanalyse ist es, die Beziehung zwischen einer abhängigen Variablen (Selbsteinschätzung der Vertriebsexzellenz) und einer oder mehreren unabhängigen Variablen (extrahierte Faktoren als Ergebnis der Faktorenanalyse) darzustellen (vgl. Backhaus et al., 2000, S. 2). Im Gegensatz zur Korrelationsanalyse, welche Maßgrößen dafür liefert, ob überhaupt ein Zusammenhang vorliegt, geht die Regressionsanalyse von „Je-Desto-Beziehungen" aus. Sie überprüft somit einen vorher zu definierenden Zusammenhang zwischen zwei Variablen (vgl. Backhaus et al., 2000, S. 3).

Tabelle 2 zeigt die Ergebnisse der Regressionsanalyse.

	B	Signifikanz
Faktor 1	0,474	0,000
Faktor 2	0,304	0,001

Tab. 2: Signifikanzen der Faktoren auf die Selbsteinschätzung der Vertriebsexzellenz

Der Regressionskoeffizient „B" gibt dabei die Stärke des Zusammenhangs zwischen den zu untersuchenden Variablen an. Die Stärke kann jedoch nicht eindeutig interpretiert werden. Lediglich die Aussage, dass der Faktor 1 einen stärkeren Zusammenhang mit der Selbsteinschätzung der Vertriebsexzellenz aufweist, ist möglich. Festzuhalten bleibt jedoch, dass sowohl Faktor 1 als auch Faktor 2 einen positiven Einfluss auf einen exzellenten Vertrieb haben. Die Signifikanz (Irrtumswahrscheinlichkeit) ist mit einem Wert 0,000 bzw. 0,001 erfreulich gering und bestätigt die zuvor getroffene Aussage.

Als Ergebnis der empirischen Untersuchung bleibt somit festzuhalten, dass es zwei Erfolgsfaktoren sind, die einen weniger exzellenten Vertrieb von einem als exzellent zu bezeichnenden Vertrieb unterscheiden. Vertriebssysteme, die die Aussagen und Anforderungen der Erfolgsfaktoren „Notwendigkeit einer einheitlichen Vertriebsstrategie" und „Notwendigkeit des Einsatzes eines Vertriebscontrolling" beachten, können somit als exzellent bezeichnet werden.

Es gilt im Folgenden darzustellen, warum im Ergebnis „nur" zwei von vermuteten fünf Erfolgsfaktoren herausgefunden wurden. Wie sind die Ergebnisse mit dem in Abschnitt 3 erstellten theoretischen Modell vereinbar? Aufschluss darüber soll der Abschnitt 4.3 geben.

4.3 Diskussion der Ergebnisse

Betrachtet man die Unterschiede zwischen dem in Abschnitt 3 aufgestellten theoretischen Modell des exzellenten Vertriebs und den Ergebnissen der empirischen Untersuchung, so fallen zwei Unterschiede auf. Zum einen scheint das CRM derzeit keinen signifikanten Einfluss auf die Exzellenz des Vertriebs zu haben. Zum anderen konnte lediglich der Einfluss des Erfolgsfaktors „Aussagen zur Vertriebsstrategie" auf die Vertriebsexzellenz dargestellt werden. Beide Unterschiede sollen im Folgenden diskutiert werden.

Zu Beginn der Ergebnisdiskussion wird versucht, die aus der Literatur hergeleiteten und im theoretischen Modell des exzellenten Vertriebs (Abschnitt 3) zusammengefassten Erfolgsfaktoren mit den Ergebnissen der Empirie zusammenzuführen. Die Abbildung 12 zeigt eine Überführung der beiden Modelle und soll im Folgenden kurz erläutert und diskutiert werden.

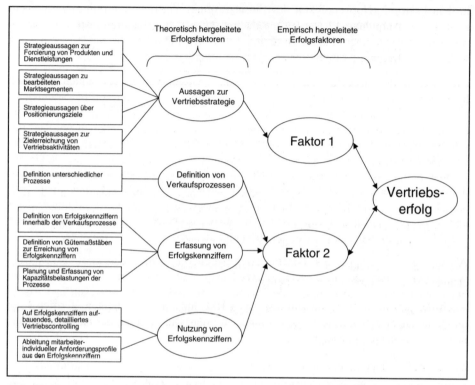

Abb. 12: Zusammenführung der Ergebnisse

Die Hypothese, dass ein Vertrieb nur dann als exzellent bezeichnet werden kann, wenn einheitliche Aussagen der Vertriebsstrategie hinsichtlich Produkten und Dienstleistungen, Marktsegmenten, Positionierungszielen und Zielerreichungsgraden getroffen und kommuniziert werden, konnte empirisch nicht widerlegt werden. Der aus der Literatur theoretisch hergeleitete Erfolgsfaktor „Aussagen zur Vertriebsstrategie" findet sich demnach auch im empirischen Modell wieder und stellt den Erfolgsfaktor mit dem größten Einfluss auf einen exzellenten Vertrieb dar (Ergebnis der Regressionsanalyse Abschnitt 4.2).

Einen scheinbaren Widerspruch scheint es zwischen den theoretischen Erfolgsfaktoren der „Definition von Prozessen", der „Erfassung von Erfolgskennziffern" und der „Nutzung von Erfolgskennziffern" zu geben. Die Erfolgsfaktoren konnten im Bereich der empirischen Untersuchung keine Bestätigung finden. Schaut man sich jedoch die den Erfolgsfaktoren zugrundeliegenden Items genauer an, so fällt auf, dass sie sich sämtlich mit Information und Koordination beschäftigen. Vor dem Hintergrund des in Abschnitt

4.2 definierten Controllingverständnisses können diese Items dem Bereich des Controlling zugerechnet werden. Dies ist auch Ergebnis der Faktorenanalyse, welche die Items in dem Faktor 2 (Notwendigkeit des Einsatzes eines Vertriebscontrolling) zusammenfasst. In der Abbildung 12 werden die theoretischen Erfolgsfaktoren respektive die jeweiligen Items zu einem Faktor zusammengefasst. Das theoretische Modell kann somit widerspruchsfrei in die Ergebnisse der Empirie überführt werden.

An dieser Stelle sei noch einmal auf die erklärte Gesamtvarianz der beiden empirisch herausgefundenen Erfolgsfaktoren hinzuweisen. Obwohl der Wert von 65 % durchaus akzeptabel ist, scheint es weitere Einflussfaktoren auf die Vertriebsexzellenz zu geben, die im Rahmen der Befragung nicht untersucht bzw. zuvor nicht erkannt wurden. Beschränkt sich die Literatur eben „nur" auf die im Rahmen des theoretischen Modells verwandten Erfolgsfaktoren, so zeigen die Ergebnisse der Empirie durchaus „Schwachpunkte" in diesem Modell. Die empirisch herausgefundenen Erfolgsfaktoren integrieren die theoretisch hergeleiteten Erfolgsfaktoren und zeigen darüber hinaus deutlich, dass ein exzellenter Vertrieb mehr darstellen muss als eine „einheitliche Vertriebsstrategie" bzw. der „Einsatz eines Vertriebscontrolling". Künftige Untersuchungen müssen sich genau auf diese fehlenden Erfolgsfaktoren konzentrieren.

Die hier herausgefundenen Faktoren stellen dabei notwendige, aber eben nicht hinreichende Erfolgsfaktoren eines exzellenten Vertriebs dar.

Auch der scheinbar fehlende Einfluss des CRM auf einen exzellenten Vertrieb kann durch die zuvor getätigte Aussage begründet werden. Der Großteil der befragten Unternehmen setzt derzeit ein solches Konzept noch nicht ein bzw. misst dem Grundgedanken des CRM noch keine Bedeutung zu. Anhand des Datensatzes konnte festgestellt werden, dass gerade die Unternehmen, die ihren eigenen Vertrieb als wenig exzellent bezeichnen, keine Konzepte im Sinne des CRM einsetzen bzw. deren Zielsetzungen keine Bedeutung beimessen. Im Gegensatz dazu setzen gerade diejenigen Unternehmen, die ihren eigenen Vertrieb als exzellent einschätzen, ein CRM ein. Es kann an dieser Stelle somit die Vermutung getroffen werden, dass ein CRM sehr wohl eine Bedeutung für eine Vertriebsexzellenz hat – auf Grund der geringen Fallzahl kann diese Vermutung jedoch nicht überprüft werden. Durch die geringe Verbreitung derartiger Konzepte – verbunden mit der geringen Fallzahl der Erhebung – wird dem CRM als Erfolgsfaktor im Rahmen der angewandten multivariaten Analysemethoden dieser Untersuchung keine Bedeutung zugemessen. Es gilt, in künftigen Untersuchungen den Faktor CRM stärker zu untersuchen, da dieser zwar keinen notwendigen, aber durchaus einen hinreichenden Erfolgsfaktor darzustellen scheint. Die Entwicklungstendenzen sind eindeutig: weg vom anonymen Massenmarketing hin zum individuellen, kundenspezifischen One-to-One-Marketing im Sinne des CRM-Konzeptes.

Die Wichtigkeit des Forschungsgebiets „Vertrieb" kann abschließend auch mit der in Abschnitt 4.1 dargestellten Diskrepanz zwischen der Selbsteinschätzung der Vertriebsexzellenz des eigenen Unternehmens und der Bedeutung des Vertriebs für die Branche dargestellt werden. Wird die These unterstellt, dass es das Ziel eines jeden Unternehmens ist, den Anforderungen der Vertriebsarbeit der Branche zu entsprechen, dann wird der künftige Handlungsbedarf in diesem Bereich mehr als deutlich.

5 Zusammenfassung und Ausblick

Ziel des vorangestellten Beitrags war es, die derzeit in der Literatur diskutierten Erfolgsfaktoren eines exzellenten Vertriebs darzustellen und empirisch zu überprüfen. Zu diesem Zweck wurden zunächst die notwendigen Begriffsdefinitionen hergeleitet und die Begriffe Marketing, Distributionspolitik und Vertriebspolitik zueinander in Beziehung gesetzt.

Darauf aufbauend wurde das der Untersuchung zugrunde liegende theoretische Modell mit seinen fünf Erfolgshypothesen beschrieben und in dem nachfolgenden vierten Abschnitt auf seine Richtigkeit hin untersucht. Es konnte dargestellt werden, dass sich die derzeit diskutierten Erfolgsfaktoren zu zwei Erfolgsfaktoren zusammenfassen lassen, die zwischen einem exzellenten und einem weniger exzellenten Vertrieb unterscheiden.

Die ermittelten und empirisch überprüften Erfolgsfaktoren lauten:

1. Notwendigkeit einer einheitlichen Vertriebsstrategie

2. Notwendigkeit des Einsatzes eines Vertriebscontrolling

In Abschnitt 4 wurde jedoch darauf hingewiesen, dass es sich bei den extrahierten Faktoren um solche Erfolgsfaktoren handelt, die zwar eine notwendige aber nicht hinreichende Bedingung für einen exzellenten Vertrieb darstellen. Anders formuliert bedeutet dies, dass zur Erreichung eines exzellenten Vertriebs eine einheitliche Vertriebsstrategie und ein managementunterstützendes Vertriebscontrolling notwendig sind. Aufbauend auf diesen notwendigen Erfolgsfaktoren gilt es, weitere Faktoren zu identifizieren, die einen weniger exzellenten Vertrieb von einem exzellenten Vertrieb unterscheiden. Ein Beispiel für einen solchen „ergänzenden" Erfolgsfaktor könnte das CRM darstellen. Obwohl das CRM derzeit scheinbar keine Auswirkung auf einen exzellenten Vertrieb hat, so konnte dargestellt werden, dass die Bedeutung künftig zunehmen wird.

Es soll an dieser Stelle darauf hingewiesen werden, dass es sich bei den Erfolgsfaktoren einzelner Unternehmensbereiche um komplexe, nahezu unzertrennliche Gebilde handelt. Es reicht nicht aus, nur den Vertrieb im Sinne einer „Insellösung" zu betrachten, da diese Sichtweise wichtige Interdependenzen beispielsweise zwischen dem Vertrieb und dem Marketing nicht beachten würde.

Selbstverständlich hat auch hier die Aussage „Das Ganze ist mehr als die Summe seiner Teile" Gültigkeit und darf nicht vernachlässigt werden.

Erfolgsfaktoren für Bankdienstleister

Dirk Heinrich

1   Der Wandel des Bankgewerbes im Rahmen der Internetrevolution

2   Der Einfluss des Internets auf den Markt für Bankdienstleistungen
    2.1   Veränderungen von Kundenanforderungen durch das Internet im Bereich des Privatkundengeschäfts
    2.2   Veränderungen in der Wettberwerbslandschaft durch das Internet und Typologisierung der Verhaltensweisen von Anbietern
        2.2.1   Traditionell im deutschen Markt etablierte Bankengruppen
        2.2.2   Bewertung der Bedeutung des Internets als neuer Vertriebskanal durch die traditionell am Markt etablierten Unternehmen
        2.2.3   Markteintritte neuer Unternehmen

3   Erfolgsfaktoren in einem sich verändernden Markt für Bankdienstleistungen – eine empirische Studie
    3.1   Forschungsprozess der empirischen Studie
    3.2   Ergebnisse der empirischen Studie
        3.2.1   Kundenorientierung als zentrale Zielgröße
        3.2.2   Erfolgsfaktor One-to-One-Marketing
            3.2.2.1   One-to-One-Marketing als Notwendigkeit in einem transparenter werdenden Markt
            3.2.2.2   Konzentration auf Kernkompetenzen
            3.2.2.3   Leistungsindividualisierung nach Wertschöpfungspotenzialen – Notwendigkeit zur Kundensegmentierung
            3.2.2.4   Neue Technologien als Möglichkeit zur Mass Customization und effizienteren Innovationsprozessen
            3.2.2.5   Ausgestaltung des Leistungsangebots
        3.2.3   Erfolgsfaktor Multi-Channel-Vertrieb
            3.2.3.1   Notwendigkeit eines mehrere Kanäle integrierenden Vertriebssystems
            3.2.3.2   Die einzelnen Kanäle und ihre besonderen Eigenschaften

3.2.4 Erfolgsfaktor zielgruppenorientiertes Markenmanagement
    3.2.4.1 Bedeutung der Marke für Unternehmen des Bankgewerbes
    3.2.4.2 Notwendigkeit einer Zielgruppenorientierung des Markenmanagements
3.2.5 Wechselwirkungen zwischen den einzelnen strategischen Konzepten

4 Ein strategisches Erfolgsfaktorenmodell für Unternehmen des Bankgewerbes

1 Der Wandel des Bankgewerbes im Rahmen der Internetrevolution

Der Einfluss des Internets auf die Wirtschaft nimmt stetig zu. Insbesondere die Finanzdienstleistungsbranche mit ihren größenteils digitalisierbaren Produkten wie etwa der bargeldlosen Zahlungsabwicklung ist von einer Neustrukturierung des Marktes betroffen. Nach einer Statistik des Bundesverbandes deutscher Banken wurden 1999 ca. 10,16 Millionen Online-Konten in Deutschland geführt. In 1995 waren es zum Vergleich noch 1,39 Millionen (vgl. Bundesverband deutscher Banken, 2000, online im Internet). Durch die Veränderung des Konsumentenverhaltens werden die Unternehmen gezwungen, sich im Rahmen ihrer strategischen Planungen mit dem Thema Internet auseinanderzusetzen. Diese, das Internet integrierenden, strategischen Planungen können hier allerdings nicht nur als unvermeidbares Übel zur Verteidigung alter Positionen verstanden werden. Sie bieten sowohl neuen Marktteilnehmern als auch den bereits am Markt etablierten Unternehmen die Möglichkeit, neue Potenziale zu erschließen.

Insbesondere das Geschäft mit den Privatkunden wird von den Banken mittlerweile als große Zukunftschance gesehen – nicht zuletzt auch durch die wachsende Bedeutung der privaten Altersvorsorge. Die Deutsche Bank strebt beispielsweise an, den Gewinn im Privatkundengeschäft in den nächsten drei Jahren um jeweils mehr als 30 % zu steigern. Diesem Ziel wird durch die zum 1. Februar 2001 eingeführte kundenorientierte neue Struktur des Konzerns Rechnung getragen. Der Konzern gliedert sich nun in die Gruppen „Corporate and Investment Bank" und „Private Clients and Asset Management" (vgl. Deutsche Bank, 2001, online im Internet). Das Internet spielt hierbei eine bedeutende Rolle. So sind zum Beispiel die besonders internetaffinen Kunden eine äußerst attraktive Zielgruppe. Laut einer McKinsey-Studie ist das durchschnittliche Jahreseinkommen von Haushalten, die Online-Banking betreiben, mit $ 86.000 fast doppelt so hoch wie das von Haushalten, die überhaupt keinen Internetzugang haben ($ 47.000) (vgl. Boss/McGranahan/Mehta, 2000, S. 73).

Ziel dieses Beitrags ist es, Erfolgsfaktoren zu identifizieren, die es Unternehmen des Bankgewerbes ermöglichen, zukünftig erfolgreich im Bereich des Privatkundengeschäfts bestehen zu können. Bei der Identifikation von Erfolgsfaktoren geht es um die Entdeckung einzelfallübergreifender kritischer Variablen, durch die sich exzellente von weniger erfolgreichen Unternehmen signifikant unterscheiden (vgl. Ahlert/Schröder, 1998, S. II). Aufbauend auf einer Literaturrecherche und Expertengesprächen wurden Hypothesen in Bezug auf erfolgsbestimmende Merkmale abgeleitet und durch eine quantitativ-empirische Studie überprüft. Am Ende steht ein strategisches Erfolgsfaktorenmodell, das den Unternehmen konkrete Handlungsempfehlungen für ihre zukünftige Ausrichtung gibt. Zu den Unternehmen des Bankgewerbes sollen hier in erster Linie diejenigen gerechnet werden, die als Kernangebot klassische Bankdienstleistungen anbieten. Dies sind im Geschäft mit privaten Kunden insbesondere die Abwicklung des Zahlungsverkehrs, das Wertpapiergeschäft, die Vermögensverwaltung und -beratung sowie das Finanzierungsgeschäft (vgl. Hartmann-Wendels/Pfingsten/Weber, 2000, S. 13). Die Betrachtung des Privatkundengeschäfts, also das Geschäft, an dessen Ende ein privater Kunde steht, soll in dieser Arbeit sowohl das Retailbanking als auch das Privatebanking einschließen. Der Begriff „Privatebanking" beschreibt die individuelle Verwaltung und Investition privater Vermögen eines exklusiven Kundenkreises mit großer Kapitalkraft und komplexen Finanzdienstleistungsbedürfnissen (vgl. Forit, 2000, S. 8). Hingegen werden im Retailgeschäft die Kunden betreut, denen eine derartige individuelle Betreuung bisher nicht zuteil wurde.

Kapitel 2 beschreibt zu Beginn die gegenwärtige Situation des Marktes für Bankdienstleistungen. Zunächst wird auf die veränderten Anforderungen der Kunden eingegangen, die sich durch die neuen Möglichkeiten der Internetnutzung ergeben. Sie sind der Auslöser des Handlungsbedarfes, dem sich Anbieter von Bankdienstleistungen ausgesetzt sehen und bilden die Kriterien, an denen die Unternehmen den Erfolg ihrer Strategien messen müssen. Anschließend wird an einem Überblick über die verschiedenen Bankengruppen des deutschen Marktes untersucht, welche Bedeutung die traditionell am Markt etablierten Anbieter den Entwicklungen beimessen und welchen neuen Wettbewerbern sie sich ausgesetzt sehen. Am Ende steht jeweils eine Typologisierung der einzelnen Marktteilnehmer.

Das dritte Kapitel dokumentiert eine empirische Studie über die Erforschung zukünftiger Erfolgsfaktoren für das Privatkundengeschäft. In erster Linie soll hier aus Sicht der traditionell am Markt etablierten Unternehmen argumentiert werden. Es wurden aber auch einige Experten aus dem Bereich der neuen Markteintritte befragt, um ein Gesamtbild über den Markt zu erhalten und eventuelle unterschiedliche Ansätze zu erkennen. Zunächst wird der Forschungsprozess beschrieben, der dieser Studie zugrunde liegt. Der zweite Abschnitt stellt die Ergebnisse der Untersuchung dar. Ein mehrdimensionales Erfolgsfaktorenmodell wird entworfen, an dessen Spitze die Kundenorientierung als zentrale Größe steht. Weiterhin wird untersucht, inwiefern diese Erfolgsfaktoren die Realisierung einer effektiven und effizienten Kundenorientierung unterstützen und welche konkreten Handlungsempfehlungen sich aus ihnen für die Unternehmungen ergeben.

Abschließend fasst Kapitel 4 die Ergebnisse dieser Arbeit zusammen.

2 Der Einfluss des Internets auf den Markt für Bankdienstleistungen

2.1 Veränderungen von Kundenanforderungen durch das Internet im Bereich des Privatkundengeschäfts

Die Internettechnologie schafft neue Rahmenbedingungen hinsichtlich Ort, Zeit, der Transparenz von Informationen und der Kostensituation der Banken. Diese Rahmenbedingungen haben unmittelbaren Einfluss auf die Anforderungen, die Kunden an ihre Bank stellen.

Das Internet bietet dem Kunden Ortsunabhängigkeit. Virtuelle Räume stellen einen Ersatz für geografische Orte dar und ermöglichen eine bisher nicht gekannte räumliche Flexibilität. Über den PC im eigenen Haus (Homebanking) oder am Arbeitsplatz lassen sich nun eine Vielzahl von Bankgeschäften abseits der Filiale erledigen. Noch weiterreichende Unabhängigkeit ist durch die Entwicklungen im M-Banking zu erwarten, das den Kunden mit Hilfe neuer Endgeräte einen Zugang zum Internet an fast jedem beliebigen Ort ermöglicht. Auch von den Bankdienstleistungen selbst wird räumliche Unabhängigkeit erwartet. Beispielsweise möchten Kunden Aktien heute weltweit handeln können, während ihnen früher oft nur regionale Börsen zur Verfügung standen.

Ortsunabhängigkeit bringt Zeitersparnisse mit sich. Die Kunden müssen nicht mehr so häufig ihre betreuende Filiale aufsuchen und vermeiden lange Wartezeiten. Bankgeschäfte können unabhängig von Öffnungszeiten und ohne zeitliche Verzögerungen über die Systeme der Bank erledigt werden. Bankexterne Parteien, wie zum Beispiel Börsen oder andere Unternehmen, können ebenfalls mit diesen Systemen vernetzt sein.

Privatkunden haben jetzt auch Zugriff auf umfassende Datenbanken und Nachrichtendienste. Durch diese weitreichende Transparenz von Informationen können sie sich eigenständig Spezialwissen aneignen und sind nicht mehr auf das Urteil des Beraters beziehungsweise der Researchabteilungen der Hausbank angewiesen. Die Kunden erwarten in dem Berater vielmehr einen Partner, der sie bei der Entscheidungsfindung unterstützt.

Auch die Kostensituation der Banken verändert sich. Informations- und Kommunikationstechnologie muss angeschafft und gepflegt werden, die Bedeutung der Filialen hingegen wird abnehmen (siehe auch Tabelle 3). Insbesondere die Transaktionskosten können durch das Internet gesenkt werden. So reduzierten sich zum Beispiel die mittleren Kosten der Sparkassen für eine Inlandsüberweisung durch Internet-Banking im Vergleich zum Filial-Banking von durchschnittlich 2,05 DM auf 0,21 DM (Betriebliche Produktkosten: Stand 1997; vgl. Gerpott/Knüfermann, 2000, S. 43).

Diese internetbedingten Entwicklungen haben Veränderungen im Kundenverhalten zur Folge, die sowohl im Retail- als auch im Privatebankinggeschäft zu beobachten sind (vgl. Müller, 2001, S. B9). Die Loyalität der Kunden gegenüber der Hausbank nimmt ab. Die Kunden haben häufig mehrere verschiedene Bankverbindungen und können sich für jede Art von Geschäft das für sie optimale Angebot suchen. Sie erwarten maßgeschneiderte Lösungen zu ihren Finanzproblemen und fordern gleichzeitig die Weitergabe der Senkungen bei den Transaktionskosten.

2.2 Veränderungen in der Wettbewerbslandschaft durch das Internet und Typologisierung der Verhaltensweisen von Anbietern

2.2.1 Traditionell im deutschen Markt etablierte Bankengruppen

Das deutsche Bankensystem ist ein Universalbankensystem. Das heisst, es ist Unternehmen, die unter der Kontrolle der Bankenaufsichtsbehörde stehen, grundsätzlich erlaubt, alle möglichen Bankgeschäfte zu betreiben. Die im deutschen Markt tätigen Unternehmen lassen sich nach Universal- und Spezialbanken untergliedern. Während die Universalbanken alle – oder zumindest die meisten – der im Kreditwesengesetz genannten Bankgeschäfte betreiben, konzentrieren sich die Spezialbanken wie zum Beispiel Bausparkassen auf einzelne (vgl. Hartmann-Wendels/Pfingsten/Weber, 2000, S. 27). Der Schwerpunkt dieses Beitrags liegt in der Betrachtung der Auswirkungen des Internets auf die Universalbanken, welche zumeist den direkten Kontakt zu den Privatkunden besitzen und vielfach den Vertrieb für die Spezialbanken übernehmen. Die Sparkassen vertreiben beispielsweise Bausparverträge für die Landesbausparkassen. In diesem Moment rücken die Bausparkassen in die Rolle einer Produktionsbank und die Sparkassen in die einer Vertriebsbank (zur Unterscheidung zwischen Produktions- und Vertriebsbank vgl. Herrmann, 2001, online im Internet). Zu den Universalbanken gehören die Institute des Sparkassensektors, die Genossenschaftsbanken und die privaten Kreditbanken (vgl. Hartmann-Wendels/Pfingsten/Weber, 2000, S. 27 ff.). Tabelle 1 gibt einen kurzen Überblick über die Struktur des deutschen Bankenmarktes. Der von der deutschen Bundesbank verwendete Begriff „Kreditinstitute" kann hier als Synonym zu dem Begriff „Bank" angesehen werden. Unter dem Begriff „Bankstellen" wird die Anzahl der Filialen gefasst.

Sparkassen sind Kreditinstitute, deren Eigentümer öffentlich-rechtliche Träger sind, also Gemeinden, Kreise oder Länder. Die Sparkassen sind regional orientiert und treten selten untereinander in Konkurrenz. Landesbanken bzw. Girozentralen, die von den Bundesländern getragen werden, erfüllen für die Sparkassen der jeweiligen Länder wichtige Mittlerfunktionen wie etwa die Verrechnung des Zahlungsverkehrs. Die Deutsche Kommunalbank – Deutsche Girozentrale wiederum sorgt für einen bundesweiten Ausgleich. Diese Verbünde dienen außerdem zur Bewältigung von Aufgaben, die durch eine Bündelung effizienter gelöst werden können. Zum Beispiel werden IT-Leistungen oftmals durch den Verbund übernommen.

Unter die Genossenschaftsbanken fallen vornehmlich die Volks- und die Raiffeisenbanken. Ebenso wie bei den Sparkassen ist auch bei ihnen die regionale Beschränkung der einzelnen Banken beibehalten worden, die einen internen Wettbewerb verhindern soll. Gleichermaßen existieren auch im Genossenschaftsbereich genossenschaftliche Zentralbanken, die wiederum über die Deutsche Genossenschaftsbank (DG-Bank) miteinander verbunden sind. Gerade bei den Genossenschaftsbanken ist in letzter Zeit eine starke Tendenz zu Zusammenschlüssen zu beobachten. Die Anzahl der Kreditinstitute ist von

1997 bis 1999 von 2.418 auf 2.035 zurückgegangen (Vgl. Deutsche Bundesbank, 2001, S. 104).

Bankengruppe	Kreditinstitute	Bankstellen in Deutschland
Sparkassen	578	18.245
Genossenschaftsbanken	2.035	17.828
Privatbanken	316	21.286
Großbanken	4	3.118
andere Privatbanken	311	4.064
Deutsche Postbank	1	14.104

Tab. 1: Anzahl der Kreditinstitute und ihrer Bankstellen in Deutschland
(Quelle: Deutsche Bundesbank, 2001, S. 104)

Die Privatbanken sind privatwirtschaftlich organisiert und können wie folgt weiter unterteilt werden. Zum einen gibt es die Gruppe der *Großbanken*. Mit dem Begriff Großbank werden traditionell die Deutsche Bank, die Dresdner Bank und die Commerzbank bezeichnet, die sich schon früh überregional und international ausgerichtet haben. Seit 1998 wird auch die Bayerische HypoVereinsbank in dieser Gruppe aufgeführt. Außerdem kann zwischen den Regionalbanken und sonstigen Kreditbanken, den Zweigstellen ausländischer Banken in Deutschland und den Privatbankiers unterschieden werden. Diese letztgenannten Gruppen sollen in dieser Arbeit zu der Gruppe der *anderen Privatbanken* zusammengefasst werden. Die *Deutsche Postbank* kann durch den Börsengang der Deutschen Post AG mittlerweile ebenfalls bedingt als Privatbank bezeichnet werden, wobei beachtet werden muss, dass der Staat weiterhin größter Anteilseigner des Unternehmens ist. Die Postbank nimmt durch ihr dichtes physisches Vertriebsnetz der Postfilialen eine besondere Stellung ein.

2.2.2 Bewertung der Bedeutung des Internets als neuer Vertriebskanal durch die traditionell am Markt etablierten Unternehmen

Bei den traditionell am Markt etablierten Unternehmen ist eine unterschiedliche Bewertung der Bedeutung des Internet zu beobachten. Dies hängt auch mit den unterschiedlichen Kundengruppen zusammen, die von den Banken angesprochen werden. Die Genossenschaftsbanken und die Sparkassen leben von ihrem feinmaschigen Filialnetz (siehe auch Tabelle 1). Sie sind regional organisiert und pflegen vor Ort intensiven persönlichen Kontakt mit einer breiten Kundschaft. Hingegen konzentriert sich beispielsweise das Geschäft der Privatbankiers zumeist auf eine sehr vermögende Privatkundschaft und Firmenkunden (vgl. Hartmann-Wendels/Pfingsten/Weber, 2000, S. 31 ff.). Die Großbanken wiederum sprechen Kunden, losgelöst von einer bestimmten Region, mit einem sehr umfassenden Angebot an Finanzdienstleistungen an. Oft existieren innerhalb der

Unternehmen noch getrennte Organisationseinheiten, die gezielt verschiedene Kundengruppen mit ihren unterschiedlichen Bedürfnissen ansprechen. So agiert zum Beispiel die Deutsche Bank 24 als Retailbank weitestgehend unabhängig von der Deutschen Bank bzw. Deutschen Bank-Privatebanking.

Je nach Einschätzung der Wichtigkeit des Internets als neuen Vertriebskanal im Verhältnis zu den alten Vertriebskanälen verfolgen die Banken unterschiedliche Strategien zur Internetnutzung. Vier Ausprägungen können unterschieden werden (vgl. Cline, 2000, S. 18 ff.).

Als Erstes sind Unternehmen zu nennen, die das Internet entweder überhaupt nicht oder lediglich als reines Informationsmedium nutzen. Diese Unternehmen haben die Bedeutung des Internet noch nicht erkannt, sehen bei ihrer Kundengruppe keinen Bedarf oder verfügen nicht über die zum Aufbau eines umfassenden Internetservices notwendigen Ressourcen (Beispiel: Volksbank Georgsmarienhütte-Hagen).

Die zweite Gruppe besteht aus Unternehmen, die zwar einen Internetservices anbieten, dieses Medium aber nur als einen einfachen neuen Vertriebskanal betrachten. Es werden zumeist nur Basisdienstleistungen wie etwa die Abfrage von Kontoständen oder Überweisungen angeboten. Weitere, umfangreichere Services, die sich die besonderen Möglichkeiten des Internets zunutze machen, gibt es nicht. Diese Strategie ist schwerpunktmäßig auf die Verteidigung des bestehenden Kundenstammes ausgerichtet (Beispiel: Kreissparkasse Bersenbrück).

Andere Unternehmen messen dem Internet eine herausragende Bedeutung bei, glauben aber nicht, dass das Internet die anderen Vertriebskanäle vollständig substituieren wird. Der strategische Ansatz bei diesen Unternehmen besteht vielmehr darin, die komplexer werdenden Kundenbedürfnisse über die Gesamtheit der existierenden Vertriebskanäle bestmöglich zu befriedigen. Diese sogenannte Multi-Channel-Strategie integriert das Internet gestalterisch in ein ganzheitliches Vertriebskonzept (Beispiele: Deutsche Bank 24, Wells Fargo).

Unternehmen, welche die Bedeutung des Internets noch höher einschätzen, gliedern ihre Internet-Aktivitäten komplett aus. Sie machen diese organisatorisch von der Mutter weitestgehend unabhängig, wobei die Kooperationsmöglichkeit beider Geschäfteinheiten natürlich bestehen bleibt. Diese Banken sehen im Internet den dominanten Vertriebskanal der Zukunft und erlauben bewusst eine Kannibalisierung ihres Geschäfts durch die neue Tochter (Beispiel: Citi f/i; wurde aber mittlerweile wieder von der Mutter Citibank eingegliedert).

Außerdem sind kombinierte Ansätze innerhalb eines Unternehmens zu beobachten. So verfolgt beispielsweise die Commerzbank in ihrem Privatkundengeschäft eine Multi-Channel-Strategie. Sie hat aber zusätzlich mit der comdirect eine eigenständige, unabhängige Einheit geschaffen, die als reine Direktbank am Markt agiert.

2.2.3 Markteintritte neuer Unternehmen

Durch die in Abschnitt 2.1 beschriebenen Veränderungen, aber auch durch die Deregulierungspolitik, die in vielen Staaten zur Zeit betrieben wird, verändert sich die Wettbewerbslandschaft massiv. Die Markteintrittsbarrieren sind viel kleiner geworden, weil insbesondere die Abhängigkeit von einem dichten Filialnetz nicht mehr gegeben ist. Banking wird eine digitale Dienstleistung, die zum großen Teil über andere Vertriebskanäle abgewickelt werden kann. Unternehmen können jetzt wesentlich einfacher in geografisch neue Märkte, aber auch in neue Geschäftsfelder, expandieren. Diese neuen Wettbewerber lassen sich mit Hilfe von vier Kategorien beschreiben: New-Banks, Near-Banks, Non-Banks und Finanzportale (vgl. auch Betsch, 2000, S. 5).

New-Banks sind Unternehmen, die schwerpunktmäßig typische Bankdienstleistungen anbieten und originär nicht aus einem anderen Markt stammen. Dies können zum einen traditionelle Banken aus dem Ausland sein, die das Internet nutzen, um auch den deutschen Markt zu erschließen. (Beispiel: Fimatex). Zum anderen gibt es Neugründungen von Unternehmen, die sich als reine Internetbank positionieren und keine Erfahrung in den alten Vertriebskanälen haben (Beispiel: First-e).

Unternehmen, die bisher in der Finanzdienstleistungsbranche im weiteren Sinn tätig waren und nun in den Bereich der typischen Bankdienstleistungen vordringen, werden als Near-Banks bezeichnet. Mit Finanzdienstleistungen im weiteren Sinn sind hier beispielsweise unabhängige Finanzberatungs- (Beispiel: MLP) oder Versicherungsdienstleistungen (Beispiel: AXA-Bank) gemeint. Zielsetzung dieser Unternehmen ist es, Allfinanzlösungen anzubieten und Synergien zwischen den verwandten Bereichen zu realisieren.

Non-Banks sind Unternehmen, die ursprünglich nicht in der Finanzdienstleistungs-Branche beheimatet waren. Sie versuchen, die Attraktivität ihres bisherigen Leistungsangebots durch das Angebot von Finanzdienstleistungen zu erhöhen (Beispiel: Volkswagen Bank).

Die Strategie von Finanzportalen besteht darin, den Kunden umfassende Lösungen ihrer Finanzprobleme zu bieten. Auf ihrer Website machen sie den Kunden Angebote verschiedener anderer Finanzdienstleister zugänglich und vergleichen diese vielfach auch, um optimale Lösungen zu finden. Oft sind entsprechende Tools wie etwa ein Kreditrechner auf diesen Seiten zu finden. Finanzportale vertreiben meistens keine eigenen Produkte, sondern verwalten ausschließlich die Kundenbeziehung. Das macht sie insbesondere für kleine Banken attraktiv, die nicht die notwendigen Ressourcen für einen eigenen Internetauftritt besitzen. Portale können auf Finanzdienstleistungen spezialisiert sein (Beispiel: Quicken) oder diese in ein umfangreicheres Angebot einbinden (Beispiel: Yahoo! Finanzen).

3 Erfolgsfaktoren in einem sich verändernden Markt für Bankdienstleitungen – eine empirische Studie

Zu dem Thema „Chancen und Risiken des Internets für das Bankgewerbe – Erfolgsfaktoren im Bereich des Privatkundengeschäfts" wurde, aufbauend auf den in Kapitel 2 beschriebenen Entwicklungen, eine empirische Untersuchung in Zusammenarbeit mit dem Institut für Handelsmanagement und Netzwerkmarketing der Universität Münster unter 101 Bankdienstleistern durchgeführt.

3.1 Forschungsprozess der empirischen Studie

„Welche strategischen Ansätze sind notwendig, um auch in Zukunft erfolgreich am Markt tätig zu sein?" „Wie nachhaltig wird sich der Markt durch die in Kapitel 2 beschriebenen Einflüsse des Internets verändern?". Dies sind die Kernfragen, die durch die empirische Studie näher untersucht werden sollen.

Auf Basis theoretischer Überlegungen wurden Hypothesen in Bezug auf erfolgsbestimmende Merkmale generiert. Diskussionspunkte bei der Bildung der Hypothesen waren unter anderem neue Möglichkeiten zur Kundenorientierung durch kundenindividuelle Leistungsangebote sowie einer kundenindividuelleren Kommunikation. Ein weiteres Thema war die Rolle des Internets innerhalb des Vertriebssystems. Außerdem wurde nach der Bedeutung des Markenmanagements für eine Bank und insbesondere für deren Internetaktivitäten gefragt. Ausgangspunkte dieser theoretischen Überlegungen waren sowohl aktuelle Literaturmeinungen als auch Gespräche mit Experten. Als Ergebnis entstand ein mehrdimensionales Modell von Erfolgsfaktoren in Form von strategischen Konzepten, die als elementar für den zukünftigen Erfolg eines Unternehmens beurteilt wurden. Aus diesen Konzepten wiederum wurden Handlungsempfehlungen für Unternehmen abgeleitet, die im Markt für Bankdienstleistungen tätig sind (vgl. auch Ahlert/ Schröder, 1998, S. II).

Bei der Erhebung der empirischen Daten kamen zwei sich ergänzende Methoden zur Anwendung. Es wurden sechs explorative Interviews (vgl. Herrmann/Homburg, 2000, S. 167 f.) und eine schriftliche Expertenbefragung (vgl. McDaniel/Gates, 2001, S. 189) durchgeführt. Die Interviews wurden mit fünf Experten verschiedener Bankengruppen und mit einem Marktbeobachter geführt. Gesprächspartner aus dem Bereich der Bankengruppen waren zwei Experten aus der Sparkassenorganisation, einer aus dem genossenschaftlichen Sektor und zwei Manager, die bei Großbanken beschäftigt sind. Als Marktbeobachter wurde ein Manager einer Unternehmensberatung interviewt, die auf den Bankensektor spezialisiert ist. In dem acht Seiten umfassenden Fragebogen wurden hauptsächlich Likert-Skalen verwendet (vgl. McDaniel/Gates, 2001, S. 274 ff.). Die Befragten mussten einzelne Aussagen auf einer Fünfer-Skala von „trifft voll und ganz zu" (Wert: 5) bis „trifft gar nicht zu" (Wert: 1) bewerten. Ausgefüllt wurde der Fragebogen sowohl durch Experten von Marktteilnehmern, die sich in ihrem Unternehmen bereits verantwortlich mit der entsprechenden Thematik auseinandergesetzt hatten, als auch von Marktbeobachtern. Unter die Kategorie der Marktbeobachter fallen zum Beispiel Forschungsinstitute oder Unternehmensberatungen. Der Rücklauf betrug 101 Fragebögen, was einer Quote von circa 42 % entsprach. Tabelle 2 beschreibt, wie sich der Rücklauf über die verschiedenen Kategorien zusammensetzt. In die Kategorie der Direktbanken fallen hier die in Abschnitt 2.2.3 beschriebenen New-Banks sowie die von den etablierten Banken ausgegliederten Direktbanken. Sie sollen im Folgenden zusammengefasst werden, da sie ein ähnliches Geschäftsmodell verfolgen.

Kategorie	Anzahl Rückläufe
Marktteilnehmer	86
Sparkassen	24
Genossenschaftsbanken	19
Großbanken	4
Andere Privatbanken	24
Deutsche Postbank	1
Direktbanken	8
Near-Banks	2
Non-Banks	2
Finanzportale	2
Marktbeobachter	15
Summe	**101**

Tab. 2: Rückläufe nach Kategorien der Befragten

Die durch die Fragebogenaktion erhaltenen Daten wurden anschließend statistisch ausgewertet. Einerseits wurden die einzelnen Items unabhängig voneinander analysiert, andererseits auch, sofern möglich, in Abhängigkeit voneinander. Den Schwerpunkt bildete die unabhängige Analyse der einzelnen Aussagen mit Hilfe von statistischen Maßzahlen, wie dem Mittelwert oder den Antworthäufigkeiten der einzelnen Bewertungsstufen und ihre bewertungsstufenübergreifende Verteilung (vgl. Bleymüller/Gehlert/Gülicher, 1996). Itemübergreifend wurde kontrolliert, ob zwischen einzelnen Variablen signifikante Korrelationen bestehen. Mit Hilfe von Regressions- und Faktorenanalysen wurde dann überprüft, ob eventuell eindeutige einseitige Beziehungen zwischen den Items bestehen, beziehungsweise, ob eine Korrelation möglicherweise durch einen hinter den zusammenhängenden Variablen stehenden Faktor bedingt ist (vgl. Backhaus et al., 2000). Die Ergebnisse der Interviews wurden in die anschließende Interpretation der Daten einbezogen.

Zuletzt bleibt festzuhalten, dass die Umfrage natürlich nicht als vollkommen repräsentativ betrachtet werden kann, da sicherlich einige Bankgruppen nicht ihrer Bedeutung entsprechend vertreten sind. Beispielsweise sind die Großbanken verglichen mit ihrem Marktanteil von zur Zeit circa 17,5 % unterrepräsentiert (vgl. Infratest Burke, 2000b). Insgesamt betrachtet wurde aber der Hinweis, die Aussagen bitte unabhängig von der spezifischen Situation und der Kundenzielgruppe des Unternehmens, bei dem der Befragte tätig ist, zu beantworten, weitestgehend befolgt. Besteht dennoch eine signifikante Abhängigkeit der Bewertung einer Aussage von der Unternehmenskategorie, welcher der Antwortende zugehört, beziehungsweise von der spezifischen Kundenzielgruppe, wird hierauf explizit eingegangen.

3.2 Ergebnisse der empirischen Studie

3.2.1 Kundenorientierung als zentrale Zielgröße

Die Kernhypothese, die mit der empirischen Studie überprüft werden sollte, stellt die Kundenorientierung als zentrale Zielgröße in den Mittelpunkt aller Überlegungen. „Eine konsequente Kundenorientierung aller Aktivitäten wird zukünftig hauptverantwortlich für den Erfolg eines Unternehmens werden.". Diese erste Aussage erhielt die höchste Zustimmung innerhalb der Umfrage. Mit einem Mittelwert von 4,74 bewerteten 98 % der Befragten die Aussage zumindest mit „trifft zu" (Wert: 4 und größer). 76 % stimmten ihr sogar „voll und ganz zu" (Wert: 5). Wie in Abschnitt 2.1 beschrieben, verändern sich die Anforderungen der Kunden an ihre Bank nachhaltig. Gleichzeitig werden sie unabhängiger, sind besser informiert und nehmen eine gleichberechtigtere Stellung gegenüber der Bank ein. Insbesondere das Internet spielt bei diesem Entwicklungsprozess eine bedeutende Rolle. Wird das Ziel der Kundenorientierung in einem Unternehmen nicht erreicht, lassen sich auch andere Ziele, an denen der Erfolg eines Unternehmens häufig bewertet wird, wie zum Beispiel das Erzielen von Gewinnen, nicht verwirklichen. Auch die Zufriedenheit der Mitarbeiter, ein anderes mögliches Unternehmensziel, wird durch eine nachhaltige Kundenorientierung gefördert (vgl. Meffert/Bruhn, 2000, S. 151). Dies wird den meisten Unternehmen zusehends bewusst, was auch durch die zur Zeit vielfach zu beobachtenden kundenorientierten Reorganisationsaktivitäten einzelner Banken verdeutlicht wird.

Nun stellt sich die Frage, welche strategischen Konzepte erforderlich sind, um solch eine Kundenorientierung effektiv und effizient umzusetzen. Als Kernerfolgsfaktoren wurden hier ein effektives One-to-One-Marketing, ein Multi-Channel-Vertriebssystem und ein zielgruppenorientiertes Markenmanagement identifiziert. Abbildung 1 stellt diesen Zusammenhang und die Bedeutung der einzelnen Konzepte aus Sicht der befragten Experten grafisch dar. Es wurde gefragt, ob die einzelnen Konzepte Kernerfolgsfaktoren zur Unterstützung einer konsequenten Kundenorientierung sind. Anschließend bestand die Möglichkeit, 100 Punkte entsprechend der Bedeutung der Konzepte zu verteilen, um eine detailliertere Gewichtung vornehmen zu können.

Für 76 % (Mittelwert: 4,09) der Experten trifft es zumindest zu, dass ein One-to-One-Marketing essenziell für eine konsequente Kundenorientierung ist. Die Basis für ein

One-to-One-Marketing bildet der „Share of a Customer" und nicht nur der Marktanteil nach Kunden. Ziel ist es, einem Kunden so viele Produkte wie möglich über eine lange Zeit innerhalb einer vertrauensvollen Beziehung zu verkaufen (vgl. Peppers/Rogers, 1997, S. 415).

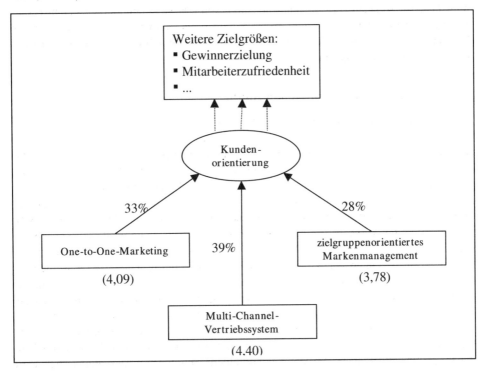

Abb. 1: Kundenorientierung als zentrale Zielgröße

Ein Multi-Channel-Vertriebssystem ist ein Vertriebssystem, das die verschiedenen Kanäle mit ihren besonderen Eigenschaften innerhalb eines Systems integriert und versucht, sich diese besonderen Eigenschaften gezielt zu Nutze zu machen. Multi-Channel ist einer der zur Zeit wohl am häufigsten in der Bankenlandschaft diskutierten Begriffe, was sich auch in der hohen Bedeutung widerspiegelt, die diesem Ansatz zugesprochen wird. Hier antworteten sogar 83 % der Befragten mit „trifft voll und ganz zu" oder „trifft zu". Auffällig ist, dass die Bewertungen der Bedeutung eines Multi-Channel-Konzepts signifikant mit der Unternehmenskategorie „Sparkassen" positiv (Mittelwert: 4,71) und mit den „anderen Privatbanken" negativ korrelieren. Weiterhin wirkt sich ein überdurchschnittliches Vermögen der Zielkundengruppe eines Unternehmens auffällig negativ auf die Bewertung aus. Sind Korrelationen zwischen Bewertungen zu einzelnen Aussagen und Unternehmenskategorien beziehungsweise bestimmten Kundenzielgruppen zu beobachten, geht die Wirkung immer eindeutig von den beiden letztgenannten aus, da sie für ein Unternehmen weitestgehend festliegen und als Clusterungskategorien dienten. Eine

Hauptursache für diese Bewertungen ist sicherlich, dass insbesondere die Privatbankiers ihre traditionell hochvermögende Klientel zumeist persönlich mit einem sehr hohen Servicegrad, oft auch direkt beim Kunden vor Ort, betreuen. Das Internet spielt aus ihrer Sicht, verglichen mit anderen Bankgruppen, eine eher unterdurchschnittliche Rolle. Dies führt dazu, dass Privatbankiers vielfach ein bisher noch wenig umfassendes Internetangebot haben. In diesem Zusammenhang sollte allerdings beachtet werden, dass auch hochvermögende Kunden, und hier insbesondere die jüngere Generation, ein Internetangebot von ihrer Bank erwarten (vgl. Müller, 2001, S. B9).

Unter einem zielgruppenorientierten Markenmanagement soll ein Markenmanagement verstanden werden, das sich an den spezifischen Eigenschaften und Verhaltensmerkmalen der Kundenzielgruppen einer Unternehmung ausrichtet. Der überwiegende Teil der befragten Experten sieht auch im zielgruppenorientierten Markenmanagement einen Kernerfolgsfaktor (64 %). Allerdings ist die Gruppe der Indifferenten („trifft teilweise zu") hier größer (28 %) als bei den anderen Konzepten. Eine mögliche Begründung ist sicherlich, dass für viele das Markenmanagement als eigenständiges strategisches Konzept weniger greifbar ist.

Die folgenden drei Abschnitte beschäftigen sich mit den Konsequenzen, die für ein Unternehmen mit der Umsetzung der drei Konzepte verbunden sind.

3.2.2 Erfolgsfaktor One-to-One-Marketing

3.2.2.1 *One-to-One-Marketing als Notwendigkeit in einem transparenter werdenden Markt*

Das Internet schafft eine höhere Transparenz an Informationen hinsichtlich der angebotenen Leistungen und ihrer Preise. Viele Direktbanken versuchen, sich über eine aggressive Preispolitik im Markt zu profilieren. Der Discountbroker Systracom offeriert zum Beispiel eine Flatfee von 9,95 je Transaktion, unabhängig vom gehandelten Volumen. Die etablierten Unternehmen sehen sich dadurch einem höheren Preisdruck ausgesetzt.

Der These, dass bei dem Angebot von isolierten Leistungen, also zum Beispiel dem ausschließlichen Angebot von Aktientransaktionen, der Preis das einzige kaufentscheidende Kriterium sei (vgl. Betsch, 2000, S. 9), stimmten 36 % der Befragten zu. Für 57 % traf diese Aussage „teilweise zu" (Wert: 3). Dies zeigt, dass der Preis bei solch einem Angebot zwar nicht unbedingt das alleinige, aber doch ein sehr bedeutendes Kriterium ist. Eine entscheidende Rolle könnte andererseits beispielsweise der Innovationsgrad eines Produktes spielen. Bekommt ein Kunde eine spezielle Einzelleistung nur bei einem Anbieter, wird er seine Leistung unter Umständen dort beziehen. Ein Beispiel war hier die Einführung des eigenständigen Wertpapierhandels durch den Kunden am PC, der zunächst nur von den Direktbrokern angeboten wurde und im Rahmen des Börsenbooms großen Zulauf erhielt. Die Kunden jedoch, die hauptsächlich preissensitiv reagieren, werden sich die unterschiedlichen benötigten Leistungen von verschiedensten Anbietern zusammenstellen. Solche Kunden sind besonders abwanderungsgefährdet, aber auch weniger attraktiv für die etablierten Banken.

„Durch das Angebot ganzheitlicher, individueller Problemlösungen kann ein Unternehmen dem verstärkten Preiswettbewerb entgehen.". Dieser Aussage stimmten 83 % der Experten zu. Ziel einer Bank muss es sein, mit ihren Kunden eine langfristige Beziehung aufzubauen. Langfristige Beziehungen sind für die Bank profitabel und bieten dem Kunden einen echten Mehrwert. Einen neuen Kunden zu akquirieren, ist circa fünf- bis zehnmal teurer, als einen Alten zu halten (vgl. Reichardt, 2000, S. 89). Es ist entscheidend für das Unternehmen, den lebenslangen Wert eines Kunden durch eine individuelle Betreuung zu realisieren (vgl. Peppers/Rogers, 1997, S. XI). Auch für den Kunden ist es bei einer langfristig aufgebauten Beziehung schwieriger zu wechseln, da er ebenfalls in diese Bindung investiert hat. Der Aufbau einer vergleichbaren neuen Beziehung setzt einen Lernprozess voraus, da die individuellen Bedürfnisse für den Berater nicht sofort fassbar sind. Die Beziehung dient somit als maßgebliches Differenzierungsmerkmal gegenüber dem Wettbewerb. Dem Kunden werden ganzheitliche, individuelle Lösungen geboten, indem Informationen und Produkte intelligent, auf seine persönliche Situation zugeschnitten, miteinander verknüpft werden (vgl. Burchard, 2000, S. 26).

Auch traditionelle Banken können dem Preiswettbewerb sicherlich nicht völlig entgehen. Ein wettbewerbsfähiger Preis für das Gesamtpaket an Leistungen ist notwendig. Allerdings ist laut einer Studie der Infratest Burke Finanzforschung bei den Kunden eine über die Zeit konstante, geringe Neigung festzustellen, zu vergleichen, ob sie die Leistungen ihrer Hausbank woanders günstiger bekommen könnten. 65 % erledigen die meisten Geldangelegenheiten ohne einen näheren Vergleich, wobei allerdings zu beobachten ist, dass Kunden von Direktbanken und Großbanken wesentlich preissensibler sind als Kunden der Sparkassen und Genossenschaftsbanken (vgl. Infratest Burke, 2000, S. 15, 19).

3.2.2.2 *Konzentration auf Kernkompetenzen*

Banken müssen sich auf ihre Kernkompetenzen konzentrieren. Die modernste Technologie alleine wird im Wettbewerb mit Billiganbietern nicht ausreichen (vgl. Gibbons, 2001, S. B4). Zur Zeit ist eine verstärkte Diskussion über die Trennung von Produktions- und Vertriebsbanken zu beobachten (vgl. Herrmann, 2001, online im Internet). Für die Produktionsbanken wird es entscheidend sein, Kostenoptimierungen und Skaleneffekte zu erreichen (vgl. Leichtfuß/Schultz, 2000). Für die hier insbesondere betrachteten Universalbanken gewinnt jedoch die Vertriebskompetenz stark an Bedeutung, während die Bedeutung der originären Produktherkunft abnimmt (vgl. auch Kern, 2000, S. 373). Diese Aussage erreichte eine mittlere Bewertung von 4,10. Wichtigkeit erlangt im Vertrieb vor allem eine aktive Ansprache der Kunden durch ihren Berater, der sich in der Vergangenheit meist nur auf Anfrage mit einem Kunden beschäftigte. Nur durch eine aktive Ansprache können Wertpotenziale einer Beziehung weiter abgeschöpft werden.

Kernvoraussetzung für einen intensiven, langfristigen Beziehungsaufbau sind die Beratungskompetenz und die Kompetenz zur Vertrauensbildung. Diese beiden Kompetenzen wurden von 83 % der Befragten (Mittelwert: 4,26) als die wichtigsten Kernfähigkeiten einer Bank identifiziert, um sich gegenüber Wettbewerbern zu differenzieren. Direktbanken messen diesen Fähigkeiten laut der Auswertungen weniger Bedeutung bei, da sie sich bis jetzt weitestgehend auf eine relativ selbstständig handelnde Kundenzielgruppe fokussiert haben. In der Gesamtbetrachtung werden aber auch weiterhin die wenigsten Kunden völlig unabhängig handeln können beziehungsweise wollen. Die Produktvielfalt hat zu einer schwindenden Selbstsicherheit in Geldanlagen geführt. Lediglich 29 % der Kunden fühlen sich noch gut informiert (vgl. Infratest Burke, 2000, S. 12), weshalb auch weiterhin eine persönliche Beratung notwendig sein wird. Diese fachliche Kernfähigkeit kann allerdings nur zu einer wertschöpfenden Beziehung beitragen, wenn eine tiefe Vertrauensbasis zwischen Bank und Kunde existiert. Vertrauen stellt die wichtigste Voraussetzung einer erfolgreichen Beziehung dar (vgl. Reichardt, 2000, S. 132).

Wird die Beratungskompetenz in den Mittelpunkt der Differenzierungsstrategie einer Bank gestellt, wäre es konsequent, die Beratung gesondert zu bepreisen und die Transaktionsgebühren zu senken. Banken würden sich dadurch aus der misslichen Lage befreien, dass ein Kunde eine Beratung unentgeltlich in Anspruch nimmt, die Transaktion aber bei einer Discountbank zu einem niedrigeren Preis durchführen kann. Ein weiterer Vorteil dieses Modells ist, dass der Berater den Kunden objektiver beraten kann. Er unterliegt nicht mehr dem Druck, umsatzbringende Transaktionen zu generieren, die für den Kunden unter Umständen gar nicht die beste Alternative darstellen. Bisher ist die Akzeptanz eines derartigen Preismodells bei den Kunden aber noch sehr gering. Nur 25 % wären – bei allerdings ansteigender Tendenz – bereit, für eine besonders qualifizierte Anlageberatung auch etwas zu zahlen (vgl. Infratest Burke, 2000, S. 29). Langfristig gehen jedoch 71 % der Experten (Mittelwert 3,85) davon aus, dass der größte Teil des Umsatzes über Beratungsleistungen generiert wird. Erste Entwicklungen in diesem Bereich sind bei den Privatebanking-Organisationen der Großbanken zu beobachten. Im Privatebanking spielt die Beratung schon seit jeher eine herausragende Rolle. Die Unternehmen sehen eine Chance, dem Kunden die Beratungsleistung durch eine transparente, ehrliche Preispolitik zusätzlich bewusst zu machen.

Betrachten wir die Beratungs- und Vertrauenskompetenz als die elementaren Kernfähigkeiten einer Bank, muss dies Auswirkungen auf die Organisation der Betreuung eines einzelnen Kunden haben. Eine produktorientierte Organisation, in welcher der Kunde für jedes Bedürfnis einen anderen Ansprechpartner hat, wird den Anforderungen nicht mehr gerecht. Auf die Frage, ob der Kunde einen festen Ansprechpartner haben sollte, unabhängig davon, welche Leistung er nachfragt oder welchen Vertriebskanal er wählt, antworten nur 51 % mit „trifft zu" oder „trifft voll und ganz zu" (Mittelwert: 3,58). Die „anderen Privatbanken" bewerteten diese Aussage überdurchschnittlich hoch. Auf Grund ihrer vielfach hochvermögenden Klientel ist der persönliche Betreuer für alle Angelegenheiten vielfach bereits Realität. Die Direktbanken stimmen diesem Modell hingegen nur unterdurchschnittlich zu, was sich durch ihre spezielle Kundenzielgruppe ergibt, die nur einen geringen Anspruch an die Beratung hat. Trotz der insgesamt recht niedrigen Bewertung ist aber zu beobachten, dass die Einschätzung dieser Aussage sehr stark positiv von der Bewertung der Aussage zur Kernkompetenz abhängig war. Dies macht deutlich, dass der persönliche Berater doch eine zentrale Rolle bei der Vertrauensbildung einnimmt.

Er kann dem Kunden allerdings nicht in jeglicher Angelegenheit zur Verfügung stehen, insbesondere wenn man bedenkt, dass ein Berater im Retailgeschäft einen Stamm von bis zu 3.000 Kunden zu betreuen hat. Die Qualität seiner Beratungsleistung würde stark eingeschränkt, müsste er sich ständig auch um Routineangelegenheiten kümmern. Auf der anderen Seite kann ein Berater auch nicht Kenntnisse über alle speziellen Dienstleistungen und Produkte besitzen. Komplexe Finanzierungsbedürfnisse stellen zum Beispiel andere Anforderungen als steuerliche Aspekte, die bei der Altersvorsorge zu berücksichtigen sind. In diesem Zusammenhang stellt Abbildung 2 einen Ansatz zur Kundenbetreuung durch die Mitarbeiter einer Bank dar.

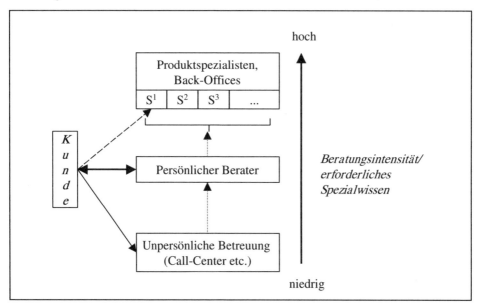

Abb. 2: Betreuungskonzept unter Berücksichtigung der unterschiedlichen Beratungsintensität bei verschiedenen Leistungen

Der persönliche Berater ist für den Kunden der zentrale Bezugspunkt bei seiner Bank und steht im absoluten Mittelpunkt der Beziehung zwischen Bank und Kunde. Er wird zum Beziehungsmanager, geht aktiv auf den Kunden zu und ist verantwortlich für die Abschöpfung von Wertpotenzialen. An ihn werden hohe fachliche, aber auch soziale Anforderungen gestellt. Kann der Berater Probleme nicht mehr eigenständig lösen, weil ihm dazu die relevanten Informationen und Produkte fehlen, muss er mit diesen durch spezialisierte Back-Offices versorgt werden oder er muss den Kunden an Spezialisten weiter vermitteln. Anschließend sollte der persönliche Berater allerdings über die Ergebnisse informiert sein, da er die finanzielle Situation des Kunden für spätere Gespräche kennen muss. Ein neuer Ansatz im Privatebanking-Bereich sind hier auch sogenannte Family-Offices, die zusätzlich auch Berater vermitteln, die aus bankfremden Bereichen kommen wie etwa Rechtsanwälte. Ein Beispiel ist hier das „New Family Office" der „Deutsche Bank Privatebanking" (vgl. auch Zech/Lilla, 2001, S. B11). Bei wenig komplexen Problemen akzeptiert es der Kunde, von einer „unpersönlichen" Einrichtung betreut zu werden, um den Berater zu entlasten. Die Commerzbank hat aus diesem Grund einen Prozess eingeführt, dass jeder Kunde, der die Sammelrufnummer seiner Filiale wählt, in das zentrale Call-Center geleitet wird. Einfache Fragen werden dort direkt beantwortet. Verlangt der Kunde seinen persönlichen Berater, wird er dorthin weiter vermittelt. Wenn möglich, sollen Standardanfragen aber bereits abschließend durch das Call-Center geregelt werden.

3.2.2.3 Leistungsindividualisierung nach Wertschöpfungspotenzialen – Notwendigkeit zur Kundensegmentierung

Die Beziehung mit dem persönlichen Berater wurde bisher als Kern der Beziehung zwischen Bank und Kunde hervorgehoben. Es wurde weiterhin festgehalten, dass es Aufgabe des Beraters ist, diese Beziehung, viel mehr als früher, aktiv und kundenindividuell zu gestalten. Problematisch wird dieser Ansatz in dem Moment, in dem zusätzliche Zeit investiert werden muss. Das Personal ist eine der größten Kostenpositionen im Bankgewerbe, sodass die Personalleistung zu einer äußerst knappen Ressource wird. Der Verwaltungsaufwand der Deutschen Bank in 1999 betrug zum Beispiel 15.746 Millionen. Der mit Abstand größte Anteil der Verwaltungsaufwendungen entfiel mit gut 60 % (9.700 Millionen) auf Personalkosten (vgl. Deutsche Bank, 2000, S. 51 ff.). Diese Ressource Personal muss möglichst effektiv eingesetzt werden. Nicht jedem Kunden kann eine gleich intensive Betreuung zuteil werden. Nach dem Pareto-Prinzip gilt, dass circa 80 % des Gewinns mit nur 20 % der Kunden erwirtschaftet wird. Dieses Verhältnis ist auch im Bankbereich zu beobachten, woraus sich Folgen für die Intensität einer individuellen Beratung ergeben müssen. 72 % der Befragten vertreten die Ansicht, dass der Grad der Individualisierung einer Dienstleistung sich an dem Wertschöpfungspotenzial des einzelnen Kunden orientieren wird.

Peppers und Rogers schlagen eine Segmentierung der Kunden nach zwei Basiskriterien vor: Wie unterscheiden sich die Kunden a) nach ihrem Wert für das Unternehmen, und b) nach ihren verschiedenen Bedürfnissen, die sie dem Unternehmen entgegenbringen (vgl. Peppers/Rogers, 1997, S. 32 ff.). Betrachtet man den Wert der Kunden für das Unternehmen, können drei Gruppen unterschieden werden. Die erste Gruppe sind die „Most valuable customers", in die die eben beschriebene 20 % der Kunden fallen, die bereits für den größten Teil der Wertschöpfung des Unternehmens verantwortlich sind und eine intensive Betreuung entsprechend ihrem Wert verlangen. Als zweites gibt es die „Second-tier customers", die zwar ein hohes Wertschöpfungspotenzial besitzen, dieses aber noch nicht mit dem Unternehmen realisieren. Ziel muss es hier sein, den Anteil am Kunden für das Unternehmen zu steigern. Beide Gruppen verlangen nach unterschiedlichen, diesen Zielsetzungen entsprechenden Strategien (vgl. Peppers/Rogers, 1997, S. 99 ff.). Als Letztes sind die „Below-zeros" zu identifizieren, mit denen die Bank jetzt und in Zukunft keine Deckungsbeiträge erwirtschaftet.

Eine Segmentierung der Kunden nach ihren Bedürfnissen dient vor allem dem Aufspüren von Synergien bei der Leistungserstellung und einem besseren Verständnis individueller Bedürfnisse. Eine Möglichkeit könnte zum Beispiel die Methode des „Collaborative Filtering" bieten. Amazon.com gilt hier als Pionier. Durch Kaufverhaltensanalysen können Kunden in verschiedene Gruppen sortiert werden, die ähnliche Lesepräferenzen haben. Bewerten beispielsweise neun Mitglieder einer Gruppe, die hier zehn Kunden umfassen möge, ein Buch als empfehlenswert und das zehnte Mitglied hat es noch nicht gekauft, kann ihm dadurch ein individueller Buchvorschlag gemacht werden, der mit hoher Wahrscheinlichkeit seinen Geschmack trifft. Ein vielversprechendes Kriterium zur Kundensegmentierung nach Wert und Bedürfnissen stellt im Bankenbereich eine Orientierung an der Lebensphase eines Kunden dar (vgl. auch Meffert/Bruhn, 2000, S. 98). Beispielsweise könnte ein Student mit derzeitig geringen Umsätzen einen hohen Beratungsbedarf und ein hohes Wertpotenzial haben, wenn er erst einmal in das Berufsleben eingetreten ist.

Es bleibt festzuhalten, dass eine wirklich individuelle, persönliche Komplettbetreuung auch weiterhin Privatebanking-Kunden vorbehalten bleiben wird. Allerdings bieten sich auch für Kunden mit einem geringeren Wertpotenzial durch neue Technologien mehr Möglichkeiten zur Individualisierung als dies früher der Fall war.

3.2.2.4 Neue Technologien als Möglichkeit zur Mass Customization und effizienteren Innovationsprozessen

Hier setzt das Konzept der Mass Customization an. Unter Mass Customization wird eine Produktion von Gütern und Leistungen für einen größeren Absatzmarkt verstanden, welche die Bedürfnisse jedes einzelnen Nachfragers treffen, aber die Kosten vergleichbarer Standardleistungen nicht stark übersteigen (vgl. Piller, 1998, S. 65; vgl. auch Peppers/Rogers, 1997, S. 142 ff.). Im Bankenbereich bietet sich, insbesondere durch die hohe Digitalisierbarkeit vieler Produkte, das Konzept der Modularisierung an. Mit Hilfe einer Vielzahl verschiedener hochstandardisierter Einzelkomponenten lassen sich durch deren Kombination kundenindividuelle Produktpakete schnüren. Durch den hohen Standardisierungsgrad auf unterster Ebene werden Skaleneffekte erreicht. 70 % der Experten (Mittelwert: 3,84) sehen durch ein stark modularisiertes Produktangebot die Möglichkeit, qualitativ hochwertige, aber dennoch effiziente Komplettlösungen individueller Kundenprobleme zu bieten. 24 % stuften die Aussage mit „trifft teilweise zu" ein, was sicherlich durch den hohen Anteil an Leistungen zu begründen ist, die durch persönliche

Betreuung erbracht werden. Sie sind wesentlich schwieriger kostensenkend zu modularisieren.

Aber auch die persönliche Betreuung kann mit technischer Unterstützung weiter individualisiert werden. Durch Datamining-Prozesse können kundenindividuelle Bedürfnisse aufgespürt werden, die dem Berater eine gezielte Betreuung ermöglichen (vgl. Maltzan, 2001, S. B12). Unter Datamining wird das Aufspüren kundenindividueller Bedürfnisse unter der Zuhilfenahme vorher definierter Algorithmen verstanden, die zum Beispiel verschiedene Verhaltensmuster von Kunden, wie bei dem oben beschriebenen Collaborative Filtering, analysieren können (vgl. Piller, 1998). Bei der Commerzbank ist es Beratern möglich, solche Daten gezielt über einzelne Kunden abzufragen. Zusätzlich werden den Beratern Daten über Kaufwahrscheinlichkeiten einzelner Kunden während bestimmter Marketingaktionen zur Verfügung gestellt, sodass eine zielgerichtete, aktive Ansprache erfolgen kann (vgl. auch Peppers/Rogers, S. VII). Durch Datamining-Konzepte können ebenfalls große Fortschritte bei Innovationsprozessen erreicht werden. Die große Mehrheit der befragten Experten (82 %, bei einem Mittelwert von 4,20) sieht durch ein größeres Wissen über kundenindividuelle Probleme die Entwicklung neuer innovativer Produkte ermöglicht, durch welche Kundenwertpotenziale besser ausgeschöpft werden können. Innovationen können zielgerichteter und auch effizienter entwickelt werden. Absatzprognosen werden nicht mehr allein auf Basis von Segmentanalysen, sondern mit Hilfe kundenindividueller Kaufwahrscheinlichkeiten ermittelt. Dem Innovationsmanagement wird eine sehr hohe Bedeutung beigemessen, da sich eine Bank hier von ihren Wettbewerbern markant differenzieren kann.

Auf technischer Ebene bietet insbesondere das Internet mit seiner Interaktionsfähigkeit große Chancen. Das Nutzungsverhalten des Kunden auf der Website kann relativ einfach festgehalten und auf konkrete Kundenbedürfnisse hin analysiert werden. Der Investment-Broker Charles Schwab ist durch die Auswertung des Abfrageverhaltens seiner Kunden in der Lage, individuelle Einzel- und auch langfristig orientierte Finanzplanungsangebote zu erstellen (vgl. Heigl, 2000, S. 303). Allerdings schätzen nur 53 % der befragten Experten die Bedeutung von individuellen Leistungen über das Internet, wie etwa über MySites oder Communities, als herausragend ein. 39 % zeigten sich unentschieden. Insbesondere die Genossenschaftsbanken messen diesen Instrumenten eine geringere Bedeutung bei. Von den Interviewpartnern wurde hier insbesondere der Nutzen von Communities als kritisch angesehen. Communities können zwar begrenzt zur Kundenbindung beitragen, haben aber das Problem, dass Vermögensangelegenheiten gerade in Deutschland als sehr sensibel betrachtet werden. MySites können eine große Bedeutung erlangen, wenn sie es schaffen, den Kunden aktiv anzusprechen und ihm einen Mehrwert schaffen, den er nur auf dieser Site erhält. MySites, die ausschließlich Informationsselektionsfunktionen bieten, können nicht mehr maßgeblich zur Differenzierung beitragen. Ein großer Vorteil individualisierter Websites ist, dass sie das Vertrauen in das anonyme Medium Internet fördern können.

3.2.2.5 Ausgestaltung des Leistungsangebots

Der Ansatz zur Lösung ganzheitlicher kundenindividueller Probleme stellt Herausforderungen an den Umfang des Leistungsangebots von Banken. Auch branchenfremde Leistungen werden notwendig sein, um die komplexen Kundenbedürfnisse zu befriedigen (vgl. Betsch, 2000, S. 8). Das Produkt- und Dienstleistungsangebot einer Bank kann in drei Stufen ausgebaut werden (vgl. Leichtfuß/Schultz, 2000). Zunächst ist bei jedem Anbieter eine Basisversorgung an Bankprodukten oder das Angebot einer spezialisierten Leistung vorhanden. Dies kann in einer zweiten Stufe durch ein umfassendes Angebot an ganzheitlichen Finanzlösungen erweitert werden, worunter auch beispielsweise Versicherungen fallen können. Die dritte Stufe wäre eine Expansion in finanzdienstleistungsfremde Geschäftsfelder. 73 % (Mittelwert 4,04) der Experten stimmten der Aussage zu, dass ein Unternehmen zusätzlich zu reinen Bankdienstleistungen weitere value-added-Services anbieten muss, um sich gegenüber dem Wettbewerb zu differenzieren.

Es stellt sich nun die Frage, welche Erweiterungen der Leistungspalette für eine Bank zweckmäßig sind, beziehungsweise welche Angebotserweiterungen der Kunde als einen echten Mehrwert empfindet. Laut der Expertengespräche sind zwei Kriterien entscheidend für die Bewertung einer potenziellen Angebotserweiterung. Erstens können Leistungen sinnvoll sein, die sich die besonderen Kernkompetenzen einer Bank zunutze machen. Zweitens sollten sie artverwandt zum bestehenden Kernangebot an Bankdienstleistungen sein und dieses sinnvoll ergänzen. Orientieren sich Angebotserweiterungen nicht an diesen Kriterien, können sie stark negative Effekte auf das Markenempfinden des Kunden bezüglich der Geschäfte und Kernkompetenzen seiner Bank haben. Ein Beispiel, das diese Kriterien erfüllt und schon lange insbesondere von den regionalen Banken praktiziert wird, ist die Immobilienvermittlung. Die Bank tritt als Makler auf, berät den Kunden und bietet ihm gleichzeitig die Finanzierung an. Eine hervorragende Möglichkeit bietet sich Banken auch im Rahmen des Angebots von Trust-Services. Das Ausstellen und die Verwaltung von digitalen Signaturen sind Leistungen, die in erster Linie auf Vertrauen seitens des Kunden basieren. Außerdem ergänzen sich digitale Signaturen sehr gut mit Online-Banking-Angeboten. Sicherheitsaspekte sind zur Zeit immer noch die größte Hemmschwelle zur Nutzung dieses Services. 31 % der Kunden, die bereits über Online-Banking nachgedacht haben, es aber noch nicht nutzen, geben Sicherheitsbedenken als den zentralen Grund an (vgl. Bosch, 2000, S. 13). Darüber hinaus könnten Banken auch außerhalb des Bankbereiches von den E-Commerce-Entwicklungen profitieren, wenn sie in der Lage sind, sich hier als Marktführer zu etablieren. Sichere Identifikationen werden bei jeder Transaktion über das Internet benötigt (vgl. Heydemann, 2000, S. 643).

Sollten Produkterweiterungen sinnvoll sein, sich aber außerhalb des Kernkompetenzbereiches eines Unternehmens befinden, können diese durch strategische Kooperationen ermöglicht werden (vgl. Peppers/Rogers, 1997, S. XI.). Ein Beispiel hierfür ist die Kooperation zwischen der Sparkasse Osnabrück und dem lokalen Telekommunikations-Carrier Osnatel. Die Sparkasse Osnabrück vermittelt hier Telefon- und Internetanschlüsse und kann dadurch auch Produktbündel, beispielsweise in Form eines Wertpapierdepots mit Internetzugang, anbieten.

3.2.3 Erfolgsfaktor Multi-Channel-Vertrieb

3.2.3.1 Notwendigkeit eines mehrere Kanäle integrierenden Vertriebssystems

Im Folgenden werden nun die Auswirkungen des Internets auf das Vertriebssystem einer Bank näher untersucht. Ausgehend vom vorherigen Abschnitt stellt sich die Frage, ob ein effektives One-to-One-Marketing in Zukunft ausschließlich über das Internet möglich sein wird. 54 % der Befragten verneinten dies (Wert: 2 und kleiner) und weitere 35 % zeigten sich indifferent. Neue technische Möglichkeiten, wie beispielsweise die Internettelefonie oder der visuelle Kontakt durch WebCams, fördern zwar die persönliche Kommunikation zwischen dem Kunden und seinem Berater – trotzdem ist ein ausschließlich über das Internet betriebenes One-to-One-Marketing problematisch. Erstens ist hierfür der Ausstattungsgrad der Kunden mit diesen neuen Technologien auch mittelfristig nicht ausreichend. Zweitens ist das Internet nicht in der Lage, die gleiche persönliche Atmosphäre wie in einer Filiale zu schaffen, die aber für viele Kunden zur Vertrauensbildung eminent wichtig ist. Einer der erfolgreichsten Online-Broker, Charles Schwab gibt zum Beispiel an, dass 70 % der neuen Konten in den Filialen eröffnet werden (vgl. Bekier/Flur/Singham, 2000, S. 80). Es wird für eine Bank auch weiterhin die Notwendigkeit bestehen, Filialen zu unterhalten.

Dies spiegelt sich auch in der Bewertung der Aussage wider, dass der Kunde die freie Wahl haben möchte, wann er welche Leistungen über welchen Vertriebskanal bezieht. Diese Ansicht vertraten 88 % der befragten Experten. 64 % stimmten sogar „voll und ganz zu". Eine in der Bankenwelt weitgehend akzeptierte Prognose von Booz-Allen & Hamilton über das Kanalnutzungsverhalten der Kunden ist in Abbildung 3 dargestellt.

Die Anzahl der reinen Filialkunden, die heute mit 85 % noch die große Mehrheit bilden, wird sich in den nächsten fünf Jahren drastisch reduzieren. In diese Gruppe fallen vornehmlich ältere Menschen, die ihren Bankgeschäften weiterhin wie bisher nachgehen wollen. Eine Bank kann sich nicht mehr auf diese immer kleiner werdende Gruppe beschränken. Auf der anderen Seite wird die Anzahl der reinen Direktkanalnutzer, verglichen mit dem heutigen Niveau, zwar stark steigen, aber trotzdem nicht über einen Anteil von 20 % hinauskommen. Reine Direktkanalnutzer, die in erster Linie durch die Direktbanken angesprochen werden, sind, vergleicht man sie mit den anderen Gruppen, besonders internetaffin, preisorientiert und handeln bei einem geringen Beratungsanspruch sehr eigenständig. Dies wurde in zweifacher Hinsicht bestätigt. Zum einen korrelierten die Ausprägungen dieser Charakteristika stark mit den Kundenzielgruppen der befragten Direktbanken. Zum anderen wurde die Einschätzung über diesen Zusammenhang auch von Befragten anderer Unternehmenskategorien geteilt (82 % stimmten zu), *(3-3).* Die Gruppe der Direktkanalnutzer ist auf Grund ihres geringen Wertschöpfungspotenzials deshalb, insbesondere aus Sicht der traditionellen Banken, vergleichsweise unattraktiv.

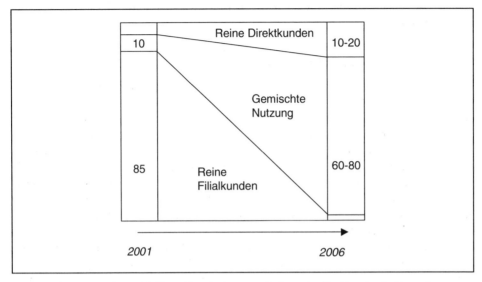

Abb. 3: Schätzung des zukünftigen Kanalnutzungsverhaltens der Bankkunden in Prozent
(Quelle: Booz-Allen & Hamilton, in: Brandes/Watermann, 2001, S. 11)

Hat der Börsenboom in den letzten Jahren bei den Direktanbietern noch zu einer Goldgräberstimmung geführt, wird ihnen heute ihre Abhängigkeit von Transaktionsprovisionen zum Verhängnis (vgl. Husmann/Riley, 2001, S. 78 f.). Der große Wettbewerb um die Kundengruppe der reinen Direktkanalnutzer, der bisher zum großen Teil über den Preis ausgetragen wurde, veranlasst deshalb immer mehr Direktbanken, neue Kunden mit Hilfe umfassenderer Leistungen anzusprechen. Die Advance Bank war zum Beispiel die erste Direktbank, die ihren Kunden auch Beratungsleistungen anbot. Die Direktanlage Bank hingegen will zwar keine umfassende Beratung anbieten, doch auch sie expandiert in die Offline-Welt (vgl. Fischer, 2001). Ihre Filialen sollen die Kunden bei Problemen vor Ort betreuen können und Vertrauen aufbauen. Außerdem soll durch multimediale Präsentationen eine Erlebniswelt „Börsenparkett" geschaffen werden, bei der die Markenbildung ein wichtiges Ziel ist.

Mit solchen Maßnahmen bewegen sich diese Direktbanken in Richtung der größten (60-80 %) und am schnellsten wachsenden Kundengruppe, den Mehrkanalnutzern. Viele Entwicklungen fördern das Wachstum dieser Gruppe. Neben der steigenden Penetration der deutschen Haushalte mit PCs werden auch andere Internetzugangsgeräte eine wichtige Rolle spielen. Insbesondere durch TV-Banking werden die Banken in der Lage sein, eine höhere Anzahl an Kunden für die Internetnutzung zu gewinnen. TV-Nutzer sind weiter über verschiedene Alters- und Vermögensgruppen beziehungsweise auch über soziale Schichten verteilt, als es die PC-Nutzer sind. In Deutschland wird davon ausgegangen, dass bereits 2002 19 % der Haushalte mit Set-Top-Boxen ausgestattet sein werden, die den Internetzugang über das Fernsehen ermöglichen (vgl. Maude et al., 2000, S. 94).

Betrachtet man die zukünftig erwartete Umsatzverteilung zwischen den verschiedenen Vertriebskanälen, das heißt, die Verteilung der Erbringung von zahlungspflichtigen Leistungen und nicht nur kostenlosen Informationsservices, ergeben sich ebenfalls markante Änderungen gegenüber der heutigen Situation. Der Frage, ob es hier zukünftig eine Gleichverteilung der Umsätze über die verschiedenen Kanäle geben wird, stimmten die Experten im Schnitt „teilweise zu" (Mittelwert: 3,35) *(3-4)*. Diese Bewertung kann dahingehend interpretiert werden, dass es zwar keine vollkommene Gleichverteilung zwischen den Kanälen geben wird, diese aber wesentlich ausgeglichener als früher für die Umsatzgenerierung verantwortlich sein werden. Die Filiale wird weiterhin der wichtigste Vertriebskanal bleiben, auch wenn dem Internet im Laufe der Zeit eine immer größere Bedeutung zukommen wird. Dies war auch die einhellige Meinung in den Expertengespräche. Eine Studie von Arthur Andersen über die Entwicklung der gesamten Finanzdienstleistungsbranche kommt zu ähnlichen Ergebnissen (Tabelle 3). In diese Untersuchung wurde auch die Versicherungsbranche einbezogen, was die hohe Bedeutung der Ausschließlichkeitsorganisationen und Makler erklärt. Unter Worksite-Marketing wird der Verkauf der Leistungen am Arbeitsplatz des Kunden verstanden.

Vertriebskanal	2000e (in %)	2010e (in %)
Bankfiliale	50	30
Ausschließlichkeitsorganisation	25	15
Makler	15	10
Call-Center	5	10
Internet	5	20
Worksite-Marketing	0	15

Tab. 3: Schätzung der Veränderung des Umsatzanteils der einzelnen Vertriebskanäle (Quelle: Arthur Andersen, in: Bongartz, 2000, S. 53)

Die Aussage „Die verschiedenen Vertriebskanäle tragen wechselseitig zur Neukundengewinnung für die anderen Vertriebskanäle bei", bewerteten 65 % der Befragten positiv, während 26 % mit „trifft teilweise zu" antworteten (Mittelwert: 3,79). Insbesondere die Möglichkeit, durch ein gutes Internetangebot auch Neukunden für die Filiale gewinnen zu können, wird von vielen noch nicht erkannt (vgl. Osberg, 1999, S. 12 f.). Wells Fargo zum Beispiel ist mit einem Anteil von 14,14 % im Online-Segment eine der erfolgreichsten Online-Banken der USA (Quelle: Gomez Advisors, in: Osberg, 1999, S. 12 f.). Sie hat dieses Ziel explizit in ihrer Unternehmensstrategie verankert. Wells Fargo positioniert sich immer noch als verlässliche, alteingesessene Bank des amerikanischen Westens. Durch das integrative Zusammenwirken der verschiedenen Vertriebskanäle versucht sie, Filialkunden für das Online-Angebot zu gewinnen, beziehungsweise reine

Online-Kunden auch zu Beratungen in die Filialen zu ziehen. Viele Banken sehen jedoch im Internet oftmals nur einen Kanal, der notwendig ist, um ihre bestehende Filialkundschaft zu halten oder um die Abwicklungskosten, insbesondere im Transaktionsbereich, zu senken. Dies ist zwar sicherlich ein wichtiger Aspekt des Internet – kann aber nicht der einzige sein.

3.2.3.2 Die einzelnen Kanäle und ihre besonderen Eigenschaften

„Jeder Vertriebskanal bietet spezifische Vorteile, die ein anderer nicht bietet und ist deshalb besonders zur Erfüllung bestimmter Leistungen geeignet.". Diese Meinung vertrat mit 82 % die große Mehrheit der Befragten (Mittelwert: 4,22). Direktbanken bewerteten die Aussage wesentlich negativer als andere Unternehmen. Entscheidend für das Internet wird es aus Kundensicht sein, welche Leistungen über das Medium schneller, bequemer, preislich attraktiver und mit einer höheren Qualität erstellt werden können. Wertpapiergeschäfte kann der Kunde zum Beispiel mittlerweile mit Hilfe des Internets selbstständig zu jeder Tageszeit und ohne zeitliche Verzögerungen ausführen. Außerdem hat er Zugriff auf umfassende Research-Informationen und bezahlt insgesamt einen geringeren Preis als früher. Auch die Banken müssen daran interessiert sein, solche Leistungen, auch mit Hilfe zusätzlicher Anreizsysteme, (vgl. Gerpott/Knüfermann, 2000, S. 42) in das Internet zu verlagern. Neben den Effizienzvorteilen durch die zunehmende Technisierung, bietet sich ihnen vor allem der Vorteil, dass das Personal in den Filialen zielorientierter eingesetzt werden kann. Bisher wird dort noch viel Zeit auf das Erfassen von Überweisungsträgern oder ähnlichen „Produktions"-Tätigkeiten verwendet. Wenn die Mitarbeiter hiervon entlastet werden, können sie sich mehr auf die im Endeffekt entscheidenden Tätigkeiten, die persönliche Beratung und Vertrauensbildung, konzentrieren. Laut einer Umfrage des Fraunhofer-Instituts streben auch 95 % der Bankinstitute nach solch einer veränderten Aufgabenstellung in den Filialen (vgl. Bullinger/Engstler/Jordan, 2000, S. 46 ff.). Dies schlägt sich in der Unterscheidung zwischen verschiedenen Filialtypen nieder. Beratungs-/Kompetenzcenter sollen sich um die hochwertigen Aufgaben kümmern, während Standardgeschäfte und einfache Betreuungsleistungen in Servicecentern und Selbstbedienungszonen abgewickelt werden. Ein weiterer bedeutender Vorteil der Filiale ist die lokale Verbundenheit. Die Mitarbeiter können auf die speziellen Bedürfnisse der Kunden ihrer „Nachbarschaft" eingehen (vgl. Bekier/Flur/Singham, 2000, S. 82 f.).

Neben dem Internet und den Filialen treten natürlich auch noch andere Vertriebskanäle, wie ein Call-Center oder der mobile Vertrieb, hinzu. Ziel muss es jedoch immer sein, sich auf die Kernfähigkeiten der einzelnen Vertriebskanäle zu fokussieren und auf dieser Basis ein Vertriebssystem zu entwickeln, dass diese Kernfähigkeiten zu einer Gesamtleistung verknüpft.

Nun stellt sich die Frage, welche konkreten Leistungen für das Internet geeignet sind. „Je komplexer eine Leistung, je weniger der Kunde sie selbstständig bewältigen kann, desto weniger wird das Internet bei der Leistungserstellung zum Tragen kommen." Diese Aussage bewerteten 66 % mit mindestens „trifft zu", bei einem Mittelwert von 3,90. Auch die relativ hohe Standardabweichung von 1,04 zeigt, dass hier kein einheitliches Meinungsbild vorhanden ist. Insbesondere die Direktbanken mit ihrer besonders internetaffinen Zielgruppe bewerteten die Aussage stark unterdurchschnittlich.

Die zwei entscheidenden Kriterien, die hier für die Internettauglichkeit eines Produktes Berücksichtigung finden müssen, sind zum einen der tatsächliche Komplexitätsgrad eines Produktes und zum Zweiten der vom Kunden subjektiv empfundene. Betrachtet man zum Beispiel das derzeitige Nutzungsverhalten der Kunden beim Internet-Banking, stellt man fest, dass die Abwicklung des Zahlungsverkehrs den Löwenanteil der in Anspruch genommenen Leistungen ausmacht (Abbildung 4). Die Abwicklung des Zahlungsverkehrs ist die am höchsten standardisierte Leistung einer Bank und sehr einfach über das Internet darstellbar. Außerdem wird sie vom Kunden am häufigsten in Anspruch genommen, sodass er mit dieser Leistung vertraut ist und es sogar als bequem empfindet, diese selbständig von zu Hause aus nutzen zu können. Betrachten wir hingegen nun den Anteil der Kunden, die das Internet für den Abschluss eines Kredits genutzt haben, fällt dieser sehr niedrig aus. Obwohl auch hier bei der Bank zumeist einfache Standardbewertungskriterien bei der Kreditbewilligung zur Anwendung kommen, empfinden viele Kunden hier doch eine höhere Komplexität. Ein Kredit wird nicht gleichermaßen häufig in Anspruch genommen, was die Vertrautheit mit dieser Leistung stark reduziert. Möchte eine Bank Kredite auch über das Internet vertreiben, muss sie dem Kunden entsprechende Hilfestellungen zur Verfügung stellen, um den vom Kunden subjektiv empfundenen Komplexitätsgrad zu reduzieren.

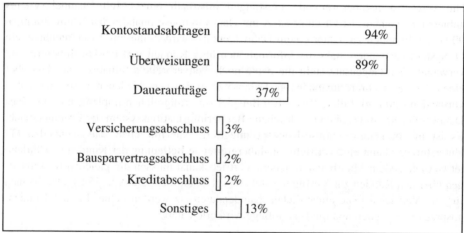

Abb. 4: Genutzte Dienstleistungen beim Internet-Banking in den letzten drei Monaten (Mehrfachnennungen möglich; Quelle: Forrester Research, in: o. V., 2001, S. 101)

Noch befindet sich das Internet stark in der Informationsphase und in den Anfängen des Transaktionsbereichs. Die Beratung wird erst marginal angerissen. Es gibt aber schon erste Ansätze für virtuelle Berater. Cor@ ist zum Beispiel eine virtuelle Beraterin auf den Internetseiten des Geschäftsbereichs „Unternehmen und Immobilien" der Deutschen Bank. Virtuelle Berater können den menschlichen aber noch nicht ersetzen (vgl. Nölke, 2000, S. 58 ff.). Je weiter die technische Entwicklung voranschreitet, desto mehr werden auch Beratungsleistungen und komplexere Transaktionen integrierbar. Insbesondere im Retailbanking geht man davon aus, dass bis 2010 nur noch 20-30 % der Transaktionen und 40-50 % der Beratungstätigkeit über die neugestalteten Filialen laufen werden (vgl. Leichtfuß/Schulz, 2000). „Viele Dienstleistungen können am besten vertriebskanalübergreifend erbracht werden." Diese Ansicht teilten 67 % der befragten Experten bei einem Mittelwert von 3,84. Hier geht es in erster Linie um die Frage, ob sich die Vertriebskanäle auf die Abwicklung einzelner Geschäftsbereiche spezialisieren oder ob es vorteilhaft ist, deren Leistungserstellung auf mehrere Vertriebskanäle zu verteilen. Die Bewertung der Aussage 3-8 spiegelt wider, dass die Antwort auf diese Frage stark von dem jeweils betrachteten Geschäftsfeld abhängt. Für die Abwicklung des Zahlungsverkehrs wäre es aus oben genannten Gründen sicherlich erstrebenswert, diese ausschließlich ins Internet verlagern zu können. Im Bereich des Vermögensmanagements hingegen, der sehr beratungsintensiv ist, können sich die Vertriebswege Internet und Filiale hervorragend ergänzen. Das Internet kann den Kunden zum Beispiel mit Hilfe von virtuellen Beratungscentern zu speziellen Themengebieten auf ein persönliches Gespräch mit seinem Berater vorbereiten. Für potenzielle neue Kunden bietet sich zudem die Möglichkeit, sich im Internet vorab erst einmal anonym über die Angebote einer Bank zu informieren. Hier muss dann aber eine einfache persönliche Kontaktmöglichkeit gegeben sein, um diesen Kunden nicht gleich wieder zu verlieren.

Um vertriebskanalübergreifende Leistungen innerhalb eines Multi-Channel-Systems anbieten zu können, ist zu guter Letzt ein Datawarehouse unabdingbar. Dem stimmten 90 % der Experten zu. Unter einem Datawarehouse wird in diesem Zusammenhang ein IT-System verstanden, dass die Informationen über Kunden vertriebskanalübergreifend verwaltet. Den Gegensatz stellt die heute noch weitverbreitete Situation dar, dass über einen Kunden mehrere unabhängige Datensätze in den verschiedenen Vertriebskanälen vorhanden sind (vgl. Piller, 1998). Ein Beispiel zur erfolgreichen Implementierung eines Datawarehouse ist das oben beschriebene Beraterinformationssystem der Commerzbank. Es ist in ein Datawarehouse-Konzept integriert. Nur mit einer entsprechenden IT-Unterstützung kann eine vertriebskanalübergreifende Betreuung der Kunden gewährleistet werden. Jedem Mitarbeiter in jedem Vertriebskanal müssen die gleichen Informationen über den Kunden zur Verfügung stehen (vgl. Hientzsch, 2000, S. 55 f.). Durch einen für alle Vertriebskanäle einheitlichen Kundendatensatz werden Fehler bei der Kundenansprache vermieden und die Datenpflege wird erleichtert.

3.2.4 Erfolgsfaktor zielgruppenorientiertes Markenmanagement

Als letzter bedeutender Erfolgsfaktor innerhalb des Erfolgsfaktorenmodells soll nun ein zielgruppenorientiertes Markenmanagement besprochen werden. Zunächst wird auf die Wichtigkeit einer starken Marke, insbesondere auch für die Internetaktivitäten einer Bank, eingegangen. Anschließend stellt sich die Frage nach der Notwendigkeit einer Zielgruppenorientierung des Markenmanagements.

3.2.4.1 Bedeutung der Marke für Unternehmen des Bankgewerbes

Insbesondere drei Hauptwesensmerkmale einer Marke unterstreichen deren Wichtigkeit (vgl. Betsch, 2000, S. 9). Erstens schaffen Beständigkeit und Zuverlässigkeit unter einer Marke Vertrauen, was als eine notwendige Kernvoraussetzung im Rahmen eines One-to-One-Ansatzes identifiziert wurde. Zweitens besitzt eine Marke Unverwechselbarkeit und macht damit die Differenzierung gegenüber dem Wettbewerb greifbar. Der Kunde verbindet mit ihr die Problemlösungskompetenz seiner Bank. Drittens empfindet jeder Einzelne die Marke individuell. Vor diesem Hintergrund definieren Meffert und Bruhn die Dienstleistungsmarke „als ein in der Psyche des Konsumenten verankertes, unverwechselbares Vorstellungsbild von einer Dienstleistung [...]. Die zugrunde liegende markierte Leistung wird dabei einem möglichst großen Absatzraum über einen längeren Zeitraum in gleichartigem Auftritt und in gleichbleibender oder verbesserter Qualität angeboten" (vgl. Meffert/Bruhn, 2000, S. 312). Eine eingeführte Marke stellt außerdem eine große Markteintrittsbarriere für potenzielle neue Wettbewerber dar, weil die Kosten zur Markeneinführung und -pflege sehr hoch sind. Consors hat beispielsweise1998 6,4 Millionen Marketingkosten aufgewendet, für 1999 werden 16,7 Millionen erwartet (vgl. Imo, 2000, S. 275).

Speziell im Bankenbereich nimmt der Kunde die Marke auf zwei Ebenen wahr. Erstens kann er mit der Marke die Beziehung zu seinem persönlichen Berater verbinden und zweitens seine Beziehung zu der Bank als Institution. Je intensiver die Beziehung zwischen Berater und Kunde ist, desto mehr wird er die Marke auf dieser Ebene wahrnehmen. Hier liegt für die Banken eine gewisse, kaum zu vermeidende Problematik. Es wurde bereits herausgestellt, dass eine persönliche Berater-Kunde-Beziehung unabdingbar für die Vertrauensbildung ist. Was passiert aber, wenn der Berater die Bank wechselt? Diesem Problem sehen sich speziell die Privatebanking-Organisationen ausgesetzt, deren Dienstleistungen ganz besonders über persönliche Berater erbracht werden. Im Retailbereich hingegen, in dem diese Beziehung nicht dermaßen stark ausgeprägt ist, kommt der Institution eine wichtige Rolle bei der Markenbildung zu. Das Markenerlebnis muss einen Zusatznutzen zu den im Bankbereich ansonsten vielfach vergleichbaren Leistungen schaffen.

Es stellt sich nun die Frage, welche Bedeutung dem Internet für das Markenmanagement von Unternehmen des Bankgewerbes zukommt. Zunächst war das Image einer Marke ein Hauptgrund für Unternehmen, überhaupt im Internet präsent zu sein (vgl. Lindström/Andersen, 2000, S. 123). Viele Unternehmen strebten einen Imagetransfer von ihrem Internetauftritt auf ihre etablierte Marke an. Die Unternehmen wollten als jung, modern und innovativ gelten. Mittlerweile werden auch die Möglichkeiten zur Interaktion und Personalisierung stärker wahrgenommen, durch die zusätzliche emotionale Bindungen aufgebaut werden können (vgl. Meffert, 2000c, S. 128). Werte können über das Internet sehr dynamisch transferiert werden (vgl. Lindström/Andersen, 2000, S. 123 ff.). Der Kunde entwickelt das Bild von „seiner" Marke bis zu einem gewissen Grad selbst. Eine relativ geringe Bedeutung wird dem Internet momentan noch als Werbemedium zur Förderung der Markenbekanntheit beigemessen. Will ein Unternehmen das Internet letztendlich auch als eigenständigen Vertriebskanal nutzen, ist ebenfalls eine starke Marke erforderlich, um den Kunden überhaupt auf die Website zu lenken. Die Marke bietet ihm einen festen Bezugspunkt in dem unüberschaubaren Angebot des Internets (vgl. Schneider/Gerbert, 1999, S. 106). Außerdem kann sie ein Gefühl von Sicherheit vermitteln, was im Internet zur Zeit noch besonders wichtig ist.

3.2.4.2 Notwendigkeit einer Zielgruppenorientierung des Markenmanagements

Soll eine Marke die an sie gestellten Anforderungen möglichst effektiv erfüllen, muss das Markenmanagement sich klar an den jeweiligen Kundenzielgruppen eines Unternehmens orientieren. Betrachten wir zunächst die beiden Segmentierungskriterien, die in Abschnitt 3.2.2.3 als besonders sinnvoll herausgestellt wurden, so müssen der (potenzielle) Wert eines Kunden für das Unternehmen und auch seine individuellen Bedürfnisse bei der Markenbildung Berücksichtigung finden. Die Organisationseinheit Deutsche Bank/Privatebanking (vgl. Deutsche Bank, 2001, online im Internet) bedient zum Beispiel einen exklusiven Kundenkreis, der an die Leistungen der Bank besonders hohe Erwartungen stellt. Die Dachmarke „Deutsche Bank/Privatebanking" hebt diesen Anspruch hervor und macht dem Kunden seine hochwertige Betreuung bewusst.

Weiterhin können auf Produktebene Markenfamilien (vgl. auch Meffert/Bruhn, 2000, S. 320) zielgruppenspezifisch positioniert werden. Es werden neue Produktfamilien und Produkte kreiert, die sich nur in Einzelelementen von vergangenen unterscheiden. Sie sind aber an die jeweiligen Marktgegebenheiten angepasst und mit einem entsprechenden Markennamen „verpackt". In diesem Zusammenhang macht eine Marke es einem Unternehmen auch möglich, sich als Innovationsführer zu positionieren. Banken sind mit dem Problem konfrontiert, dass neue innovative Leistungen nicht patentierbar sind und deshalb sehr schnell durch den Wettbewerb kopiert werden können. Hier kann die Marke zumindest eine zeitlich begrenzte Alleinstellung der Leistung im Bewusstsein des Kunden schaffen. Ein Beispiel für solch eine Markenfamilie stellt „Xavex" dar, die in das Angebot der „Deutsche(n) Bank / Privatebanking" integriert ist. Unter der Marke Xavex werden Produkte wie Optionsscheine, Zertifikate oder Aktienanleihen angeboten. Xavex kommuniziert ein neues Denken und Handeln im Investmentsektor und will „Innovative Solutions for Smart Investors" bieten. Diese Markenfamilie ist auf die spezifischen Bedürfnisse eines Kundensegments innerhalb der Privatebanking-Organisation zugeschnitten.

Eine weitere Möglichkeit zur Ausgestaltung des Markenmanagements ist eine Orientierung an der Vertriebskanalnutzung der jeweiligen Zielkunden (Abbildung 3). Betrachtet man die Internetaktivitäten einer Bank, steht sie vor der Entscheidung, entweder eine vertriebskanalübergreifende Dachmarke zu verwenden oder eine unabhängige reine Internetmarke aufzubauen. Auf die Frage, ob diese Entscheidung von der Kundenzielgruppe eines Unternehmens abhängt, antworteten 66 % der befragten Experten mit mindestens „trifft zu". 22 % stimmten „teilweise zu" (Mittelwert: 3,82). Diese Einschätzung macht deutlich, dass die Marken-Entscheidung zwar stark von der Kundenzielgruppe, die mit dem Internetangebot angesprochen werden soll, abhängt, sie aber nicht das ausschließliche Kriterium ist. Vielmehr spielen auch noch andere bei der Entscheidungsfindung wichtige Kriterien eine Rolle (vgl. auch Schneider/Gerbert, 1999, S. 105 ff.). Tabelle 4 spiegelt die Bedeutungen wider, welche die befragten Experten den verschiedenen Vorteilen einer bereits etablierten, vertriebskanalübergreifenden Dachmarke beimessen. Tabelle 5 stellt die Bewertung der Vorteile einer unabhängigen Internetmarke dar. Die Bewertungen der Aussagen 4-2 und 4-5 zeigen zwar die hohe Bedeutung, die einer einheitlichen Marke innerhalb einer Multi-Channel-Strategie zukommt. Es wird ebenso deutlich, dass andere Aspekte wie die Vermeidung hoher Kosten, die bei der Einführung einer neuen Marke anfallen würden, ebenfalls sehr hoch eingeschätzt werden. Auffällig ist auch, dass die Bewertungen der Aussagen zu den jeweiligen strategischen Konzepten weitestgehend einheitlich sind. Eine Faktorenanalyse ergab, dass die Gesamteinschätzungen der einzelnen Strategien, in Form der beiden extrahierten Faktoren, die Bewertung der einzelnen Argumente maßgeblich beeinflusst haben. Nur die Bewertung der Aussage 4-9 war weitestgehend unabhängig. Die Mehrheit der Befragten erachtet eine Dachmarken-Strategie, betrachtet man diese beiden Faktoren, als vorteilhaft gegenüber der Strategie einer unabhängigen Internetmarke.

Die Sparkassen und die Near-Banks tendierten sogar noch stärker zu einer Dachmarken-Strategie, während die Direktbanken die Aussagen hinsichtlich einer unabhängigen Internetmarke höher als der Durchschnitt bewerteten. Die Sparkassen fokussieren sich stark auf Multi-Channel-Kunden, während die Direktbanken eher im Segment der reinen Direktkanalkunden beheimatet sind. Die Abweichungen bei diesen Unternehmensgruppen zeigen demnach, dass die Kundenzielgruppe der jeweiligen Unternehmen doch eine entscheidende Rolle bei der Bewertung der beiden Alternativen spielt. Es bleibt festzuhalten, dass Unternehmen durch den Aufbau eines vielschichtigen Markenportfolios eine größere Marktabdeckung erreichen können, da sie dadurch in der Lage sind, unterschiedliche Kundensegmente gezielter und damit auch glaubwürdiger anzusprechen.

Eine etablierte einheitliche Dachmarke...	Mittelwert	Standard-abweichung	Zustimmung (Wert: 4 oder größer)
...verdeutlicht den Zusammenhang der Leistungen über die verschiedenen Vertriebskanäle. *(4-2)*	4,37	0,76	87 %
...vermeidet den zeitintensiven Aufbau einer neuen Marke. *(4-3)*	4,34	0,78	85 %
...vermeidet hohe Kosten zur Einführung und Pflege einer neuen Internetmarke. *(4-4)*	4,31	0,73	84 %
...schafft Synergien bei der Neukudengewinnung für die einzelnen Vertriebskanäle. *(4-5)*	4,30	0,69	89 %
...hat einen höheren Bekanntheitsgrad und fördert das Vertrauen der Kunden. *(4-6)*	4,28	0,76	81 %

Tab. 4:   Bewertung potenzieller Vorteile einer etablierten einheitlichen Dachmarke

Eine neue unabhängige Internetmarke ermöglicht...	Mittelwert	Standard-abweichung	Zustimmung (Wert: 4 oder größer)
...ein junges, modernes Image. *(4-7)*	3,55	0,95	50 %
...den Vorstoß in neue Geschäftsfelder. *(4-8)*	3,47	0,93	47 %
...die Wahrung der Integrität der etablierten Marke. *(4-9)*	3,29	0,83	39 %
...eine neue internationale Ausrichtung. *(4-10)*	3,23	0,90	38 %

Tab. 5:   Bewertung potenzieller Vorteile einer neuen eigenständigen Internetmarke

3.2.5   Wechselwirkungen zwischen den einzelnen strategischen Konzepten

Die in den vorangegangenen drei Abschnitten diskutierten Konzepte können nicht vollständig unabhängig voneinander betrachtet werden. Zwischen den verschiedenen Konzepten existieren Schnittmengen und Abhängigkeiten. Aus diesem Grund wurden die

Experten danach gefragt, wie stark sich die drei Konzepte gegenseitig bei ihrer Umsetzung unterstützen. Abbildung 5 stellt diese Zusammenhänge und ihre Einschätzung durch die Experten grafisch dar.

Auffällig bei der Bewertung der Wechselbeziehungen war, dass diese sehr stark von den Bewertungen der in die jeweilige Wechselbeziehung einbezogenen Einzelkonzepte abhängig war (Abbildung 1). Dies kann dahingehend interpretiert werden, dass in der Vorstellung eines einzelnen Befragten vielfach eines der Konzepte die beiden anderen mit einschließt. Die drei Erfolgsfaktoren werden vielfach nicht als ähnlich bedeutend wahrgenommen. Betrachtet man allerdings die Einschätzungen über alle Befragten hinweg, wird doch eine recht ausgeglichene Bewertung der Wichtigkeit deutlich. Schlussfolgerung hieraus sollte für die Unternehmen sein, den einzelnen Konzepten bei ihrer strategischen Planung einen zumindest annähernd gleichberechtigten Platz einzuräumen und sie nicht unter dem Dach eines anderen Konzepts stiefmütterlich mitzubehandeln. Zwischen den einzelnen Bausteinen müssen dann wiederum die Schnittstellen, die vielfach in den Abschnitten 3.2.2 bis 3.2.4 angesprochen wurden, Berücksichtigung finden. Ein Beispiel hierzu ist das in 3.2.3.1 besprochene Beispiel der Direktanlagebank, die durch den Aufbau eines Filialnetzes ihr Markenbild beeinflussen will.

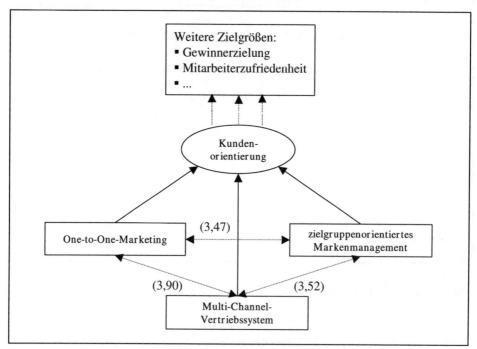

Abb. 5: Die Erfolgsfaktoren als sich gegenseitig ergänzende Konzepte

4 Ein strategisches Erfolgsfaktorenmodell für Unternehmen des Bankgewerbes

Die Unternehmen des Bankgewerbes sehen sich zur Zeit vielfältigen Herausforderungen ausgesetzt. Insbesondere das Internet, aber auch andere Einflüsse, führen zu tiefgreifenden Veränderungen des Marktes.

Die Kundenbedürfnisse verändern sich nachhaltig. Die Kunden werden unabhängiger von Zeit und Ort, sind besser informiert und nehmen eine gleichberechtigtere Stellung gegenüber dem Berater ein. Ihre Loyalität gegenüber ihrer Hausbank nimmt stetig ab. Zusätzlich steigt die Intensität des Wettbewerbs. Traditionell am Markt etablierte Unternehmen sehen sich mit neuen Wettbewerbern konfrontiert, die mit innovativen Konzepten an den Markt treten. Die etablierten Unternehmen reagieren sehr unterschiedlich auf diese Herausforderungen, da die Einschätzungen über die Bedeutung des Internets stark differieren. Die Reaktionen reichen von einer fast vollständigen Ignorierung des neuen Mediums bis hin zu eigenständigen Internet-Geschäftsbereichen.

Vor dem Hintergrund dieser Veränderungen war es Ziel einer empirischen Studie, Erfolgsfaktoren zu identifizieren, die es den Banken auch in Zukunft erlauben, erfolgreich am Markt tätig zu sein. Die Studie umfasste sechs explorative Interviews und eine schriftliche Befragung, an der sich 101 Experten beteiligten. Die Ergebnisse der empirischen Studie werden im Folgenden nochmals kurz zusammengefasst.

Die zentrale Zielgröße, an der sich alle Aktivitäten eines Unternehmens ausrichten müssen, ist eine konsequente Kundenorientierung. Wird dieses Ziel nicht erreicht, lassen sich auch andere Ziele, an denen der Erfolg eines Unternehmens bewertet werden kann, nicht verwirklichen. Kernerfolgsfaktoren für eine konsequente Kundenorientierung sind ein effektives One-to-One-Marketing, ein Multi-Channel-Vertriebssystem und ein zielgruppenorientiertes Markenmanagement. Abbildung 6 gibt einen Überblick über das entworfene strategische Modell.

(1) Im Rahmen eines **One-to-One-Marketing** muss ein Unternehmen in der Lage sein, seinen Kunden ganzheitliche, individuelle Problemlösungen zu offerieren, um zumindest bedingt dem sich verschärfenden Preiswettbewerb entgehen zu können. Hierzu müssen sich die Banken neu auf ihre Kernkompetenzen konzentrieren – die Beratungskompetenz und die Kompetenz zur Vertrauensbildung. Der persönlichen Beratung kommt dabei entscheidende Bedeutung zu. Sie nimmt eine zentrale Rolle in der Organisation der Kundenbetreuung ein. Eine intensive persönliche Betreuung der Kunden muss sich allerdings strikt an dem Wert eines Kunden für das Unternehmen orientieren, da das Personal eine äußerst knappe Ressource darstellt. Ein gutes Allokationsinstrument für diese Ressource könnte ein neues Preismodell sein. Für Kunden mit geringeren Wertschöpfungspotenzialen kann eine stärkere Leistungsindividualisierung auf technischer Ebene erreicht werden. Hier bieten insbesondere die Ansätze der Mass Customization und des Datamining neue Möglichkeiten. Auch an den Umfang des Leistungsangebots werden

innerhalb eines One-to-One-Ansatzes neue Anforderungen gestellt. Für die Bewertung potenzieller zusätzlicher Leistungen sollten zwei Kriterien herangezogen werden. Zusätzliche Leistungen sollten sich die Kernkompetenzen einer Bank zu Nutze machen und das bestehende Kernangebot sinnvoll ergänzen. Kooperationen auf Produktionsebene stellen in diesem Zusammenhang ein probates Mittel dar.

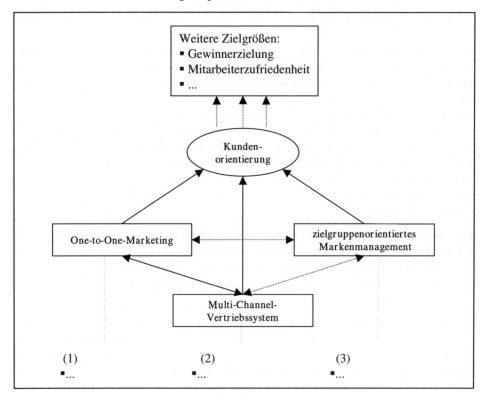

Abb. 6: Strategisches Erfolgsfaktorenmodell im Überblick

(2) Die Gruppe der Kunden, die in Zukunft mehrere Vertriebskanäle zur Abwicklung ihrer Bankgeschäfte nutzen wird, wächst in den nächsten Jahren rapide. Ebenso steigt die Anzahl der reinen Direktkanalkunden, die aber auf Grund ihrer Preissensitivität und ihrem geringen Beratungsbedarfs nicht die primäre Zielgruppe der traditionell am Markt etablierten Banken sein darf. Hieraus ergibt sich für die Unternehmen die Notwendigkeit, ein **Multi-Channel-Vertriebssystem** aufzubauen. Das Internet darf dabei nicht nur als defensives Instrument eingesetzt werden. Es ist auch möglich, Neukunden für die Filialen über das Internet zu gewinnen. Ein Multi-Channel-Vertriebssystem muss sich die spezifischen Eigenschaften eines jeden Vertriebskanals zu Nutze machen und sie gestalterisch in ein Gesamtkonzept einbinden. Sowohl das neue Medium Internet als auch die klassische Filiale werden hierin eine bedeutende Stellung einnehmen. Welche

konkrete Leistung besonders für das Internet geeignet ist, entscheidet zum großen Teil deren Komplexität – und zwar sowohl die tatsächliche als auch die vom Kunden subjektiv empfundene. Zu guter Letzt muss ein Multi-Channel-Vertriebssystem mit einem Datawarehouse unterlegt sein, damit das Zusammenspiel der einzelnen Kanäle auch reibungslos funktionieren kann.

(3) Weiterhin ist es für die Banken notwendig, sich der Bedeutung des Markenmanagements innerhalb der Unternehmensstrategie bewusst zu werden. Das Markenmanagement muss an die spezifischen Bedingungen des Marktes für Bankdienstleistungen angepasst werden und sich die neuen Möglichkeiten zu Nutze machen, die das Internet mit seiner Interaktionsfähigkeit im Rahmen der Markenbildung bietet. Durch den Aufbau eines vielschichtigen *zielgruppenorientierten Markenportfolios* erreichen Unternehmen eine größere Marktabdeckung, da sie dann in der Lage sind, unterschiedliche Kundensegmente gezielter und glaubwürdiger anzusprechen. Auf Produktebene bietet sich dazu der Aufbau von Markenfamilien an. Auch die Entscheidung, die Internetaktivitäten einer Bank unter einer vertriebskanalübergreifenden Dachmarke oder einer unabhängigen Internetmarke zu positionieren, muss von der Zielkundengruppe dieser Aktivitäten abhängen. Bei den meisten Banken scheint hier eine Dachmarkenstrategie als vorteilhaft erachtet zu werden.

Bei den strategischen Planungen müssen die Schnittmengen zwischen den einzelnen Erfolgsfaktoren berücksichtigt werden. Innerhalb dieses Modells wurde auf einem hoch abstrahierten Niveau argumentiert. Nächste Aufgabe müsste es demnach nun sein, auf Basis dieser Erkenntnisse, Strategien für die einzelnen Bankengruppen mit ihren spezifischen Ausgangsbedingungen zu entwickeln.

Bleibt festzuhalten, dass die neuen Markteintritte ihre Marktanteile sicherlich weiter werden steigern können. Trotzdem bieten sich den traditionell im Markt etablierten Unternehmen, betrachtet man die Ausführungen dieser Arbeit, gute Chancen, den Markt für Bankdienstleistungen weiterhin zu dominieren – auch den immer attraktiver werdenden Bereich des Privatkundengeschäfts.

Erfolgsfaktoren von Franchisesystemen

Guido Berthold/Christoph Klöpper

1 Franchising im Licht der Erfolgsfaktorenforschung

2 Abgrenzung der zentralen Begriffe

3 Empirische Untersuchung von Erfolgsfaktoren in Franchisesystemen
   3.1 Aufbau und Ablauf der Untersuchung
   3.2 Vergleichende Analyse der Erfolgsfaktoren in Franchisesystemen
   3.3 Erfolgsfaktorenanalyse in Franchisesystemen
      3.3.1 Netzwerkmanagement
      3.3.2 Markenmanagement
      3.3.3 Innovationsmanagement
      3.3.4 Mass Customization
      3.3.5 Internationalisierung
      3.3.6 Humankapital
      3.3.7 Dienstleistungsqualität
      3.3.8 Dienstleistungsmentalität

4 Abschließende Bemerkung

1 Franchising im Licht der Erfolgsfaktorenforschung

In vielen Bereichen der Wirtschaft ist die Erfolgsermittlung von großer Bedeutung. Die Messung des Konstruktes Erfolg sowie der dahinterliegenden Faktoren (Erfolgsfaktoren) gestaltet sich in der Realität sehr schwierig. Es handelt sich um theoretische Konstrukte, die nicht ohne weiteres operationalisiert werden können.

Das Institut für Handelsmanagement und Netzwerkmarketing hat im vergangenen Jahr eine Delphi-Studie zur Ermittlung von Erfolgsfaktoren von Dienstleistungsnetzwerken durchgeführt. Hierbei konnten die Faktoren Netzwerkmanagement, Markenmanagement, Innovationsmanagement, Mass Customization, Internationalisierung, Humankapital, Dienstleistungsqualität und Dienstleistungsmentalität identifiziert werden (vgl. Ahlert/ Evanschitzky, 2001).

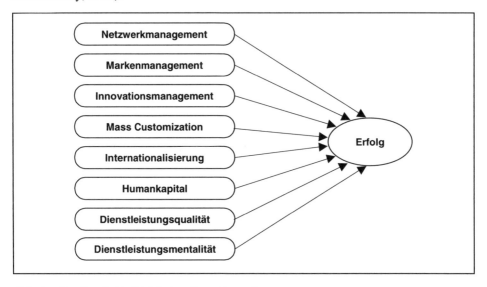

Abb. 1: Das Konstrukt „Erfolg" eines Franchisesystems

Aufbauend auf den ermittelten Erfolgsfaktoren werden in dieser Studie die Bestandteile der Erfolgsfaktoren untersucht. Die zur Operationalisierung herangezogenen Items sollen zunächst theoretisch hergeleitet in das Modell integriert werden. Anschließend soll das Gesamtmodell mit den empirischen Daten verglichen werden.

2 Abgrenzung der zentralen Begriffe

Erfolg kann in einem Franchisenetzwerk auf unterschiedliche Art und Weise gemessen werden. Dabei kann man zwischen Erfolgsfaktoren und Erfolgskriterien unterscheiden.

Erfolgsfaktoren zielen auf die wesentlichen, langfristig gültigen Determinanten bzw. Schlüsselfaktoren des Unternehmens. Sie lassen sich in externe und interne Faktoren unterteilen. Dabei sind interne Faktoren vom Unternehmen selbst zu beeinflussen, wohingegen externe Erfolgsfaktoren nicht in den eigenen Entscheidungsbereich fallen (vgl. Meffert, 1999). Durch Erfolgsfaktoren lassen sich erfolgreiche Unternehmen bzw. strategische Geschäftseinheiten von weniger erfolgreichen signifikant unterscheiden (vgl. Ahlert/Schröder, 1998, S. 9).

Erfolgskriterien (auch Erfolgsmaßstäbe genannt) sind die Größen, an denen man den Erfolg beurteilen kann. Sie ermöglichen einen unternehmensübergreifenden Vergleich und können daher als Maßstab für die Erfolgsmessung angesehen werden. Diese lassen sich direkt oder indirekt aus den Unternehmenszielen ermitteln und sind zumeist ökonomische, insbesondere *finanzielle* Kriterien wie z. B. der Return on Investment, die Umsatzrentabilität und der Cash-flow oder *kapitalmarktorientierte* Erfolgsgrößen, wie z. B. der Markt-, Marken- oder Kundenwert sowie der Marktanteil eines Unternehmens (vgl. Meffert, 1999). Unter einem Erfolgskriterium ist in diesem Zusammenhang eine vom Unternehmen direkt gestaltbare Variable zu verstehen, die einen statistisch nachgewiesenen positiven Einfluss auf die Erreichung einer wirtschaftlich erfolgreichen Vermarktung hat.

Gegenstand dieser Ausarbeitung sind Erfolgsfaktoren von Franchisesystemen, da deren Bestimmung und Messung mit größeren Schwierigkeiten behaftet sind. Die Messung von Erfolgskriterien – zumindest den gängigen Kennzahlen wie Gewinn-, Umsatz- und Kostengrößen – ist hingegen in den meisten Unternehmen heutzutage etabliert.

Franchising ist eine Form der Kooperation, bei der ein Franchisegeber (Franchisor) auf Grund einer langfristigen vertraglichen Bindung rechtlich selbstständig bleibenden Franchisenehmern (Franchisee) gegen Entgelt das Recht einräumt, bestimmte Waren oder Dienstleistungen anzubieten. Der Franchisegeber gestattet dem Franchisenehmer die Verwendung von Namen, Warenzeichen, Ausstattung und/oder sonstigen Schutzrechten. Des Weiteren stellt er seine technischen und gewerblichen Erfahrungen unter Beachtung des von ihm entwickelten Absatz- und Organisationssystems zur Verfügung (vgl. Bundesministerium für Wirtschaft, 1995, S. 58). Der Franchisenehmer bezieht das Franchisepaket gegen Entgelt. Alle Geschäfte tätigt er im eigenen Namen und auf eigene Rechnung. Als Leistungsbeitrag liefert er die Produktionsfaktoren Arbeit, Kapital und Boden (vgl. Deutscher Franchise-Verband, 2001). Franchisesysteme stellen eine spezielle Organisationsform dar, die das Prinzip der Kooperation zwischen eigenständig handelnden Akteuren mit der systematischen Steuerung der Aktivitäten durch eine Managementzentrale kombiniert (vgl. Ahlert, 2001b, S. 15).

3 Empirische Untersuchung von Erfolgsfaktoren in Franchisesystemen

3.1 Aufbau und Ablauf der Untersuchung

Für die empirische Analyse wurde eine primärstatistische Untersuchung in Form einer schriftlichen Befragung durchgeführt. Die Erhebung fand vom 19. März bis zum 30. Mai 2001 statt. Zielgruppe der Befragung waren Franchiseunternehmen aus dem Verteiler des *Internationalen Centrums für Franchising & Cooperation der Universität Münster*. Von den 422 angeschriebenen Unternehmen wurden 63 Fragebögen zurückgesandt, was einer Rücklaufquote von ca. 15 % entspricht.

Der Fragebogen bestand aus acht Blöcken, die jeweils einen Erfolgsfaktor mit 10-15 Items operationalisierten. Der Befragte – also die Franchise-Zentrale – hatte die Möglichkeit, die Items mit einer Fünfer-Skala zu bewerten, wobei hier entgegen der üblichen Skalierung der Wert „5" für schlecht bzw. eine sehr geringe Zustimmung steht, der Wert „1" für die höchste Zustimmung. Grund dafür war das intuitiv bessere Verständnis der Befragten, die mit „1" und „5" leicht Schulnotenwerte assoziieren.

Zur besseren Einordnung der Relevanz der einzelnen Erfolgsfaktoren wurden die Franchiseunternehmen zunächst jeweils nach der Bedeutung des Konstruktes für ihre Branche und der entsprechenden Umsetzung im eigenen Unternehmen befragt. Wird die Bedeutung für die Branche mit der Umsetzung im eigenen Unternehmen gegenübergestellt, so ergibt sich eine Vier-Felder Matrix (Abbildung 2).

Die vier Felder lassen sich in zwei Gruppen unterteilen. Die Felder II und III ergeben die erste Gruppe und beschreiben eine einheitliche Bewertung für die Branchenbedeutung und Unternehmensumsetzung. Die zweite Gruppe wird durch die Felder I und IV dargestellt. Charakteristika dieser Gruppe sind divergierende Antworten zu den beiden Fragen.

Die Bewertung in Feld III kann als positiv eingestuft werden. Die befragten Franchiseunternehmen schätzen die Bedeutung in der Branche als hoch ein und haben diese Strategie bereits im eigenen Unternehmen umgesetzt.

Als ebenfalls eindeutig können Antworten im Feld II verstanden werden. Die befragten Unternehmen haben die Branchenbedeutung als gering eingestuft und entsprechend auf eine Realisierung der Strategie verzichtet.

Die Antworten in Feld I lassen sich nicht eindeutig erklären. Auf der einen Seite beurteilen die befragten Unternehmen die Bedeutung in der Branche als gering, haben aber auf der anderen Seite bereits eine eigene Strategie umgesetzt. Eine Erklärung könnte sein, dass diese Unternehmen in Zukunft eine Änderung der Bedeutung in der Branche sehen.

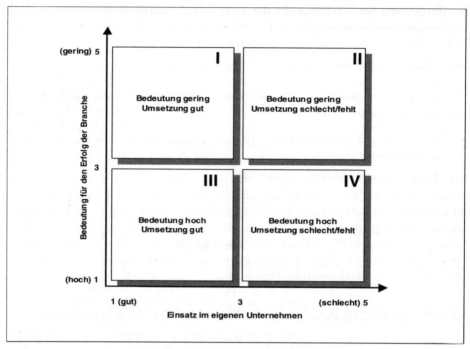

Abb. 2: Gegenüberstellung der Branchenbedeutung zum Einsatz im eigenen Unternehmen

Auch die Antworten im Feld IV weisen Anomalien auf. Die befragten Unternehmen schätzen die Bedeutung in der Branche hoch ein, haben allerdings eine entsprechende Umsetzung im eigenen Unternehmen noch nicht realisieren können. Eine mögliche Erklärung liegt in der mangelnden Kompetenz und den eventuell fehlenden Ressourcen zur fachgerechten Umsetzung der Strategie. Für diese Unternehmen herrscht Beratungsbedarf, um nicht den Anschluss in der eigenen Branche zu verlieren.

Unternehmen, die ein Kriterium mit dem Wert drei beurteilt haben, nehmen eine neutrale Position ein bzw. sind bei ihrer Einschätzung indifferent.

Die Korrelationsanalyse zeigt die Zusammenhänge zwischen den Variablen der Befragung auf. Gemessen wird die Korrelation anhand des Korrelationskoeffizienten r. Der absolute Betrag von r schwankt zwischen den Werten null und eins. Der Maximalwert eins entspricht einer vollständigen Erklärung/Korrelation, d. h. einer vollständigen Übereinstimmung der Variablen. Der Minimalwert Null weist auf eine fehlende Erklärung/Korrelation und somit auf überhaupt keine Übereinstimmung hin (vgl. Bleymüller/Gehlert/Gülicher., 1996, S. 145).

Zur Überprüfung des Aussagewertes der Korrelationen innerhalb der Stichprobe wird das Signifikanzniveau herangezogen. Es gibt Auskunft, mit welcher Irrtumswahrscheinlichkeit eine Korrelation auch auf die Grundgesamtheit zutrifft.

Vorab werden jedoch Hypothesen, sogenannte Nullhypothesen formuliert, die mittels statistischer Tests auf ihre Richtigkeit überprüft werden können (vgl. Bleymüller/Gehlert/Gülicher, 1996, S. 101). Die Nullhypothese für diese Untersuchung kann wie folgt formuliert werden:

H_0 = Es besteht kein Zusammenhang zwischen der Umsetzung des Erfolgsfaktors und den einzelnen Variablen

Das Signifikanzniveau der Korrelationskoeffizienten beschreibt die Irrtumswahrscheinlichkeit, mit der die Nullhypothese verworfen werden kann, d. h. die Wahrscheinlichkeit, mit der sich der Anwender täuscht, wenn er die Nullhypothese verwirft. Beispielsweise beschreibt ein Signifikanzniveau von null, dass die Nullhypothese mit einer Irrtumswahrscheinlichkeit von 0 % verworfen werden kann. Mit anderen Worten kann mit einer Wahrscheinlichkeit von 100 % angenommen werden, dass sich die Korrelation von null unterscheidet (vgl. Backhaus et al., 2000, S. 266).

3.2 Vergleichende Analyse der Erfolgsfaktoren in Franchisesystemen

Erfolgsfaktoren / Wichtigkeit in ...	Branche (μ) n = 57	Branche (σ) n = 57	Unternehmung (μ) n = 57	Unternehmung (σ) n = 57
Netzwerkmanagement	1,95	1,06	2,35	0,97
Markenmanagement	1,72	0,97	2,21	0,94
Innovationsmanagement	2,10	0,90	2,57	0,81
Mass Customization	2,70	1,34	3,08	1,45
Internationalisierung	3,16	1,60	2,76	1,57
Humankapital	1,27	0,45	2,32	0,72
Dienstleistungsqualität	1,43	0,65	1,82	0,70
Dienstleistungsmentalität	1,17	0,42	2,05	0,75

Tab. 1: Mittelwerte über die Branchenbedeutung und die Umsetzung in den Unternehmen

Tabelle 1 zeigt die Mittelwerte (μ) der befragten Unternehmen bezüglich der Branchenbedeutung und der Umsetzung im eigenen Unternehmen. Zudem wurde die Standardabweichung (σ) angegeben. Sie beschreibt die Abweichung vom Mittelwert.

Die Konstrukte Dienstleistungsqualität und Dienstleistungsmentalität erhalten die beste Bewertung, dicht gefolgt von Humankapital, Markenmanagement, Innovationsmanagement und Netzwerkmanagement. Alle Konstrukte weisen zudem eine Standardabweichung auf, die als akzeptabel angesehen werden kann. Die befragten Franchisesysteme zeigen demnach ein ähnliches Meinungsbild.

Lediglich die Konstrukte Mass Customization und Internationalisierung erhalten eine geringe Bewertung. Zusätzlich liegen die Standardabweichungen deutlich über dem Durchschnitt. Offenbar fehlt hier ein eindeutiges Meinungsbild.

In Abbildung 3 werden die Mittelwerte für die Branchenbedeutung und Unternehmensumsetzung in Form eines Profils dargestellt. Beide Profile verlaufen dabei nahezu parallel. Die Bewertung für die Branchenbedeutung schneidet besser ab, als die der Unternehmensumsetzung. Lediglich bei der Internationalisierung kommt es zu einem Vertauschen der Präferenzen.

Überraschend ist das verhältnismäßig schlechte Ergebnis von Mass Customization und Internationalisierung. Eine mögliche Begründung könnte bei Mass Customization an der fehlenden Bekanntheit des Konstruktes bei den befragten Franchiseunternehmen sein. Bei der Internationalisierung könnte die große Anzahl kleiner und mittelständischer Unternehmen in der Stichprobe eine Erklärung für das schlechte Ergebnis sein.

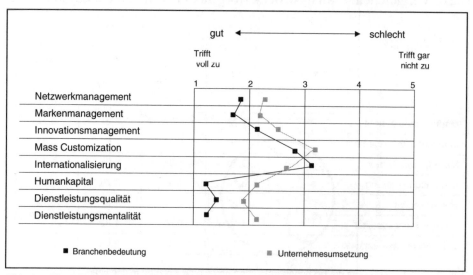

Abb. 3: Einstellung von Franchiseunternehmen zu den einzelnen Erfolgsfaktoren

3.3 Erfolgsfaktorenanalyse in Franchisesystemen

3.3.1 Netzwerkmanagement

Ein Netzwerk stellt eine „auf die Realisierung von Wettbewerbsvorteilen zielende Organisationsform ökonomischer Aktivitäten dar, die sich durch komplex-reziproke, eher kooperative denn kompetitive und relativ stabile Beziehungen zwischen rechtlich selbständigen, wirtschaftlich jedoch zumeist abhängigen Unternehmungen" (Sydow, 1992, S. 82) auszeichnet. Charakteristisches Merkmal von Dienstleistungsnetzwerken ist somit, dass die beteiligten Partner innerhalb der Wertschöpfungskette jeweils spezielle Teilleistungen erbringen, deren Bündelung schließlich zu einer (End-)Dienstleistung führt. Dabei versteht man unter einem horizontalen Netzwerk eine Kooperation von auf derselben Ebene des Wertschöpfungsprozesses liegenden Unternehmungen, wohingegen sich ein vertikales Netzwerk auf vor- und nachgelagerte Unternehmen entlang der Wertschöpfungskette bezieht (vgl. Sydow et al., 1995, S. 17). Das Management einer Netzwerkorganisation muss Strategien und Aufgaben nicht mehr allein auf Unternehmensebene festlegen, sondern kollektive Unternehmensstrategien finden, mit denen sich alle Netzwerkpartner identifizieren können (vgl. Sydow, 1999, S. 294).

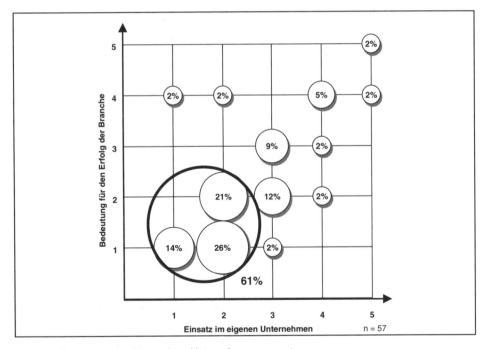

Abb. 4: Bewertung des Konstruktes Netzwerkmanagement

Netzwerkmanagement ist für 61 % der Unternehmen für den Erfolg sowohl des eigenen Franchisesystems als auch für die Branche wichtig (Abbildung 4). Wie aus der Übersicht deutlich wird, gibt es nur eine geringe Anzahl von Unternehmen (5 % + 2 % + 2 %), die Netzwerkmanagement weder für ihr eigenes System noch für die Branche als bedeutsam erachten.

Der Erfolgsfaktor Netzwerkmanagement wurde in einzelne Variablen zerlegt, von denen vermutet wird, dass sie Einfluss auf den Erfolg des Netzwerkmanagements haben. Eine hohe Korrelation drückt einen hohen Zusammenhang zwischen der Umsetzung im Franchisesystem und der einzelnen Variablen aus (Tabelle 2). Die zugehörigen Signifikanzniveaus zur Überprüfung der Aussagekraft auf die Grundgesamtheit sind jeweils mit angegeben. Auch wenn der theoretisch maximale Korrelationskoeffizient bei eins liegt, muss an dieser Stelle erwähnt werden, dass Werte um 0,5 in empirischen Arbeiten bereits auf eine hohe Korrelation schließen lassen.

	Einsatz im eigenen Unternehmen	
	Korrelation	Signifikanz
Existenz eines Systemkopfes (Institution zur Führung des Netzwerkes)	0,584	0,000
Selektionsverfahren bei der Aufnahme weiterer Unternehmen	0,523	0,000
Aufgabenverteilung innerhalb des Netzwerkes (Allokation)	0,383	0,002
Flexibilität durch sich ergänzende Kompetenzen der Netzwerkteilnehmer	0,378	0,002
Kooperationspartner	0,377	0,002
Gleiche Wertschöpfungsanteile	0,344	0,005
Vertragliche Vereinbarungen	0,341	0,005
Reduktion des unternehmerischen Risikos durch das Netzwerk	0,341	0,006
Vertrauen zwischen den Netzwerkpartnern	0,258	0,027
Informationsmanagement	0,243	0,036
Formalisierung in Form von festgelegten Arbeitsabläufen	0,136	0,159
Höhere Spezialisierung durch das Netzwerk	0,126	0,177

Tab. 2: Korrelationsanalyse der Bedeutung der einzelnen Items zum Netzwerkmanagement

Die Variablen „Systemkopf", „Selektionsverfahren", „Allokation", „Flexibilität", „Kooperationspartner", „Wertschöpfungsanteile", „vertragliche Vereinbarungen" und „unternehmerisches Risiko" weisen verhältnismäßig hohe Korrelationen auf. Hier kann mit einer Irrtumswahrscheinlichkeit von nahezu 0 % angenommen werden, dass ein Zusammenhang zwischen der Umsetzung einer Netzwerkstrategie und den entsprechenden Variablen besteht. Die Signifikanz bewegt sich mit dem Wert unter 0,01 auf einem hohen Niveau.

Die Variablen „Vertrauen" und „Informationsmanagement" weisen geringere Korrelationen auf. Die Nullhypothesen können hier mit einer maximalen Irrtumswahrscheinlichkeit von 5 % abgelehnt werden, d. h. die Korrelation ist auf einem Niveau von 0,05 einseitig signifikant.

„Formalisierung" und „Spezialisierung" weisen die geringsten Korrelationen auf. Die befragten Unternehmen scheinen diesen Kriterien nur eine geringe Bedeutung für den Erfolg eines Netzwerkes beizumessen.

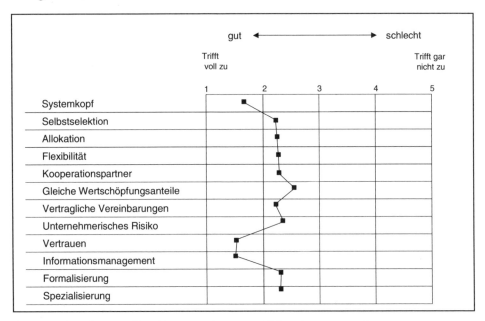

Abb. 5: Einstellung von Franchiseunternehmen zum Netzwerkmanagement

Abbildung 5 zeigt die Durchschnittswerte der einzelnen Variablen im Profil. Dabei ist eine hohe Bewertung aller Variablen festzustellen. Alle Ergebnisse weisen Werte von zwei oder besser auf. Zudem deuten die geringen Standardabweichungen auf ein homogenes Meinungsbild hin.

Im Durchschnitt bewerten die Franchisesysteme die Bedeutung des Netzwerkmanagements für die Branche mit 1,95 und den Einsatz im eigenen Unternehmen mit 2,35. Als bedeutendste Faktoren für den Erfolg eines Netzwerkes werden der „Systemkopf" zur Steuerung des Netzwerkes (1,65) sowie das „Informationsmanagement" (1,55) und das „Vertrauen" zwischen den Netzwerkteilnehmern (1,59) genannt.

Die Ergebnisse der Korrelationsanalyse und des Profils stimmen in den wesentlichen Punkten überein. Allein bei den „Wertschöpfungsanteilen" kommt es zu einer unterdurchschnittlichen Ausprägung und einer hohen Standardabweichung. Dies deutet darauf hin, dass es über die Verteilung der „Wertschöpfungsanteile" eine geteilte Meinung bei den befragten Systemen gibt.

3.3.2 Markenmanagement

Die klassische Markendefinition i.S. einer „Markierung" (vgl. Mellerowicz, 1963, S. 39) erweist sich auf Grund der Besonderheit von Dienstleistungen, insbesondere der Immaterialität, als nicht ausreichend. Daher definiert Meffert eine Dienstleistungsmarke „als ein in der Psyche des Konsumenten verankertes, unverwechselbares Vorstellungsbild von einer Dienstleistung (...). Die zugrunde liegende markierte Leistung wird dabei einem möglichst großen Absatzraum über einen längeren Zeitraum in gleichartigem Auftritt und in gleichbleibender oder verbesserter Qualität angeboten" (Meffert, 2000a, S. 312). Die Dienstleistungsmarke soll in erster Linie zur Kennzeichnung der Herkunft der Marke (Identifizierungsfunktion) und der Differenzierung von Dienstleistungen der Konkurrenz (Individualisierungsfunktion) dienen.

Dienstleistungen sind intangibel, sodass der Konsument erst während oder nach dem Kauf die Möglichkeit hat, die Qualität der Leistung zu beurteilen. Daraus resultiert ein höheres subjektives Kaufrisiko. Der Konsument strebt daher eine Risikoreduktion im Vorfeld der Kaufhandlung an. Ahlert und Kenning sprechen daher von der „Marke als Vertrauensanker" (Ahlert/Kenning, 1999, S. 115). Hier kann eine starke Dienstleistungsmarke dazu dienen, diesem Bedürfnis des Kunden entgegenzukommen und das subjektive Kaufrisiko abzubauen (vgl. Tomczak, 1998, S. 14).

Gleichzeitig ist der Schutz einer Dienstleistung auf Grund ihrer Nichtgreifbarkeit sehr schwierig. Daraus resultiert, dass neue Konzepte für Dienstleistungen innerhalb kurzer Zeit kopiert werden und es dem Kunden nur schwer möglich ist, die einzelnen Anbieter miteinander zu vergleichen. Auch hier nimmt die Marke eine bedeutende Rolle ein, weil sie das zentrale Instrument zur Differenzierung darstellt (vgl. dazu insbesondere Tomczak, 1998, S. 15).

Das gesamte Auftreten, von der Preispolitik bis zum Verhalten einzelner Mitarbeiter einer Unternehmung, beeinflusst das Bild und somit das innerhalb und außerhalb der Unternehmung bestehende Markenimage eines Dienstleistungsnetzwerks. Um sich profilieren zu können, ist deshalb ein koordiniertes Vorgehen im Rahmen des strategischen Markenmanagements notwendig.

Für 66 % der befragten Unternehmen stellt Markenmanagement sowohl innerhalb der Branche als auch im eigenen Unternehmen eine hohe Erfolgsrelevanz dar (Abbildung 6). Es gibt nur eine geringe Anzahl von Unternehmen (7 %), die Markenmanagement weder für ihr eigenes Unternehmen noch für die Branche als wichtig erachten. Eine weitere

Gruppe von Unternehmen sieht die hohe Bedeutung für die Branche. Allerdings ist die Bedeutung des Markenmanagements für das eigene Unternehmen noch unklar (17 %). 5 % der Befragten sind bezüglich beider Fragen noch indifferent und urteilen jeweils mit dem Wert vier, 2 % bewerten beide Items sogar mit fünf.

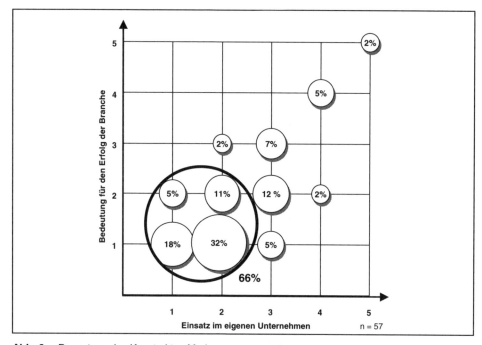

Abb. 6: Bewertung des Konstruktes Markenmanagement

Die Variablen „Kundenbindung", „Positionierung" und „Qualität" (Tabelle 3) weisen die höchsten Korrelationen auf, sodass mit einer Irrtumswahrscheinlichkeit von nahezu 0 % angenommen werden kann, dass ein Zusammenhang zwischen der Umsetzung einer Markenstrategie und den entsprechenden Variablen besteht. Die Signifikanz bewegt sich mit einem Wert unter 0,01 auf einem hohen Niveau.

Bei den Variablen „Markenimage", „Aufpreisbereitschaft" und „Markenbekanntheit" sind geringere Korrelationen festzustellen, wobei die Nullhypothesen mit einer Irrtumswahrscheinlichkeit von 5 % abgelehnt werden können, d. h. die Korrelation ist auf einem Niveau von 0,05 einseitig signifikant.

	Einsatz im eigenen Unternehmen	
	Korrelation	Signifikanz
Emotionale Kundenbindung	0,551	0,000
Positionierung der Marke	0,513	0,000
Hohe wahrgenommene Qualität	0,321	0,008
Markenimage	0,389	0,015
Aufpreisbereitschaft	0,469	0,022
Markenbekanntheit	0,248	0,033
Markenvertrauen	-0,088	0,262

Tab. 3: Korrelationsanalyse der Bedeutung der einzelnen Items zum Markenmanagement

„Markenvertrauen" weist eine negative Korrelation mit dem Einsatz im eigenen Unternehmen auf. Die befragten Unternehmen sehen Vertrauen demnach nicht als Notwendigkeit für den Erfolg einer Markenstrategie an. Auffällig ist in diesem Zusammenhang auch die hohe Signifikanz, sodass die Irrtumswahrscheinlichkeit mit ca. 26 % sehr hoch ist.

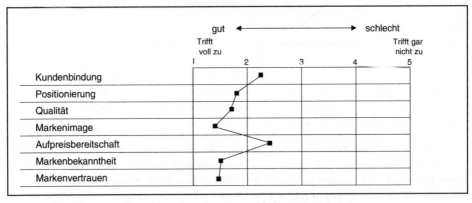

Abb. 7: Einstellung von Franchiseunternehmen zum Markenmanagement

Im Durchschnitt bewerten die Unternehmen die Bedeutung des Markenmanagements für die Branche mit 1,72 und den Einsatz im eigenen Unternehmen mit 2,21.

Die Bedeutung der einzelnen Items weist keine auffälligen Schwankungen auf (Abbildung 7). Der „Aufpreisbereitschaft" wird die geringste Bedeutung für den Erfolg des Markenmanagements beigemessen (2,37). Hingegen weist das „Markenvertrauen" mit 1,41 den im Durchschnitt höchsten Wert auf. Daneben sind für die befragten Unternehmen die „Markenbekanntheit" und das „Markenimage" von besonderer Bedeutung für den Erfolg einer Markenstrategie.

Der Unterschied zwischen der geringen Korrelation bei der Variablen „Markenvertrauen" und der hohen Zustimmung im Profil ist darauf zurückzuführen, dass dieses Item sowohl von Unternehmen, die dem Markenmanagement eine hohe Bedeutung zumessen, als auch von denen mit einer niedrigen Einstufung dieses Konstruktes als wichtig angesehen wird.

3.3.3 Innovationsmanagement

Innovationen sind in ihrer Minimaldefinition als signifikante Änderungen des Status quo durch Erneuerungen im Sinne von Verbesserungen oder absolut Neuem zu sehen. Im Dienstleistungsbereich können sich Innovationen auf die Dienstleistung selbst, den Prozess der Leistungserbringung oder die unternehmensspezifischen Potenziale beziehen. Daher kann zwischen Produkt-, Prozess- und Potenzialinnovationen unterschieden werden (Luczak, 1997, S. 516).

Von Produktinnovationen spricht man, wenn ein Unternehmen ein Produkt (auch Dienstleistung) auf den Markt bringt, das bisher nicht im Produktionsprogramm dieses Unternehmens enthalten war (vgl. Kieser, 1974, S. 1733). Dies umfasst zur Erhöhung des Kundennutzens sowohl die Erstellung neuer, als auch die Verbesserung bestehender Leistungen.

Bei Prozessinnovationen geht es um die Optimierung von Geschäftsprozessen, insbesondere durch den Einsatz neuer Informations- und Kommunikationstechnologien. Potenzialinnovationen sind bewusst herbeigeführte Änderungen im Personalbereich oder Sozialsystem einer Organisation. Diese führen zu einer Verbesserung der Rahmenbedingungen in den Unternehmen. Die zentrale Aufgabe des Innovationsmanagements ist darin zu sehen, die personellen oder organisatorischen Bedingungen zu verbessern und die Umsetzung kreativer Leistungen in Innovationen zu fördern.

Das Innovationsmanagement selbst ist „die gezielte Planung, Umsetzung und Kontrolle (Steuerung) des Innovationsprozesses, der Geschäftsideen zum Markterfolg führt" (Tintelnot et al., 1999, S. 2). Beim Innovationsmanagement geht es um die integrierte Optimierung der Produktlösung (Ziel) und der organisatorischen Umsetzung (Lösungsweg/-prozess). Produktinnovationen bedingen in der Regel technische und administrative Prozessinnovationen und umgekehrt (vgl. Hauschild, 1997, S. 11).

Innovationsmanagement ist lediglich für 40 % der befragten Franchisesysteme für den Erfolg sowohl innerhalb des eigenen Netzwerks als auch in der Branche wichtig (Abbildung 8). Gleichzeitig gibt es nur eine geringe Anzahl von Unternehmen (3 %), die Innovationsmanagement weder für ihr eigenes Unternehmen noch für die Branche als wichtig erachten. Eine weitere Gruppe von Unternehmen sieht die hohe Bedeutung für die Branche, allerdings ist die Bedeutung des Innovationsmanagements für das eigene Unternehmen noch nicht abzuschätzen (25 %).

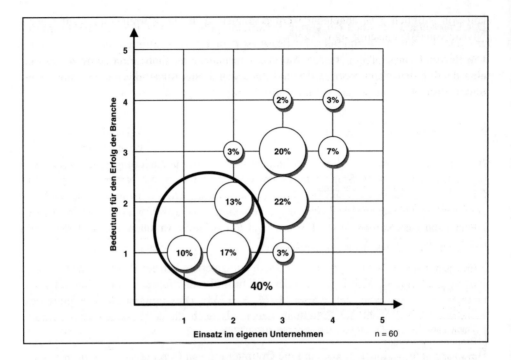

Abb. 8: Bewertung des Konstruktes Innovationsmanagement

20 % der Befragten sind bezüglich beider Fragen unschlüssig. 7 % haben sich in Bezug auf die Bedeutung für die Branche noch nicht festgelegt, während sie den Einfluss auf den Erfolg des eigenen Unternehmens als gering einstufen.

Aus dieser Analyse wird bereits deutlich, dass die Bedeutung des Innovationsmanagements für viele Unternehmen noch nicht genau abzuschätzen ist. Zusammen ergeben die Unternehmen, die den Erfolg für die Branche sehen, aber bezüglich ihrer Unternehmensstrategie noch unschlüssig sind, und die Unternehmen, die sich in Bezug auf beide Aspekte noch nicht festgelegt haben, einen Anteil von 45 %.

Die Variablen „Dauer", „Entwicklungsstufen", „Kunden", „Kernkompetenz" und „Erfolgsmessung" weisen die höchsten Korrelationen auf, sodass mit einer Irrtumswahrscheinlichkeit von nahezu 0 % angenommen werden kann, dass ein Zusammenhang zwischen der Umsetzung einer Innovationsstrategie und den entsprechenden Variablen besteht (Tabelle 4). Die Signifikanz bewegt sich mit dem Wert unter 0,01 auf einem hohen Niveau.

Bei den Variablen „Anreizsysteme" und „Ideengenerierung" sind geringere Korrelationen festzustellen, wobei auch hier die Nullhypothesen mit einer Irrtumswahrscheinlichkeit von lediglich 5 % abgelehnt werden können, d. h. die Korrelation ist auf einem Niveau von 0,05 einseitig signifikant.

Die Existenz eines „Think Tank" sowie ein „formalisierter Innovationsprozess" weisen eine deutlich geringere Korrelation und ein höheres Signifikanzniveau auf, sodass bei diesen Variablen eine höhere Irrtumswahrscheinlichkeit gegeben ist.

	Einsatz im eigenen Unternehmen	
	Korrelation	Signifikanz
Dauer des Entwicklungsprozesses	0,640	0,000
Eindeutig definierte Entwicklungsstufen	0,534	0,000
Einbeziehung der Kunden	0,488	0,000
Innovationen innerhalb der Kernkompetenzen	0,426	0,000
Erfolgsmessung	0,381	0,005
Innovationsförderung durch Anreizsysteme	0,273	0,017
Maßnahmen zur Ideengenerierung	0,250	0,027
Think Tank (Gruppe/Institution, die über die Zukunft der Branche nachdenkt)	0,179	0,085
Formalisierter Innovationsprozess	0,134	0,156

Tab. 4: Korrelationsanalyse der Bedeutung der einzelnen Items zum Innovationsmanagement

Im Durchschnitt bewerten die Unternehmen die Bedeutung des Innovationsmanagements für die Branche mit 2,10 und den Einsatz im eigenen Unternehmen mit 2,57.

Als bedeutsame Items für das Innovationsmanagement werden die „Dauer" der Innovation bis zur Markteinführung (2,40) und die „Einbeziehung der Kunden" (2,70) genannt (Abbildung 9). Alle anderen Items scheinen nur eine untergeordnete Rolle zu spielen, da sie Werte größer als drei aufweisen.

Die geringste Bedeutung wird einem „formalisierten Innovationsprozess" beigemessen, der im Durchschnitt mit 3,56 beurteilt wurde, sowie der Beschränkung von Innovationen auf den eigenen Geschäftsbereich („Kernkompetenz") (3,59). Dies zeigt, dass offensichtlich kreative Freiräume für ein erfolgreiches Innovationsmanagement wichtig sind. Die Einschätzung stimmt auch mit den Ergebnissen der Korrelationsanalyse überein.

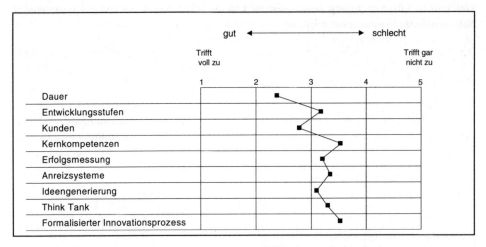

Abb. 9: Einstellung von Franchiseunternehmen zum Innovationsmanagement

3.3.4 Mass Customization

Der Begriff Mass Customization kann im Deutschen mit den Worten individuelle Massenproduktion übersetzt werden. Er setzt sich aus den gegensätzlichen Begriffen Mass Production und Customization zusammen (vgl. Piller, 2000, S. 201).

Mass Customization ist die Produktion von Gütern und Leistungen für einen großen Absatzmarkt, wobei die Produktion die unterschiedlichen Bedürfnisse jedes einzelnen Nachfragers treffen und dabei zu Kosten einer massenhaften Fertigung vergleichbarer Standardgüter realisierbar sein muss (vgl. Piller, 1998, S. 65).

Mass Customization kann jedoch deutlich von Variantenfertigung abgegrenzt werden. Sie legt den Fokus auf die Individualisierung von Gütern, d. h. eine Produktion von Gütern, die speziell auf die individuellen Wünsche der Konsumenten abgestimmt sind (vgl. Westbrook/Williamson, 1993, S. 40). Variantenfertigung hingegen bietet den Kunden lediglich eine Wahlmöglichkeit zwischen verschiedenen sich ähnelnden Produkten, die ungefähr den Konsumentenwünschen entsprechen (vgl. Pine, 1998, S. 3; vgl. Piller, 1998, S. 67).

Die effiziente Nutzung der im Zuge des Individualisierungsprozesses erhobenen Kundeninformationen bietet einen entscheidenden Wettbewerbsvorteil. Sie ermöglichen den Aufbau einer dauerhaften, individuellen Beziehung zu jedem einzelnen Kunden (vgl. Piller, 1998, S. 65). So kann durch den Aufbau von Anbieterwechselkosten, sogenannten Switching Costs, eine Kundenbindung erzeugt werden.

Die Untersuchungsergebnisse zum Erfolgsfaktor Mass Customization sind in Abbildung 10 dargestellt. Auffällig ist, dass sich bei den befragten Unternehmen nahezu zwei gleichgroße Gruppen bilden lassen, die sich in ihren Beurteilungen extrem voneinander unterscheiden. Eine mögliche Ursache mag in der mangelnden Verbreitung des Begriffes Mass Customization liegen. Trotz einer vorangestellten Definition liegt die Vermutung nahe, dass einige der Befragten den Begriff nicht kannten und ihn für ein weiteres Management Buzz Word gehalten haben. Gerade in der Dienstleistungsbranche werden seit langem individualisierte Leistungen, basierend auf vorgefertigten Produkten, angeboten. Diese Art der Leistungserstellung wurde jedoch nicht mit dem Begriff Mass Customization gleichgesetzt. Das hat vermutlich dazu geführt, dass die Unternehmen die Fragen zur Mass Customization übersprungen oder mit einer negativen Einstellung beantwortet haben.

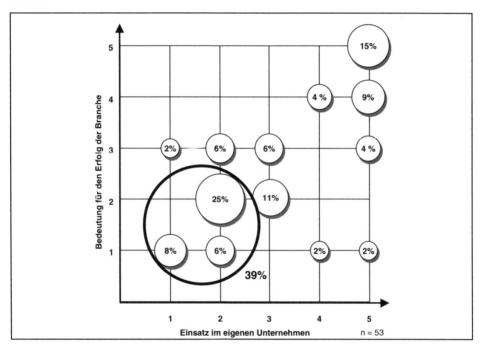

Abb. 10: Bewertung des Konstruktes Mass Customization

Nur knapp 40 % der befragten Franchiseunternehmen sind der Auffassung, dass Mass Customization eine entscheidende Bedeutung für den Erfolg in der eigenen Branche mit sich bringt. Entsprechend haben sie ihre eigene Strategie umgestellt und Mass Customization implementiert.

Ein erheblicher Anteil in Höhe von 28 % ist der Ansicht, dass Mass Customization keine große Bedeutung für die Branche beigemessen werden kann. Konsequenterweise wird hier keine entsprechende Strategie verfolgt.

6 % der befragten Unternehmen sind bezüglich der Branchenbedeutung und der Unternehmensumsetzung unschlüssig. 15 % sind der Auffassung, dass eine Mass Customization-Strategie wichtig für den Erfolg in ihrer Branche ist. Allerdings sind sie nicht in der Lage, eine entsprechende Strategie im eigenen Unternehmen umzusetzen. Hier ist akuter Handlungsbedarf gegeben. Branchenanalysen oder Beratungsdienstleistungen ermöglichen eine Lösung des Problems.

Weitere 8 % schätzen die Bedeutung von Mass Customization für die Branche als mittelmäßig ein, haben aber selber bereits eine eigene Strategie umgesetzt. Vermutlich sind sie vom Erfolg der Mass Customization überzeugt und erhoffen sich einen Wettbewerbsvorteil durch eine möglichst frühe Implementierung.

Die Korrelationen mit ihren entsprechenden Signifikanzniveaus werden in Tabelle 5 abgebildet. Die Variable „One-to-One-Marketing" fragt die Bedeutung der individuellen Kundenansprache bei einer Mass Customization-Strategie ab. Fraglich ist dabei, in welcher Fertigungsstufe das Wissen über die Kundenpräferenzen genutzt werden soll. Die Variable „Forschung und Entwicklung" fragt, ob die Unternehmen ihr Kundenwissen bereits in die Konzeption von neuen Produkten einfließen lassen. Die Variablen „Hard Customization" und „Soft Customization" sind gemeinsam zu betrachten. Bei Hard Customization erfolgt die Individualisierung der Leistung im eigenen Unternehmen, wohingegen bei Soft Customization die Individualisierung in einer vor- bzw. nachgelagerten Wertschöpfungsstufe stattfindet. Die Variable „Standardisierung" fragt nach der Standardisierung von Leistungskomponenten, die keinen wesentlichen Einfuß auf den individuellen Kundennutzen haben. Zuletzt sollen die drei Variablen „Preis", „Qualität" und „Zeit" Aufschluss über eine Vergleichbarkeit mit entsprechenden in Masse produzierten Standardprodukten geben.

Die höchste Korrelation weist die Variable „Forschung und Entwicklung" auf. Mit einer Irrtumswahrscheinlichkeit von nahezu 0 % kann hier ein Zusammenhang mit der Strategieumsetzung im Unternehmen angenommen werden. Die Variablen „One-to-One-Marketing", „Hard Customization", „Preis" und „Zeit" weisen zwar eine geringere Korrelation auf, dennoch kann immer noch mit einer Irrtumswahrscheinlichkeit von nahezu 0 % ein Zusammenhang nachgewiesen werden. Die Korrelationen bewegen sich auf einem Niveau von 0,01 und sind damit einseitig signifikant.

Kritischer bezüglich ihres Aussagewertes müssen die Variablen „Soft Customization", „Qualität" und „Standardisierung" beurteilt werden. Die ersten beiden Variablen weisen bereits eine verhältnismäßig hohe Irrtumswahrscheinlichkeit von knapp unter 10 % auf.

Die Korrelationen mit jeweils über 30 % können aber noch als mittelmäßig eingestuft werden. Die Variable „Standardisierung" weist allerdings mit einer Korrelation von lediglich ca. 15 % sowie einem Signifikanzniveau von 0,136 eine deutlich geringere Validität auf. Auf diese Variablen wird bei der Mittelwertanalyse noch einmal detaillierter eingegangen.

| | Einsatz im eigenen Unternehmen ||
	Korrelation	Signifikanz
Einfluss auf die Forschung und Entwicklung	0,547	0,000
One-to-One Marketing	0,439	0,001
Zeit	0,424	0,001
Hard Customization	0,423	0,001
Preis	0,415	0,001
Qualität	0,342	0,007
Soft Customization	0,329	0,009
Standardisierung	0,155	0,136

Tab. 5: Korrelationsanalyse der Bedeutung der einzelnen Items zur Mass Customization

Die Betrachtung der Durchschnitts- bzw. Mittelwerte weist eine verhältnismäßig hohe Standardabweichung bei allen ermittelten Variablen auf. Der Grund hierfür liegt in den zwei sehr unterschiedlichen Gruppen, die in Abbildung 10 ermittelt wurden.

Die Abbildung 11 gibt die Mittelwerte der einzelnen Variablen in Form eines Gesamtprofils für den Erfolgsfaktor Mass Customization wieder. Die Unternehmen bewerten die Bedeutung von Mass Customization für die Branche mit 2,70 und den Einsatz im eigenen Unternehmen mit 3,08. Die durchschnittliche Bewertung der einzelnen Variablen liegt mit Werten zwischen zwei und drei im oberen Mittelfeld.

Als ein positiver Ausreißer kann die Variable „Standardisierung" ermittelt werden. Erstaunlicherweise ist diese Variable bereits bei der Korrelationsanalyse negativ aufgefallen, was anhand des Profils erklärt werden kann. Das überdurchschnittlich gute Abschneiden dieser Variablen lässt sich darauf zurückführen, dass eine Vielzahl von Ablehnern der Mass Customization-Strategie diesen Punkt als wichtig erachtet haben. Die allgemein positive Beurteilung zum Punkt „Standardisierung" führt dazu, dass diese Variable nicht mit der Umsetzung der Mass Customization-Strategie korreliert. Die durchgängig gute Bewertung lässt Rückschlüsse auf die Wichtigkeit dieser Variablen zu. Mass Customization ist nur dann erfolgreich, wenn die Dienstleistungskomponenten, die keinen wesentlichen Einfluss auf den individuellen Kundennutzen haben, standardisiert sind.

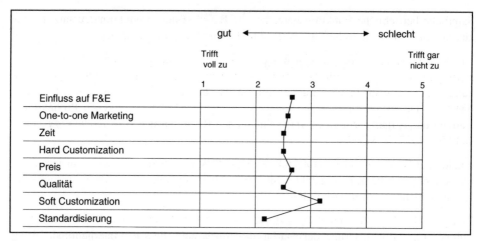

Abb. 11: Einstellung von Franchiseunternehmen zur Mass Customization

Sollte dieser Punkt nicht berücksichtigt werden, widerfährt der Leistungserstellung ein übermäßiger Komplexitätsanstieg. Dabei könnten die Erfolgskriterien „Zeit" und „Preis" nicht mehr eingehalten werden, sodass eine Vergleichbarkeit zu in Masse produzierten Standardprodukten nicht mehr gewährleistet werden kann. Die Mass Customization-Strategie wird dann zunehmend zu einer Customization-Strategie.

Die Variable „Soft Customization" bildet den zweiten Ausreißer. Diese ist allerdings durch eine unterdurchschnittlich schlechte Bewertung gekennzeichnet. Die befragten Unternehmen scheinen der Auffassung zu sein, wenn dem Kunden eine Leistungsindividualisierung angeboten werden soll, dass diese im eigenen Unternehmen durchgeführt werden sollte. Der intensivierte Kundenkontakt und die aufwändig ermittelten Kundendaten sollen selber genutzt werden, um in diesem Bereich Kernkompetenzen aufzubauen. Nur so kann sich ein Unternehmen von der Konkurrenz nachhaltig abgrenzen und komparative Konkurrenzvorteile aufbauen.

Der Punkt „Preis" einer individualisierten Leistung schneidet entgegen der Erwartung nicht besonders positiv ab. Die befragten Dienstleister schätzen die Preissensibilität ihrer Kunden als verhältnismäßig gering ein. Sie gehen davon aus, dass die Kunden bereit sind, für die Leistungsindividualisierung einen Preis zu bezahlen, der leicht oberhalb des Marktpreises für vergleichbare Standardprodukte liegt. Sie sehen ihren Wettbewerbsvorteil klar in der Individualisierung.

3.3.5 Internationalisierung

Unter dem Begriff der Internationalisierung wird eine länderübergreifende Ausdehnung des unternehmerischen Aktionsfeldes verstanden (vgl. Zentes/Swoboda, 1997, S. 149).

Sämtliche betriebliche Funktionsbereiche wie Beschaffung, Produktion, Absatz, Finanzierung und Personalbeschaffung können in diesem Zusammenhang betroffen sein.

Die Autoren Krystek und Zur gehen noch einen Schritt weiter und setzen Internationalisierung mit bedeutsamer, für das Unternehmen nachhaltiger Auslandstätigkeit gleich. Sie kann von einem hohen Exportanteil am Umsatz bis hin zu einem weltumspannenden Netz von Direktinvestitionen mit eigenen Tochtergesellschaften, eigenen Produktionsstätten oder Allianzpartnern in unterschiedlichen Regionen der Welt reichen (vgl. Krystek/Zur, 1997, S. 5).

Analog zur Bewertung des Erfolgsfaktors Mass Customization kann auch hier festgehalten werden, dass beim Erfolgsfaktor Internationalisierung eine Zweiteilung in Befürworter und Ablehner auftritt (Abbildung 12).

Lediglich 41 % der befragten Dienstleister vertreten in Zeiten von weltweiten Handelsunionen und Globalisierung der Märkte die Auffassung, dass der Internationalisierung eine entscheidende Bedeutung innerhalb der Branche zukommt. Konsequenterweise verfolgen sie aus diesem Grund eine eigene Internationalisierungsstrategie.

Ein mit 34 % ähnlich großer Anteil hält eine Internationalisierung in der Branche für nicht bedeutend und verfolgt folgerichtig auch keine Internationalisierungsstrategie. Dieser Prozentsatz erscheint auf den ersten Blick erstaunlich hoch. Allerdings muss an dieser Stelle darauf hingewiesen werden, dass sich unter den befragten Dienstleistungsnetzwerken auch eine Vielzahl kleiner und mittelständischer Anbieter befindet. Diese Netzwerke besitzen vermutlich nicht die Ressourcen, eine Ausdehnung über die eigenen Landesgrenzen hinaus zu verfolgen. Für große Systeme ist die Internationalisierung eine wirtschaftlich interessante und wettbewerbsorientiert notwendige Strategie. Der starke Wettbewerb, ausgelöst durch die Liberalisierung des Welthandels, lässt eine Präsenz im Ausland schnell zu einem Erfolgsfaktor werden.

Merkwürdig ist jedoch, dass 13 % der befragten Unternehmen im Ausland vertreten sind, obwohl sie eine Internationalisierung in ihrer Branche als nicht bedeutend für den Erfolg ansehen. Mögliche Probleme bei einer Präsenz im Ausland können zu der Einsicht geführt haben, dass eine Internationalisierungsstrategie für Unternehmen der eigenen Branche als nicht empfehlenswert anzusehen ist.

Zusammenfassend kann festgestellt werden, dass ca. 45 % der befragten Dienstleister der Auffassung sind, dass eine Internationalisierung keinen entscheidenden Einfluss auf den Erfolg in der Branche ausübt. Mit lediglich 54 % verfolgt nur jedes zweite Unternehmen überhaupt eine Internationalisierungsstrategie.

Die Korrelationen zwischen der Internationalisierungsstrategie und den ausgewählten Variablen bewegen sich auf einem sehr hohen Niveau (Tabelle 6). Bei allen Variablen sind die Korrelationen mit einem Niveau von 0,01 einseitig signifikant. Deutlich wird auch, dass die meisten Unternehmen unter einer Internationalisierungsstrategie immer noch primär den Leistungsabsatz verstehen.

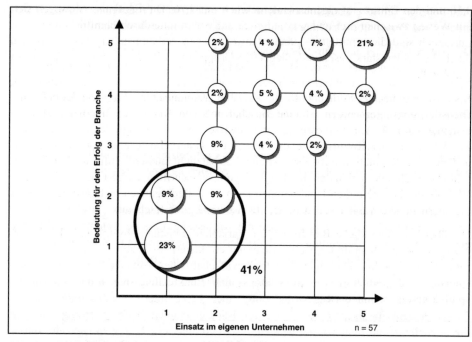

Abb. 12: Bewertung des Konstruktes Internationalisierung

	Einsatz im eigenen Unternehmen	
	Korrelation	Signifikanz
Leistungsabsatz im Ausland	0,582	0,000
Wettbewerbsfähigkeit	0,568	0,000
Nutzung von Planungs- und Entwicklungs-Know-how	0,541	0,000
Mitarbeiterbezug aus dem Ausland	0,534	0,000
Direktinvestition	0,511	0,000
Leistungsbezug aus dem Ausland	0,473	0,000
Kapitalbezug aus dem Ausland	0,427	0,000
Lizenzvergabe an ausländische Unternehmen	0,415	0,000
Kooperationspartner im Ausland	0,408	0,001

Tab. 6: Korrelationsanalyse der Bedeutung der einzelnen Items zur Internationalisierung

Abbildung 13 zeigt die Mittelwerte der einzelnen Variablen im Profil. Im Durchschnitt bewerten die Unternehmen die Bedeutung von Internationalisierung für die Branche mit

3,16 und den Einsatz im eigenen Unternehmen mit 2,76. Die Ergebnisse bewegen sich mit Werten zwischen drei und vier lediglich auf einem unterdurchschnittlichen Niveau. Zusätzlich sind die ermittelten Standardabweichungen verhältnismäßig hoch, was sich durch die beiden stark auseinanderliegenden Gruppen von Befürwortern und Ablehnern erklären lässt.

Erstaunlich schlechte Werte erzielte die Variable „Kapitalbezug". Für viele der befragten Dienstleistungsunternehmen ist eine Beschaffung von Kapital an internationalen Finanzmärkten nicht von Interesse, da eine gewisse Unternehmensgröße abverlangt wird. Zur Erlangung der Kreditwürdigkeit müssen die Unternehmen eine hohe Bekanntheit und positive Reputation aufweisen können. Zusätzlich müssen häufig auch Jahresabschlüsse nach internationalen Rechnungslegungsvorschriften aufgestellt werden. Eine Vielzahl der hier befragten Unternehmen kann diese Bedingungen nicht erfüllen, sodass die internationale Kapitalbeschaffung teilweise unmöglich erscheint.

Die überdurchschnittliche Bewertung der Variablen „Leistungsabsatz" und „Leistungsbezug" deutet auch an dieser Stelle erneut auf ein materialorientiertes Internationalisierungsverständnis hin. Die anderen betriebswirtschaftlichen Aufgabenbereiche wie beispielsweise die Nutzung von Forschungs- und Entwicklungs-Know-how finden ein spürbar geringeres Interesse.

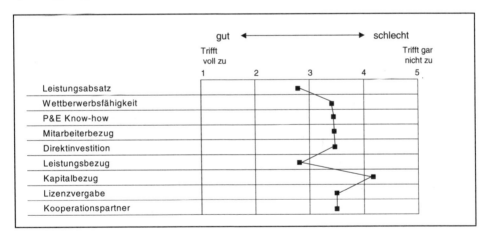

Abb. 13: Einstellung von Franchiseunternehmen zur Internationalisierung

Bei Lizenzverträgen mit neuen ausländischen Franchisenehmern, Direktinvestitionen durch die Systemzentrale oder auch Kooperationen mit anderen ausländischen Franchisesystemen lassen die befragten Unternehmen keinerlei Präferenzen bezüglich ihrer Expansionsstrategien im Ausland erkennen. Die abgefragten Variablen weisen sehr homogene Werte auf.

3.3.6 Humankapital

Wissenskapital kann in die zwei Komponenten strukturelles und humanes Kapital unterteilt werden. Die strukturelle Komponente beschreibt organisatorisch verankertes Wissen, wohingegen die humane Komponente an Personen gebundenes Kapital darstellt.

Somit können unter dem Begriff Humankapital die Fähigkeiten und das produktive Wissen, welches dem Unternehmen durch die Mitarbeiter zur Verfügung gestellt wird, verstanden werden (vgl. Rosen, 1987, S. 671). Fähigkeiten beschreiben die physischen und intellektuellen Möglichkeiten von Menschen. So sind zum Ausführen von handwerklichen Tätigkeiten physische und zum Ausführen von geistigen Tätigkeiten intellektuelle Fähigkeiten unerlässlich. Kenntnisse sind Information bzw. Wissen über bestimmte Sachverhalte, wie z. B. über Produktionstechniken und -maschinen. Eine Kombination der Fähigkeiten und Kenntnissen ergibt die Fertigkeiten. Sie werden von den Mitarbeitern über die Zeit durch Routine und Erfahrung gewonnen (vgl. Alewell, 1993, S. 87; vgl. Neus, 1998, S. 195).

Bei der näheren Betrachtung des Erfolgsfaktors Humankapital soll auf die Komponente Fähigkeiten verzichtet werden. Fähigkeiten lassen sich nur sehr schwer verallgemeinern, da sie stark von dem Individuum und der zu bewältigenden Aufgabe abhängen.

Eine Optimierung der Fähigkeiten kann nur durch eine sorgfältige Einstellungspolitik erzielt werden.

Zur weiteren Operationalisierung von Humankapital wurde vielmehr darauf geachtet, dass entsprechende Variablen zum Informationsfluss bzw. zur Wissensanreicherung abgefragt wurden. Beispielvariablen könnten der Know-how-Austausch oder eine schlanke Organisationsstruktur sein. Des Weiteren wurde versucht, Variablen zu hinterfragen, die Rückschlüsse auf die Nutzung der Mitarbeiterfähigkeiten zulassen. Hier könnten beispielhaft Fragen zu Anreizsystemen oder zur Erhöhung der Aufgabenidentifikation genannt werden.

Ein Überblick über die Ergebnisse der Befragung zum Erfolgsfaktor Humankapital ist in Abbildung 14 gegeben. Die Beurteilung der „Bedeutung innerhalb der Branche" fällt einheitlich sehr positiv aus. Alle befragten Unternehmen schätzen die Nutzung von Humankapital als hochbedeutend ein.

Ein großer Anteil in Höhe von 68 % der befragten Netzwerke hat auf die Wichtigkeit reagiert und bereits eine eigene Humankapitalstrategie realisiert.

Lediglich 6 % nutzen die Möglichkeiten, die sich durch Humankapital ergeben, noch nicht. Trotzdem messen sie ihm ein hohes Potenzial bei. Gründe für dieses auf den ersten Blick unlogisch erscheinende Verhalten könnten in einer mangelnden Umsetzungskompetenz und/oder einer mangelnden Ressourcenausstattung liegen, z. B. an Personal oder finanziellen Mitteln.

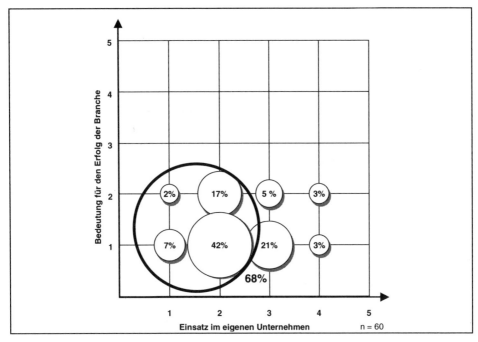

Abb. 14: Bewertung des Konstruktes Humankapital

Ein großer Anteil von annähernd einem Viertel gibt sich nicht wertend zum Stand ihrer eigenen Humankapitalstrategie.

Die Tabelle 7 zeigt die Korrelationen zwischen der Variablen „Umsetzung einer Humankapitalstrategie im eigenen Unternehmen" und acht zusätzlich abgefragten Variablen. Die zugehörigen Signifikanzniveaus zur Überprüfung der Aussagekraft auf die Grundgesamtheit sind jeweils mit angegeben.

Die Variablen „Zufriedenheit", „Know-how Austausch", „Aufgabenidentifikation", „Innovationsbereitschaft", „Kommunikation" und „Harmonie zwischen den Mitarbeitern" weisen verhältnismäßig hohe Korrelationen auf. Hier kann mit einer Irrtumswahrscheinlichkeit von nahezu 0 % angenommen werden, dass ein Zusammenhang zwischen der Umsetzung einer Humankapitalstrategie und den entsprechenden Variablen besteht. Die Signifikanz bewegt sich mit dem Wert 0,01 auf einem hohen Niveau.

	Einsatz im eigenen Unternehmen	
	Korrelation	Signifikanz
Zufriedenheit der Mitarbeiter	0,469	0,000
Know-how Austausch zwischen den Mitarbeitern	0,468	0,000
Aufgabenidentifikation der Mitarbeiter	0,465	0,000
Innovationsbereitschaft der Mitarbeiter	0,457	0,000
Kommunikation zwischen den Mitarbeitern	0,382	0,001
Harmonie zwischen den Mitarbeitern	0,353	0,003
Anreizsysteme (in Form von Freizeit)	0,266	0,020
Anreizsysteme (in Form von Entgelt)	0,263	0,021
Motivation der Mitarbeiter	0,242	0,031
Organisationsstruktur mit flachen Hierachien	0,242	0,031
Lernbereitschaft der Mitarbeiter	0,189	0,078

Tab. 7: Korrelationsanalyse der Bedeutung der einzelnen Items zum Humankapital

Die anderen Variablen, mit Ausnahme der „Lernbereitschaft", weisen bereits geringere Korrelationen auf. Allerdings können auch hier die Nullhypothesen mit einer Irrtumswahrscheinlichkeit von lediglich 5 % abgelehnt werden, d. h. die Korrelation ist auf einem Niveau von 0,05 einseitig signifikant.

Den schlechtesten Korrelationswert mit 0,189 erzielte die „Lernbereitschaft". Die befragten Unternehmen sehen keinen großen Zusammenhang zwischen einer Humankapitalstrategie und der Lernbereitschaft der Mitarbeiter. Vermutlich entzieht sich die Erhöhung der Mitarbeiterlernbereitschaft der Kompetenz der Unternehmen. Jeder Mitarbeiter muss eine Grundbereitschaft zum permanenten Lernen von sich aus mit in das Unternehmen bringen. Unternehmen können nur die Voraussetzungen für das Lernen ihrer Mitarbeiter verbessern.

Abbildung 15 zeigt Durchschnittswerte über die einzelnen Variablen im Profil. Im Durchschnitt bewerten die Unternehmen die Bedeutung des Humankapitals für die Branche mit 1,27 und den Einsatz im eigenen Unternehmen mit 2,32. Die Bewertung der Variablen bewegt sich auf einem verhältnismäßig hohen Niveau. Die Durchschnittswerte liegen bis auf wenige Ausnahmen im sehr guten Zweierbereich. Zudem lassen entsprechend geringe Standardabweichungen auf ein homogenes Ergebnis schließen.

Als einzige wesentliche Abweichung lässt sich „Freizeit" als Engagementanreiz feststellen. Der erzielte Mittelwert von 3,23 liegt deutlich unter dem Durchschnitt. Weiterhin muss erwähnt werden, dass sich die Standardabweichungen bei den beiden Anreizvariablen und bei der Variablen „Kommunikation" teilweise deutlich oberhalb des Durchschnitts befinden. Die hohen Werte von über 1,0 lassen keine einheitlichen Rückschlüsse zu. Die befragten Unternehmen scheinen in ihren Meinungen

zu. Die befragten Unternehmen scheinen in ihren Meinungen verhältnismäßig stark voneinander abzuweichen.

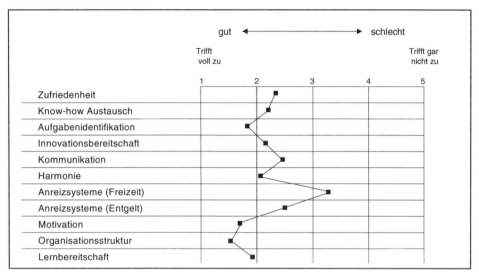

Abb. 15: Einstellung von Franchiseunternehmen zum Humankapital

Die heterogenen Meinungen der Befragten lassen sich vermutlich auf die kontroversen Diskussionen zum Thema Anreize für Mitarbeiter zurückführen. Zur Schaffung von Anreizen muss auf jeden Mitarbeiter individuell eingegangen werden. Eine allgemeine Entscheidung, ob Freizeit oder finanzielle Mittel stärkere Anreize schaffen, lässt sich nicht treffen. Auch die Komponente „Kommunikation unter Mitarbeitern" wird unter den Arbeitgebern immer noch uneinheitlich gesehen. So sind einige Arbeitgeber der Auffassung, die Produktivität mit Hilfe von Kommunikationszonen, wie z. B. gemeinsamen Aufenthaltsräumen, zu steigern. Bei konservativen Arbeitgebern werden solche Maßnahmen jedoch immer noch skeptisch gesehen. Sie sind der Auffassung, dass die Mitarbeiter, während sie miteinander kommunizieren, nicht produktiv für das Unternehmen arbeiten.

3.3.7 Dienstleistungsqualität

Unter dem Begriff Dienstleistungsqualität ist die Fähigkeit eines Anbieters zu verstehen, eine Leistung auf einem bestimmten Anforderungsniveau zu erstellen, die den Kundenerwartungen entspricht. Dabei ist die Leistung intangibel und bedarf der Kundenbeteiligung (vgl. Bruhn, 1997, S. 27). Diese Definition enthält den **produktorientierten** Qualitätsbegriff, wonach die Beschaffenheit einer Leistung auf einem hohen oder niedrigen Niveau erbracht werden kann und zum anderen den **kundenorientierten** Qualitätsbegriff, da die Anforderungen vom Kunden festgelegt werden.

„Die Dienstleistungsqualität bestimmt sich aus der Summe der Eigenschaften bzw. Merkmale von Dienstleistungen, um bestimmten Anforderungen gerecht zu werden" (Bruhn, 2000, S. 30). Anforderungen werden von dreierlei Seiten an die Dienstleistungsqualität gestellt. Auf der Kundenseite stehen Erwartungen der aktuellen und potenziellen Kunden. Aus Wettbewerbssicht stellt sich die Frage, wie sich ein Unternehmen bezüglich seiner Qualitätsstrategie profiliert. Dabei kann die Dienstleistungsqualität zum strategischen Wettbewerbsvorteil werden. Schließlich ist die Dienstleistungsqualität aus Unternehmenssicht zu beurteilen, die sich in der Fähigkeit ausdrückt, auf welchem Niveau ein Unternehmen in der Lage ist, eine Dienstleistung zu erbringen. Allerdings ist es immer der Kunde, der die Anforderungen an eine Dienstleistung bestimmt und der daher auch im Mittelpunkt der Betrachtung steht. Für die überwiegende Mehrheit stellt die Dienstleistungsqualität mit 83 % einen Erfolgsfaktor sowohl innerhalb der Branche als auch im eigenen Unternehmen dar (Abbildung 16). Es gibt lediglich eine geringe Anzahl von Unternehmen (2 %), die Dienstleistungsqualität weder für ihr eigenes Unternehmen noch für die Branche als wichtig erachten. Eine weitere Gruppe von Unternehmen sieht die hohe Bedeutung für die Branche, allerdings ist die Bedeutung der Dienstleistungsqualität für das eigene Unternehmen noch indifferent (12 %).

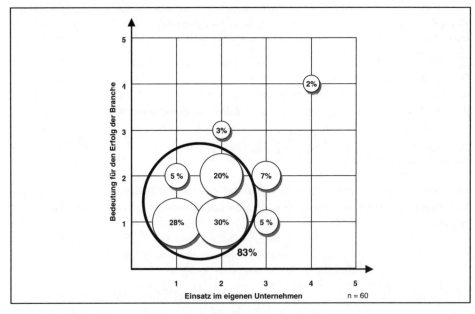

Abb. 16: Bewertung des Konstruktes Dienstleistungsqualität

	Einsatz im eigenen Unternehmen	
	Korrelation	Signifikanz
Termintreue	0,445	0,000
Informationen in der Vorkaufsphase	0,397	0,001
Kundenkontaktpersonal	0,381	0,001
Preis-Leistungsverhältnis	0,367	0,002
Erwartungen erfüllbar halten	0,283	0,014
Preistransparenz	0,226	0,045
Freundlichkeit	0,199	0,064
Anreizsystem für die Mitarbeiter	0,160	0,114

Tab. 8: Korrelationsanalyse der Bedeutung der einzelnen Items zur Dienstleistungsqualität

Die Variablen „Termintreue", „Informationen", „Kundenkontaktpersonal", „Preis-Leistungsverhältnis" und „Erwartungen" weisen die höchsten Korrelationen auf (Tabelle 8), sodass mit einer Irrtumswahrscheinlichkeit von nahezu 0 % angenommen werden kann, dass ein Zusammenhang zwischen der Umsetzung einer Qualitätsstrategie und den entsprechenden Variablen besteht. Die Signifikanz bewegt sich mit einem Wert unter 0,01 auf einem hohen Niveau.

Bei der Variablen „Preistransparenz" ist eine geringere Korrelation festzustellen, wobei die Nullhypothese mit einer Irrtumswahrscheinlichkeit von 5 % abgelehnt werden kann, d. h. die Korrelation ist auf einem Niveau von 0,05 einseitig signifikant.

„Freundlichkeit" und das „Anreizsystem" weisen bereits wesentlich geringere Korrelationswerte bei einem höheren Signifikanzniveau auf. Die Irrtumswahrscheinlichkeit liegt hier bei 6,4 % bzw. 11,4 %.

Bei der Analyse des Profils schneiden das „Kundenkontaktpersonal", das „Preis-Leistungsverhältnis", die „Freundlichkeit", die „Informationen", die „Erwartungen", die „Preistransparenz" und die „Termintreue" besonders positiv ab (Abbildung 17). Alle diese Variablen weisen eine Bewertung von besser zwei auf. Zudem deutet eine geringe Standardabweichung auf ein homogenes Meinungsbild bei den befragten Unternehmen hin. Eine unterdurchschnittliche Bewertung weist lediglich die Variable „Anreizsystem" auf. Der Mittelwert liegt über drei, was einer unterdurchschnittlichen Beurteilung der Erfolgsrelevanz durch die befragten Unternehmen entspricht.

Eine Erklärung für die geringe Einstufung der Variablen „Anreizsystem" könnte darin zu sehen sein, dass die befragten Unternehmen diesen Faktor anderen Konstrukten wie Humankapital zurechnen und die Bedeutung für dieses Konstrukt als gering einstufen.

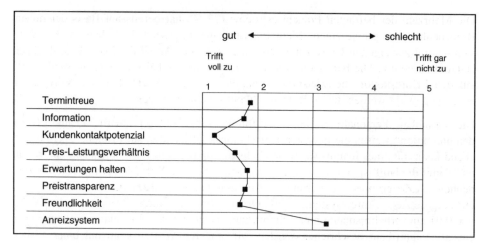

Abb. 17: Einstellung von Franchiseunternehmen zur Dienstleistungsqualität

3.3.8 Dienstleistungsmentalität

Die Dienstleistungsmentalität ist ein integrativer Ansatz, der das gesamte Unternehmen einschließt. Sie geht über die isolierte Betrachtungsweise einzelner Qualitätsaspekte hinaus. Ihre Aufgabe ist es, ein Wertesystem zu schaffen, welches die Beurteilung sämtlicher Einflussgrößen der Dienstleistungswertkette ermöglicht. Das verfolgte Ziel ist die Ermittlung eines dynamischen Gleichgewichtes zwischen dem zur Steigerung des Kundenwertes erforderlichen Aufwand und dem erzielten Gewinn (vgl. Gillner et al., 1997, S. 1060). Dienstleistungsmentalität beschreibt die problemlösungsorientierten Einstellungen und Verhaltensweisen der Akteure unter dem Gesichtspunkt, Dienste leisten zu wollen, Dienste leisten zu dürfen und Dienste leisten zu können (vgl. Lott/Gramke, 1999, S. 64). Ihr Wirkungsbereich reicht vom Außenverhältnis gegenüber externen Kunden bis zum Innenverhältnis gegenüber internen Kunden, d. h. den eigenen Mitarbeitern (vgl. Gillner et al., 1997, S. 1060). Die Analyse von Interaktionsbeziehungen zwischen den beteiligten Akteuren ist von entscheidender Bedeutung. Ob zwischen Kunden und Mitarbeitern oder zwischen den Mitarbeitern, eine positive, ganzheitliche Interaktionskultur ist das Fundament einer hohen Dienstleistungsmentalität (vgl. Lott/Gramke, 1999, S. 64).

Die Abbildung 18 zeigt die Befragungsergebnisse zur Dienstleistungsmentalität. Nahezu alle befragten Unternehmen sind der Auffassung, dass der Dienstleistungsmentalität innerhalb der Branche eine hohe Bedeutung zukommt. Interessanterweise findet sich kein Unternehmen, welches diesem Faktor keine Branchenbedeutung zumisst.

Die Mehrzahl der befragten Franchisesysteme (73 %) hat bereits auf Basis der hohen Branchenbedeutung eine eigene Mentalitätsstrategie umgesetzt. Lediglich 25 % äußern sich neutral zur eigenen Umsetzung und mit 2 % ist der Anteil der Mentalitätsablehner erstaunlich gering. Die befragten Franchiseunternehmen scheinen ihr Augenmerk stark auf den Erfolgsfaktor Dienstleistungsmentalität zu legen. Vermutlich soll Vorurteilen entgegengewirkt werden, wie z. B. Deutschland sei eine Servicewüste.

Die Variablen „Personalrecruiting", „Fortbildungsangebot", „Teamarbeit" und „Kundeninteraktion" weisen die höchsten Korrelationskoeffizienten auf (Tabelle 9). Entsprechend kann mit einer Irrtumswahrscheinlichkeit von 0 % ein Zusammenhang unterstellt und damit die Nullhypothese verworfen werden. Auch die Variablen „Mitarbeiterzufriedenheit", „Zielgruppenorientierung", „Kommunikation", „Kommunikation Mitarbeiter/Vorgesetzte", „Anreizsysteme" und „Organisationsstrukturen" weisen mit dem Wert von 0,01 ein verhältnismäßig hohes Signifikanzniveau auf. Die Korrelationen können als einseitig signifikant beschrieben werden. Mit anderen Worten kann mit einer Wahrscheinlichkeit von 99 % ein Zusammenhang zwischen der Umsetzung und den Variablen unterstellt werden.

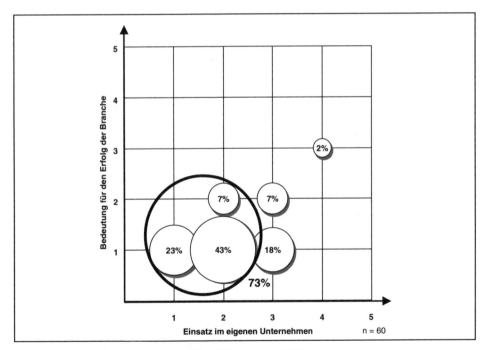

Abb. 18: Bewertung des Konstruktes Dienstleistungsmentalität

Lediglich die Variablen „Flexibilität" und „Individualisierung der Leistung" weisen mit einem Signifikanzniveau von 0,05 und 0,1 geringere Werte auf. Hier kann nur noch mit

Wahrscheinlichkeiten von 95 % bzw. 90 % von einem Zusammenhang ausgegangen werden.

Besonders positiv schneiden die „Organisationsstruktur" und die „Zielgruppenorientierung" ab (Abbildung 19). Mit einem Mittelwert von 1,58 führen sie die Spitzengruppe an. Zudem unterstreichen geringe Standardabweichungen die Aussagekraft. Für die befragten Unternehmen scheint die Möglichkeit, Dienste leisten zu können, von entscheidender Bedeutung zu sein. Flache Hierarchien und hohe Kundenkompetenz durch abgesteckte Zielgruppen sollen ein schnelles und fachkundiges Kundenmanagement ermöglichen. Gefolgt werden diese Variablen von „Kundeninteraktion", „Kommunikation Mitarbeiter/Vorgesetzte", „Individualisierung der Leistung" und „Flexibilität". Die befragten Unternehmen sehen in diesen Punkten eine besondere Bedeutung für die Dienstleistungsmentalität.

	Einsatz im eigenen Unternehmen	
	Korrelation	Signifikanz
Personalrecruiting	0,486	0,000
Fortbildungsangebot für Mitarbeiter	0,459	0,000
Teamarbeit unter den Mitarbeitern	0,447	0,000
Kundeninteraktion	0,436	0,000
Mitarbeiterzufriedenheit	0,390	0,001
Klare Zielgruppenorientierung	0,382	0,001
Kommunikation der Mitarbeiter	0,381	0,001
Kommunikation Mitarbeiter/ Vorgesetzte	0,370	0,002
Anreizsysteme zur Motivationssteigerung	0,369	0,002
Organisationsstruktur mit flachen Hierachien	0,363	0,002
Flexibilität bezogen auf Kundenwünsche	0,221	0,047
Individualisierung der Leistung	0,212	0,055

Tab. 9: Korrelationsanalyse der Bedeutung der einzelnen Items zur Dienstleistungsmentalität

Verhältnismäßig schlecht wurden „Anreizsysteme" beurteilt. Dabei ist die Standardabweichung überdurchschnittlich hoch, was auf kein einheitliches Meinungsbild hindeutet. Die befragten Unternehmen sind der Auffassung, dass Anreize nicht unmittelbar der Dienstleistungsmentalität zuzuordnen sind. Vermutlich würden sie diesen Punkt dem Erfolgsfaktor Humankapital direkt zuordnen. Analog ist auch die Variable „Personalrekrutierung" nicht der Dienstleistungsmentalität direkt zuzuweisen.

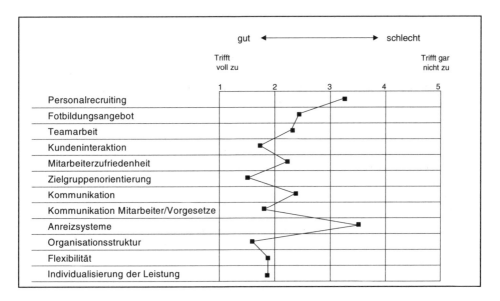

Abb. 19: Einstellung von Franchiseunternehmen zum Dienstleistungsmanagement

4 Abschließende Bemerkung

Ziel dieser Arbeit war es, einen Überblick über Erfolgsfaktoren in Franchisesystemen sowie deren Ausgestaltung zu geben. Insgesamt kann festgehalten werden, dass ein großer Teil der identifizierten Erfolgsfaktoren in Franchisesystemen bestätigt werden kann.

Besonders die Konstrukte Dienstleistungsqualität und Dienstleistungsmentalität erzielen sehr hohe Beurteilungswerte. Die befragten Unternehmen sehen bei diesen Faktoren den direkten Zusammenhang zu der am Markt angebotenen Dienstleistung. Dem Kunden eine Leistung auf einem hohen Qualitätsniveau und mit einer positiven Einstellung, die hier durch die Dienstleistungsmentalität ausgedrückt wird, anzubieten, sehen die meisten Systeme als außerordentlich erfolgskritisch an.

Die anderen Faktoren zielen mehr auf den Leistungserstellungsprozess sowie dessen Bedingungen ab. Lediglich der Faktor Humankapital, der bei der Branchenbedeutung überdurchschnittlich gut abschneidet, übernimmt eine Zwischenfunktion. Er kann sowohl direkt der Leistung als auch dem Erstellungsprozess zugeordnet werden. Der Einsatz von Humanressourcen spielt gerade bei der Erstellung von Dienstleistungen eine entscheidende Rolle.

Dem Netzwerkmanagement wird von den befragten Franchiseunternehmen eine hohe Bedeutung beigemessen. Sie ist darin begründet, dass die Fähigkeit der Franchisenehmer, sich in ein Netzwerk einzubringen, Grundvoraussetzung für die Teilnahme an einem Franchisesystem ist. Demnach hat die Kompetenz in diesem Bereich einen hohen Einfluss auf den Erfolg des gesamten Dienstleistungsnetzwerks.

Dem Innovationsmanagement wird hingegen eine geringere Erfolgsrelevanz beigemessen. Ursache hierfür kann die geringe Verbreitung einer organisatorischen Verankerung des Innovationsmanagements sein. Zudem mangelt es häufig an einer konsequenten Innovationspolitik in den Unternehmen, sodass ein innovationsfreundliches Klima nicht zustande kommt.

Das schlechte Abschneiden der Erfolgsfaktoren Mass Customization und Internationalisierung muss jedoch noch einmal separat erläutert werden.

Die unterdurchschnittlichen Ergebnisse des Erfolgsfaktors Mass Customization lassen sich auf eine fehlende Identifikation mit dem Begriff zurückführen. Anscheinend wurde die Definition dieses Begriffes zu eng verstanden, sodass sich einige der befragten Netzwerke nicht angesprochen fühlten. So kann beispielsweise eine Unternehmensberatung auch als Mass Customizer verstanden werden, da sie ihren Kunden auf Basis ihres bereits vorhandenen Wissenspools eine individualisierte Leistung anbietet.

Die Problematik beim Erfolgsfaktor Internationalisierung liegt vermutlich darin begründet, dass eine Vielzahl der befragten Franchisesysteme der Kategorie klein- oder mittelständischer Anbieter zuzuordnen sind. Dadurch, dass für sie eine Internationalisierung von geringerer Bedeutung ist, kommt es zu einer unterdurchschnittlichen Ausprägung dieses Faktors. Bei einer isolierten Betrachtung von großen Unternehmen würde Internationalisierung vermutlich bessere Ergebnisse erzielen.

Der Erfolgsfaktor CRM am Beispiel der ASP-Branche

Thomas Berheide/Maren Wunderlich

1　Erfolgsfaktor Customer Relationship Management (CRM)

2　Grundlagen des Customer Relationship Management
　　2.1　Definition und Ziele des CRM
　　2.2　Kundenbindung als zentraler Bestandteil des CRM
　　　　2.2.1　Strategien und Instrumente der Kundenbindung
　　　　2.2.2　Prinzipien der Kundenbindung

3　CRM in der Application Service Provider Branche
　　3.1　Definition Application Service Provider
　　3.2　Spezifika der Application Service Provider Branche für das CRM
　　　　3.2.1　CRM am Beispiel eines Collaborative Application Service Provider
　　　　3.2.2　CRM am Beispiel eines Enterprise-Application Service Provider

4　Implikationen für die Dienstleistungsbranche

1 Erfolgsfaktor Customer Relationship Management (CRM)

Vor dem Hintergrund einer zunehmenden Austauschbarkeit von Dienstleistungen, einer erhöhten Anspruchshaltung der Verbraucher sowie einer damit einhergehenden Abnahme der Kundenloyalität hat sich in den letzten Jahren der Wettbewerbs- und Kostendruck in der Dienstleistungsbranche wesentlich verschärft (vgl. Meffert, 2000b, S. 117). Diese Entwicklungen haben bei vielen Dienstleistungsnetzwerken zu einer tiefgreifenden strategischen Neuorientierung geführt. Galt es bisher, vor allem durch klassische Instrumente des Massenmarketing, Neukunden zu gewinnen, rücken heute Aspekte der Kundenbindung stärker in den Mittelpunkt vieler Unternehmensstrategien (vgl. Holland/ Heeg, 1998, S. 21). Damit hat sich ein Wandel von der Transaktionsorientierung hin zu einer Kunden- und Beziehungsorientierung vollzogen (Grönroos, 1994). Dabei ist es wichtig, den Kunden individuell anzusprechen und ihm Dienstleistungen anzubieten, die auf seine spezifischen und aktuellen Bedürfnisse zugeschnitten sind (Diller, 1995, S. 443).

In diesem Zusammenhang erfährt das Customer Relationship Management (CRM), der Aufbau und Erhalt dauerhafter, profitabler Kundenbeziehungen, eine besondere Bedeutung (vgl. Rosemann/Rochefort/Behnck, 1999, S. 105 f.). Eine Delphi-Studie des Lehrstuhls für Betriebswirtschaftslehre, insbesondere Distribution und Handel (vgl. Ahlert/Evanschitzky, 2001) ergab, zählt das CRM zu den wichtigsten Erfolgsfaktoren in der Dienstleistungsbranche.

Zahlreiche Studien haben sich bereits mit den positiven Wirkungen langfristiger Kundenbeziehungen auf den Unternehmenserfolg beschäftigt (vgl. Reichheld/Sasser, 1990, S. 108 ff.; Buchanan/Gillies, 1990, S. 524; Meyer/Dornach, 1995, S. 434). Neben konstanten Gewinnbeiträgen im Verlauf einer Kundenbeziehung werden hier die erhöhte Kauffrequenz seitens des Nachfragers sowie Cross-Buying-Aktivitäten, eine positive Mund-zu-Mund-Propaganda und eine Zunahme der Preisbereitschaft angeführt. Während dadurch die Umsätze gesteigert werden können, ergeben sich Kostensenkungspotenziale beispielsweise im Bereich der Hilfestellung und Beratung durch Erfahrungs- und Lerneffekte beim Kunden (Dittrich, 2000, S. 16). So kostet es etwa fünfmal soviel, einen Neukunden zu gewinnen, als eine bestehende Kundenbeziehung zu pflegen (Müller/Riesenbeck, 1991, S. 69).

In der Vergangenheit stellte die Individualisierung der Kundenbeziehung für zahlreiche Dienstleistungsnetzwerke ein fast unlösbares Problem dar. Erst durch die rasante Entwicklung der Informations- und Kommunikationstechnologie ist es heute möglich, Kundendaten effizient zu nutzen und damit selbst auf Massenmärkten einen individuellen Dialog aufzubauen und im Rahmen von Mass Customization-Konzepten maßgeschneiderte Dienstleistungen anzubieten (vgl. Frielitz et al., 2000, S. 10). Dies zeigt sich besonders anschaulich in der jungen Application Service Provider (ASP) Branche. In dem Modell des Application Service Providing stellt ein Softwarehändler seinen Kunden internetbasierte Softwareanwendungen (Applications) und damit verbundene Dienstleistungen (Services) über ein Netzwerk von Partnern (Provider) zur Verfügung (vgl. Kreft, 2000, S. 167).

Der vorliegende Beitrag setzt sich zunächst mit den Grundlagen des Customer Relationship Management auseinander. Darauf aufbauend wird im zweiten Teil nach einer kurzen Einführung in die ASP-Branche die Umsetzung des CRM bei differenten ASP-Geschäftstypen näher betrachtet. Anhand dieser Ergebnisse werden abschließend Implikationen für Dienstleistungsnetzwerke gegeben.

2 Grundlagen des Customer Relationship Management

2.1 Definition und Ziele des CRM

In der Literatur finden sich zahlreiche Begriffsdefinitionen zum CRM. In dem vorliegenden Beitrag soll der Definition von Wilde/Hippner (Frielitz/Hippner/Martin/Wilde, 2000, S. 10) gefolgt werden, die

CRM als eine kundenorientierte Unternehmensphilosophie verstehen, die versucht, mit Hilfe moderner Informations- und Kommunikationstechnologien auf lange Sicht profitable Kundenbeziehungen durch ganzheitliche und individuelle Marketing-, Vertriebs- und Servicekonzepte aufzubauen und zu festigen.

Neben dem informationstechnologischen Aspekt steht damit beim CRM die strategische Leitlinie der Kundenorientierung mit dem Ziel der Kundenbindung im Vordergrund. In der Praxis ist derzeit jedoch die Tendenz zu verzeichnen, sich bei der Einführung von CRM-Konzepten vorrangig auf den Aufbau und die Anpassung unternehmensinterner und -externer IT-Strukturen zu konzentrieren (Bruhn, 2001, S. 7 f.). Vielfach wird dabei vernachlässigt, dass CRM für eine strategische Grundorientierung steht, die eine Ausrichtung des gesamten Unternehmens auf den Kunden verlangt. Hierzu ist es erforderlich, die mit dem CRM verfolgten Ziele und damit die angestrebte strategische Positionierung klar zu definieren (vgl. Hettich/Hippner/Wilde, 2000, S. 1346). Bei den zentralen Zielen des CRM handelt es sich um:

- Maximierung des Customer Lifetime Value,
- Individualisierung der Kundenbeziehung,
- Aufbau langfristiger Kundenbeziehungen,
- Integration von Marketing, Vertrieb und Service (Systemintegration).

Maximierung des Customer Lifetime Value

CRM fokussiert auf eine langfristige Bindung von Kunden, die über den gesamten Zeitraum der Geschäftsbeziehung profitabel erscheinen (Rosemann/Rochefort/Behnck, 1999,

S. 106). Nicht die kurzfristige Erhöhung des Marktanteils über einzelne Transaktionen, sondern der Customer Lifetime Value, der sich über den Gesamtzeitraum einer Geschäftsbeziehung ergebende Kundenwert, steht beim CRM als Ziel- und Steuerungsgröße im Vordergrund (vgl. Homburg/Sieben, 2000, S. 482 ff.). Der Kundenwert stellt die Differenz aus der mit einem Kunden verbundenen, auf einen Zeitpunkt diskontierten Ein- und Auszahlungen dar. Ziel einer Berechnung des Customer Lifetime Value ist die Identifikation, Selektion und Förderung profitabler, Gewinn bringender Kunden (Gierl/Kurbel, 1997, S. 176). So erwirtschaften Unternehmen in der Regel mit nur 20 Prozent der Kunden 80 Prozent ihres Umsatzes. Vor diesem Hintergrund gilt es im Rahmen des CRM, einerseits den Beitrag eines Kunden zum Unternehmenserfolg und andererseits seine Investitionswürdigkeit hinsichtlich zu ergreifender Marketingmaßnahmen zu ermitteln (Link/Hildebrand, 1997, S. 160). Hieraus resultiert die Forderung nach einer differenzierten Behandlung der Kunden entsprechend ihrer Wertigkeit, die bei konsequenter Gewinnorientierung auch zu einer Beendigung der Geschäftsbeziehung und damit zu einer Reduzierung der Kundenanzahl führen kann (vgl. Frielitz et al., 2000, S. 12).

Individualisierung der Kundenbeziehung

Die Individualisierung der Kundenbeziehung erfordert eine Ausrichtung aller Marketingaktivitäten des Unternehmens auf die spezifischen Bedürfnisse einzelner Kunden bzw. Kundensegmente (Customizing) (vgl. Homburg/Sieben, 2000, S. 476). Dies betrifft sowohl die Informations- als auch die Aktionsseite des Marketing (Diller, 1995, S. 443). Für eine individuelle Leistungserstellung ist es nötig, den Kunden genau kennenzulernen und möglichst viele Informationen über ihn zu sammeln. Ziel ist es, durch den Aufbau eines detaillierten Kundenprofils im Rahmen des Database-Marketing den „richtigen" Kunden, zum „richtigen" Zeitpunkt, mit den „richtigen" Instrumenten sowie der „richtigen" Angebots- und Produktgestaltung möglichst individuell anzusprechen (vgl. Link, 1999, S. 81).

Damit bezieht sich die Individualisierung sowohl auf die Leistungs- als auch auf die Kommunikationsebene. Hierbei ist zu beachten, dass eine umfassende Individualisierung nur bei der persönlichen Betreuung einer überschaubaren Zahl von Großkunden mit entsprechend hohen Kundenwerten möglich ist, damit sich die Aufwendungen der Individualisierung auch amortisieren. Dagegen ist es auf Massenmärkten angezeigt, eine Differenzierung der Kommunikation und insbesondere Unternehmensleistung auf Basis von Kundensegmenten vorzunehmen. Im Gegensatz zur klassischen Marktsegmentierung kann es sich dabei um eine Vielzahl von Segmenten handeln, die anhand einer detaillierten Kundendatenbank ermittelt und mit Hilfe von CRM-Anwendungssystemen gesteuert werden (vgl. Frielitz et al., 2000, S. 14).

Aufbau langfristiger Kundenbeziehungen

Eine weitere zentrale Zielsetzung des CRM ist der Aufbau langfristiger Kundenbeziehungen. Durch die kontinuierliche Pflege bestehender Kundenbeziehungen soll eine möglichst hohe Kundenbindung erreicht werden (Hettich/Hippner/Wilde, 2000, S. 1347). Aus Nachfragersicht ist die Bindung eines Kunden mit dessen Loyalität gegenüber einem Anbieter gleichzusetzen, die sich sowohl auf das bisherige Verhalten (Kaufverhalten, Weiterempfehlung) als auch auf die Absicht zu zukünftigem Verhalten (Wiederkauf-, Zusatzkauf-, Weiterempfehlungsabsicht) bezieht (Homburg/Giering/Hentschel, 2000, S. 88). Die Erfolgswirkungen der Kundenbindung wurden eingangs bereits aufgezeigt und resultieren demnach aus Erlössteigerungs- sowie Kostensenkungswirkungen. Demgegenüber umfasst Kundenbindung aus Anbietersicht alle Aktivitäten, die auf die Herstellung oder Intensivierung der Bindung aktueller Kunden gerichtet sind (vgl. Homburg/Bruhn, 2000, S. 8). Die systematische Analyse, Planung, Durchführung und Kontrolle sämtlicher Kundenbindungsmaßnahmen wird auch als Kundenbindungsmanagement bezeichnet (vgl. Meyer/Oevermann, 1995, S. 1344). Angesichts der hohen Bedeutung der Kundenbindung für das CRM werden in Kap. 2.2 die Strategien und Prinzipien der Kundenbindung ausführlicher dargestellt.

Integration von Marketing, Vertrieb und Service (Systemintegration)

Der im Rahmen des CRM angestrebte, individuelle Dialog mit den Kunden erfordert die Integration von Marketing, Vertrieb und Service (Hettich/Hippner/Wilde, 2000, S. 1347). Durch die steigende Anzahl von Distributions- und Kommunikationskanälen haben sich die Kontaktpunkte zwischen Kunden und Unternehmen in den letzten Jahren wesentlich erhöht (Multichanneling). Um an den einzelnen Kundenkontaktpunkten die spezifischen Bedürfnisse und Erwartungen des Kunden erfüllen zu können, ist es daher notwendig, alle kundenrelevanten Informationen aus den verschiedenen Bereichen zusammenzuführen. Dies bedingt den Einsatz Integrierter Informationssysteme, um ein ganzheitliches Bild vom Kunden und seiner Geschäftsbeziehung zu erhalten (vgl. Frielitz et al., 2000, S. 20 f.).

2.2 Kundenbindung als zentraler Bestandteil des CRM

Das Management der Kundenbindung stellt einen zentralen Bestandteil des CRM dar. Vor diesem Hintergrund werden nachfolgend die Strategien und Instrumente sowie die Prinzipien der Kundenbindung näher betrachtet.

2.2.1 Strategien und Instrumente der Kundenbindung

Im Rahmen des Kundenbindungsmanagements ist es das Ziel, die Wechselbereitschaft der Kunden durch die Herstellung oder Intensivierung von Bindungen zu verringern bzw. temporär einen Wechsel auszuschließen (vgl. Meffert, 2000b, S. 119). Dabei kann in Abhängigkeit der Bindungsursachen zwischen einer emotionalen und einer faktischen Bindung unterschieden werden (Meffert/Backhaus, 1994). Hieraus folgen zwei alternative Bindungsstrategien, die auch kombiniert zum Einsatz kommen können: die Verbundenheitsstrategie und die Gebundenheitsstrategie (vgl. Bliemel/Eggert, 1998, S. 39 ff.).

Verbundenheitsstrategie

Die Verbundenheitsstrategie basiert auf einer emotionalen Bindung der Kunden. Als Schlüsselfaktoren zum Aufbau einer emotionalen Bindung werden zum einen die Kundenzufriedenheit mit den Leistungen und zum anderen das Kundenvertrauen in den Anbieter angesehen (Bliemel/Eggert, 1998, S. 42). Während Kundenzufriedenheit das positive Ergebnis eines Vergleichsprozesses zwischen der erwarteten (Soll) und tatsächlich wahrgenommenen Leistung (Ist) darstellt, ist Kundenvertrauen eine wertende Haltung gegenüber dem Anbieter (vgl. Homburg/Rudolph, 1998, S. 35 ff.). Sie resultiert aus der Erwartung des Kunden, auch in Zukunft von diesem Anbieter vorteilhaft behandelt zu werden. Dabei wird das Kundenvertrauen durch wiederholte Kundenzufriedenheit verstärkt. Die Verbundenheit setzt sich demnach aus Kundenzufriedenheit und Kundenvertrauen zusammen und führt zu einer Bindung, die vom Kunden ausgeht und seinem Willen entspricht. Da abnehmerseitige Gründe für diese Bindung vorliegen, kann von einem „Nicht-Wechseln-Wollen" gesprochen werden (vgl. Bliemel/Eggert, 1998, S. 42).

Gebundenheitsstrategie

Neben der emotionalen Bindung kann die Kundenbindung auch seitens des Anbieters durch den gezielten Aufbau von Wechselbarrieren forciert werden, die eine faktische Bindung begründen (vgl. Meffert, 2000b, S. 127 f.). Will der Kunde dennoch den Anbieter wechseln, so ist dies mit Wechselkosten verbunden, die sich sowohl in monetärer Form als auch durch Nutzeneinbußen bemerkbar machen können (vgl. Dittrich, 2000, S. 60).

Hinsichtlich der Wechselbarrieren können rechtliche, situative, ökonomische und technisch-funktionale unterschieden werden (Homburg/Bruhn, 2000, S. 10 f.). Rechtliche Wechselbarrieren liegen beispielsweise vor, wenn Anbieter und Nachfrager auf Grund eines Vertrages miteinander verbunden sind, sodass eine Auflösung des Geschäftsverhältnisses erschwert wird. Situative Wechselbarrieren resultieren beispielsweise aus der Bequemlichkeit des Kunden, d. h. er frequentiert z. B. das Ladenlokal eines Anbieters auf Grund seiner günstigen Lage. Von ökonomischen Wechselbarrieren wird gesprochen, wenn eine Beendigung der Geschäftsbeziehung mit finanziellen Einbußen verbunden ist (Plinke, 1998, S. 310). Hierzu zählen z. B. Vertragsauflösungsgebühren. Technisch-funktionale Wechselbarrieren basieren auf technologischen Abhängigkeiten, die dazu führen, dass ein Wechsel mit Beschaffungs- oder Kompatibilitätsproblemen verbunden ist (Hesse, 1997, S. 24).

Bei der Gebundenheitsstrategie wird der Entscheidungs- und Handlungsspielraum des Kunden durch den Aufbau von Wechselbarrieren stark eingeschränkt (vgl. Bruhn, 1999, S. 130). Die Bindung beruht auf einem „Nicht-Wechseln-Können", d. h. auf dem Gebundensein der Kunden. Das Bindungsinteresse geht bei dieser Strategie vorrangig vom Anbieter aus (vgl. Bliemel/Eggert, 1998, S. 41).

Da einer auf Kundenzufriedenheit und Kundenvertrauen beruhenden Kundenbindung ein größeres Bindungspotenzial zugesagt wird, sollte diese das vorherrschende Ziel einer jeden Unternehmung sein (vgl. Bergmann, 1998, S. 49 ff.). Vielfach ist jedoch zu beobachten, dass Unternehmen eher eine Gebundenheitsstrategie verfolgen. Dies lässt sich dadurch begründen, dass eine faktische Bindung durch den Einsatz gezielter Instrumente leichter zu realisieren ist und eine Absicherung gegen eine künftige Wettbewerbsverschlechterung darstellt (vgl. Bliemel/Eggert, 1998, S. 43). Der Zusammenhang zwischen Bindungsursachen und Bindungsstrategien wird in Abbildung 1 aufgezeigt.

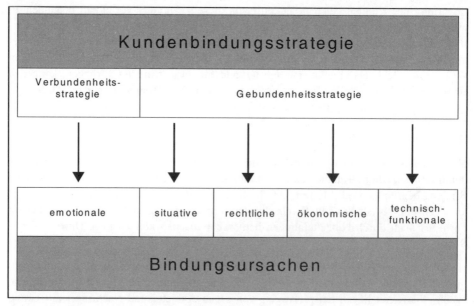

Abb. 1: Verbundenheits- und Gebundenheitsstrategie
(Quelle: In Anlehnung an: Homburg/Faßnacht, 1998, S. 415)

Zur Umsetzung der Kundenbindungsstrategien können grundsätzlich alle Bereiche des Marketing-Mix, d. h. der Produkt-, Preis-, Kommunikations- und Distributionspolitik, herangezogen werden (Homburg/Bruhn, 2000, S. 19 f.). In Abhängigkeit der verfolgten Strategie (Gebundenheit vs. Verbundenheit) gewinnen dabei unterschiedliche Maßnahmen zur Kundenbindung an Bedeutung. Bezieht man weiterhin den Kundenbeziehungslebenszyklus mit den Phasen Neukundenakquisition, Kundenbindung, Kundenrückgewinnung in die Betrachtung ein, ergibt sich eine weitere Differenzierung der Instrumente (vgl. Abbildung 2). Je nach Kundenbeziehungsphase stehen unterschiedliche Aspekte der Kundenbindung im Vordergrund. Während in der Akquisitionsphase die Kundenbindung zunächst fundiert und in der anschließenden Bindungsphase intensiviert bzw. ausgeweitet wird, gilt es in der Rückgewinnungsphase, die gefährdete oder bereits verlorene Bindung wiederherzustellen (Georgi, 2000, S. 229 f.).

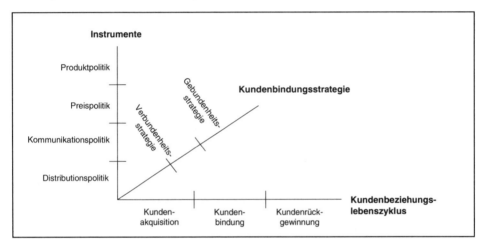

Abb. 2: Ordnungsrahmen der Kundenbindungsinstrumente

Die differenten, in der Praxis eingesetzten Instrumente zur Kundenbindung weisen auf die verschiedenen Möglichkeiten hin, Kundenbindung herzustellen bzw. zu intensivieren. Vor diesem Hintergrund ist es wichtig, die Auswahl und den Einsatz der Kundenbindungsinstrumente aufeinander abzustimmen. Eine Orientierung für die inhaltliche Konkretisierung geben die Prinzipien der Kundenbindung, die nachfolgend kurz dargestellt werden (vgl. Diller, 1995, S. 443 f.).

2.2.2 Prinzipien der Kundenbindung

Die Ausgestaltung der Kundenbindung sollte sich in Anlehnung an Diller an fünf strategischen Prinzipien orientieren, die eng mit den Zielen des CRM verknüpft sind (Diller, 2001, S. 92 ff.).

- Information: Eine wichtige Voraussetzung für die Kundenbindung sind umfassende Informationen über den Kunden. Erst durch den Aufbau detaillierter Kundenprofile ist es möglich, eine zielgenaue und individuelle Ansprache der Kunden sowie eine passgenaue Ausgestaltung der Kundenbindungsinstrumente umzusetzen (vgl. Holland, 1992, S. 779). Deshalb ist es notwendig, dass alle kundenrelevanten Informationen gesammelt und ausgewertet werden.

- Individualisierung: Die individuelle Behandlung des Kunden ist eines der wichtigsten Prinzipien der Kundenbindung, die eine konsequente Individualisierung aller Marketingaktivitäten erfordert. Dies gilt sowohl für die Produkt- als auch für die Preis-, Kommunikations- und Distributionspolitik.

- Investition: Vor dem Hintergrund der hohen Aufwendungen für die Individualisierung ist eine Fokussierung auf langfristig profitable Kundenbeziehungen unabdingbar. Damit erfolgt eine selektive Bearbeitung der Kunden entsprechend ihres Customer Lifetime Value. Die Kundenwertberechnung, die monetäre und nichtmonetäre Potenziale berücksichtigen sollte, stellt damit ein grundlegendes Prinzip für die Kundenbindung dar, um die Ausgewogenheit der Investitionen sicherzustellen.

- Interaktion: Der direkte und intensive Kontakt zum Kunden ist ein wichtiges Ziel der Kundenbindung, um dadurch die Beziehung zu festigen und zu intensivieren. Der Aufbau eines wechselseitigen Dialogs ermöglicht es darüber hinaus, den Kunden besser kennenzulernen und weitere Informationen über ihn zu gewinnen.

- Integration: Das Prinzip der Integration zielt schließlich darauf ab, den Kunden am Leistungsprozess teilhaben zu lassen bzw. sich selbst beim Kunden einzubringen. Diese Zusammenarbeit geht über die reine Interaktion hinaus und intensiviert die Beziehung sowie die Bindung wesentlich.

Diese Ausführungen lassen erkennen, dass die fünf Prinzipien der Kundenbindung in die Ziele „Maximierung des Customer Lifetime Value", „Individualisierung und Aufbau langfristiger Kundenbeziehungen" des CRM überführt werden können. Damit stellen die Kundenbindung und die Systemintegration zwei zentrale Bereiche des CRM dar, die als strategische und informationstechnologische Dimension bezeichnet werden können (vgl. Hettich/Hippner/Wilde, 2000, S. 1346). Für die nachfolgende Betrachtung der ASP-Branche werden wir den Fokus auf die strategische Dimension Kundenbindung legen.

3 CRM in der Application Service Provider Branche

3.1 Definition Application Service Provider

Bevor mögliche Umsetzungsstrategien für das Customer Relationship Management am Beispiel der Application Service Provider (ASP) dargestellt werden, gilt es zunächst, den Begriff sowie konstitutive Merkmale eines ASP aufzuzeigen und eine Typologisierung der ASP-Branche vorzunehmen. Darauf aufbauend wird anhand der Bindungsprinzipien erläutert, inwieweit die besondere Struktur der ASP-Branche dazu geeignet ist, den Erfolgsfaktor CRM umzusetzen.

In dem Modell des Application Service Providing stellt ein Softwarehändler seinen Kunden internetbasierte Softwareanwendungen (Applications) und damit verbundene Dienstleistungen (Services) über ein Netzwerk von Partnern (Provider) zur Verfügung.

Die konstitutiven Merkmale eines ASP stellen sich damit wie folgt dar (vgl. ausführlich International Data Corporation, 1999, S. 3 f.):

- Angebot von Applikationen: Hier handelt es sich um Software jeglicher Art, die es bisher auch käuflich zu erwerben gab. Das Spektrum reicht von einfachen E-Mailprogrammen, über Officelösungen bis hin zu hoch komplexen Enterprise Ressource Planning Systemen oder branchenspezifischen Lösungen. Dieses Angebot stellt eine Dienstleistung eines Netzwerkes dar und wird über das Internet vertrieben.

- Vermietung des Zugangs zu Applikationen: ASP bieten dem Kunden Zugang zu neuen Anwendungsumgebungen an, ohne dass diese Vorabinvestitionen in Softwarelizenzen, Serverhardware, Personal oder andere Ressourcen tätigen müssen. Der ASP ist entweder Eigentümer dieser Software oder er hat eine vertragliche Vereinbarung mit einem Softwarehersteller, die es ihm erlaubt, diese Anwendungen an Endkunden weiterzuvermieten.

- Zentrale Verwaltung: Anstatt die vermietete Software bei jedem einzelnen Kunden zu betreuen, wird sie in einem zentralen Rechenzentrum verwaltet. Somit greift der Kunde aus der Ferne auf seine Daten zu, beispielsweise per Internet oder über gemietete Datenleitungen (vgl. Forit/Zona Research, 2000, S. 4 f.).

- One-to-many Service: Die Dienstleistung eines ASP ist so konfiguriert, dass sie ein One-to-many-Angebot darstellt. Abhängig vom bearbeiteten Marktsegment werden mehr oder weniger standardisierte Softwarepakete angeboten, die dann vom Kunden über einen bestimmten Zeitraum hinweg abonniert werden.

- Dienstleistungsnetzwerk mit Systemkopf: Der ASP ist das fokale Unternehmen eines Dienstleistungsnetzwerks. Idealtypisch kooperieren in einem ASP-Modell Unternehmen aus den Bereichen Application, Service und Networking zur Erstellung der Dienstleistung. Das bedeutet, dass Softwareanbieter, Systemintegratoren und ein Unternehmen, dass den Zugriff auf die Anwendung in einem Rechenzentrum über das Internet ermöglicht, in dieses Dienstleistungsnetzwerk involviert sind. Aus Sicht der Kunden ist jedoch ausschließlich der ASP Ansprechpartner und verantwortlich für die korrekte Erfüllung des Mietmodells.

Die angebotene internetbasierte Dienstleistung des ASP bietet dem Kunden mehrere Vorteile. In erster Linie wird der Kunde von der kostentreibenden Aufgabe befreit, seine Software ständig warten und pflegen zu müssen. Darüber hinaus stehen ihm immer die neuesten Versionen der georderten Anwendungen zu Verfügung, denn Updates und Upgrades der Software werden von dem Application Service Provider und seinen Partnern vorgenommen. Ein weiterer Vorteil liegt darin begründet, dass eine Implementierung durch einen ASP nur sehr wenig Zeit in Anspruch nimmt. Beispielsweise dauert die Bereitstellung eines Enterprise Ressource Planning (ERP) Programms durch einen Application Service Provider im Vergleich zu einer herkömmlichen Vor-Ort-Installation nur vier Wochen anstelle von 18 Monaten (vgl. Expertengespräch des Lehrstuhls für Betriebswirtschaftslehre, insbesondere Distribution und Handel (Prof. Dr. D. Ahlert) mit Herrn Michael Tusche, 2000; MERCER Management Consulting, 2000, S. 5). Darüber hinaus entfallen durch das Mietmodell die Anschaffungskosten für eine unternehmensweite Software.

Die vielfältigen Kombinationsmöglichkeiten von Softwareanwendungen und Services führen zu einer nahezu unüberschaubaren Anzahl von ASP-Geschäftsmodellen. Eine zweckmäßige Einteilung des ASP-Marktes bietet die International Data Corporation (vgl. Abbildung 3).

Der Ordnungsrahmen wird zum einen durch den Komplexitätsgrad der Softwareanwendung und zum anderen durch das Ausmaß der angebotenen Serviceleistungen aufgespannt. An der Ordinate werden die gängigsten Applikationen aufgeführt: angefangen bei der komplexesten Software, den Unternehmensanwendungen, über die E-Business-Anwendungen bis hin zu der Personal Software.

Zu der Unternehmenssoftware gehören Programme wie zum Beispiel Management Informationssysteme (MIS), branchenspezifische bzw. vertikale Applikationen, ERP- und CRM-Software.

Unter E-Business-Anwendungen sind Programme wie z. B. E-Mail, Groupware, Unified Messaging oder Konferenzsoftware zu verstehen. Sie unterstützen und ermöglichen unter anderem die elektronische Kommunikation.

Personal Applikationen sind beispielsweise das Office Paket von Microsoft, die Lotus Suite von IBM, Kalendersoftware, Spiele, usw.

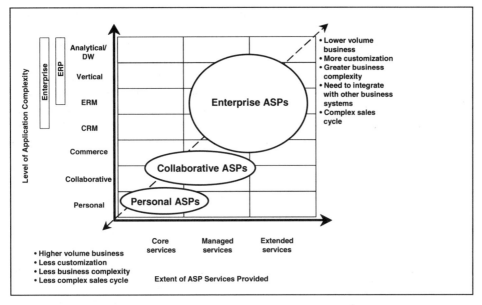

Abb. 3: Typologisierung der ASP-Branche
(Quelle: IDC, 1999, S. 5)

Die Abszisse unterteilt die Application Service Provider nach dem Umfang ihrer angebotenen Serviceleistungen. Hierbei können folgende drei Bereiche unterschieden werden:

- Core services: Diese Dienstleistungen umfassen lediglich grundlegende Leistungen, um die Softwareumgebung zu pflegen und somit ein Mindestmaß an Kundenzufriedenheit zu generieren. Zu nennen wären regelmäßige Updates und Upgrades der Applikationen, 24 Stunden am Tag, 7 Tage die Woche, 365 Tage im Jahr Aufsicht/Kontrolle der Software, des Netzwerkes und der Server, sowie eine minimale Kundenbetreuung.

- Managed Services: Diese beinhalten die oben genannten Services. Darüber hinaus bietet der ASP Services an, die die Unterstützung beim täglichen Betrieb, die Systemsicherheit der Rechner, konstante Softwareleistungen und Datensicherheit gewährleisten. Hinzu kommen vertragliche Garantien, wie zum Beispiel das Service Level Agreement (SLAs), das tägliche Speichern und Sichern von Daten, den Support Level und die Bereitstellung von technischem Personal.

- Extended Services: Dies sind Managed Services und darüber hinausgehende Leistungen. Zu nennen wären individuelle Konfiguration und Unterstützung in den Bereichen Strategie und Planung sowie Training und Ausbildung.

In den frühen Phasen der Marktentwicklung hat sich eine signifikante Korrelation zwischen der Komplexität der Software und dem Umfang der Services abgezeichnet. Dies ist unmittelbar einsichtig, denn ein Kunde, der in seinem Unternehmen eine Software installieren lässt, die kritische Prozesse und vertrauliche Daten verarbeitet, bedarf einer umfassenden Betreuung und erweiterter Serviceangebote. Im Gegensatz dazu benötigt beispielsweise ein Kunde von Office-Anwendungen keine Systemintegrationsleistungen seitens des ASPs. Anhand der möglichen Kombinationen von Softwarekomplexität und Serviceleistungen können augenblicklich in der Praxis drei ASP-Geschäftstypen identifiziert werden:

1. Enterprise-ASP
2. Collaborative-ASP
3. Personal-ASP

Durch das Angebot internetbasierter Dienstleistungen sind die aufgeführten ASP-Geschäftstypen in besonderem Maße geeignet, das Customer Relationship Management umzusetzen. In den nachfolgenden Abschnitten gilt es zunächst, die Besonderheiten und Spezifika der ASP-Branche aufzuzeigen. Anschließend werden die unterschiedlichen Strategieansätze sowie der daraus resultierende Einsatz von Kundenbindungsinstrumenten bei den Geschäftstypen Collaborative-ASP und Enterprise-ASP erläutert.

3.2 Spezifika der Application Service Provider Branche für das CRM

Betrachtet man die ASP-Branche im Hinblick auf die Prinzipien der Kundenbindung näher, werden die optimalen Voraussetzungen für die Umsetzung des Erfolgsfaktors CRM offensichtlich.

Prinzip Information

Wie oben schon erläutert wurde, heißt hier die Marketingregel: Kenne deinen Kunden! Je mehr ein Anbieter über das Verhalten und die Präferenzen seiner Kunden weiß, desto besser kann er sein Angebot bzw. seine Marketingmaßnahmen an diesen ausrichten.

Besonders in der ASP-Branche ist die Erhebung von Kundendaten nicht schwer. Der Kunde ist bei dieser Geschäftsbeziehung sogar bereit, aktiv seine Daten preiszugeben, da diese Daten teilweise direkt in die Produkterstellung mit einfließen. Durch die Weitergabe seiner Daten erhofft er sich im Gegenzug einen gesteigerten Produktnutzen.

Prinzip Individualisierung

Wenn man seine Kunden kennt, ist man in der Lage, auf die spezifischen Bedürfnisse und Eigenheiten einzugehen. Bei der internetbasierten Dienstleistung des ASP kann dies durch die Anpassung und Kombination von Softwaremodulen mit einem individuellen Service sehr gut geleistet werden. Dabei ist in der ASP-Branche zu beobachten, dass – je nach bearbeitetem Kundensegment und Grad der Softwarekomplexität – unterschiedliche Formen der Anpassung der Software nötig sind.

Die Abbildung 4 veranschaulicht verschiedene Möglichkeiten der Umsetzung von Individualisierungsstrategien. Diese fünf Konzepte des Mass Customization stellen keine idealtypische Vorgehensweise dar, sondern sind für jeden Einzelfall zu modifizieren, beispielsweise durch Kombination der Konzepte (vgl. Piller, 1998, S. 205).

Im Falle einer Serviceindividualisierung werden zum bestehenden Standardprodukt individuelle Services angeboten. Dies stellt die einfachste Form des Mass Customization dar. Bei der Herstellung des Produktes müssen die unterschiedlichen Bedürfnisse der Kunden nicht berücksichtigt werden. Erst in der Nutzungsphase des Kunden werden Anpassungen bezüglich seiner Anforderungen vorgenommen (vgl. hier und im Folgenden Piller, 1998).

Bei der zweiten Konzeption, der Selbstindividualisierung, kommt dem Kunden die Aufgabe der Individualisierung zu. Ihm obliegt es, das Produkt so einzustellen, dass es seinen Ansprüchen am Besten gerecht wird.

Die beiden bisher beschriebenen Möglichkeiten sind den Soft-Customization-Konzepten zuzurechnen. Das bedeutet, dass die Individualisierung im Normalfall außerhalb der Herstellung und somit außerhalb des Unternehmens stattfindet. Im Gegensatz dazu stehen Hard-Customization-Konzepte, bei denen schon während der Erstellung der Lösung kundenindividuelle Einstellungen vorgenommen werden müssen. Hier lassen sich, neben einer hybriden Form, zwei weitere Umsetzungsmöglichkeiten des Mass Customization unterscheiden.

Ausgangspunkt der angesprochenen Hybridform des Mass Customization, der kundenspezifischen End- oder Vorproduktion, ist die Bereitstellung von weitgehend standardisierten Produkten. Diese werden im ersten Schritt unabhängig von den jeweiligen Kundenanforderungen entwickelt. Diese standardisierten Produkte sind so geschaffen, dass man sie leicht an die individuellen Vorstellungen des Kunden anpassen kann. Voraussetzung für diese Form des Mass Customization ist, dass eine Interaktion zwischen Anbieter und Kunde stattfindet, um die nötigen Informationen für die Individualisierung zu erheben.

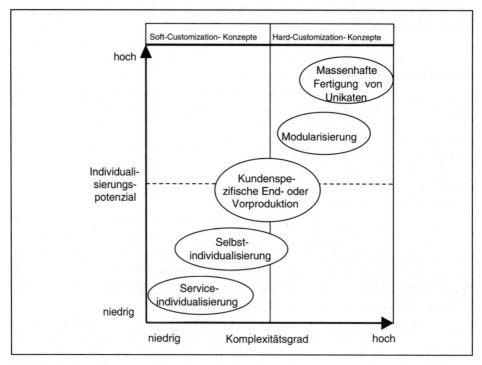

Abb. 4: Systematisierung von Mass-Customization-Konzepten
(Quelle: In Anlehnung an: Piller, 1998, S. 137; Deppe, 2000, S. 6)

Als erstes Hard-Customization-Konzept ist die Modularisierung oder auch das Baukastensystem zu nennen. Aus einer begrenzten Anzahl von kompatiblen Modulen lassen sich für jeden Kunden individuelle Lösungen erstellen. Ziel ist es hier, eine geringe interne Varietät mit einer hohen externen Varietät zu verbinden.

Die weitestgehende Form des Mass Customization ist die massenhafte Fertigung von Unikaten. Bei diesem Konzept werden keine standardisierten Vorleistungen oder Vorgaben verwendet, sondern es entstehen in letzter Konsequenz maßgeschneiderte Produkte.

Während bei den Collaborative-ASP der Komplexitätsgrad der Software relativ gering ausfällt und die angebotene Dienstleistung somit zu den Konzepten der Selbstindividualisierung bzw. kundenspezifischen End- oder Vorproduktion zu zählen ist, bietet ein Enterprise-ASP eine Lösung mit einem höheren Komplexitätsgrad an. Die Collaborative ASP können daher Soft-Customization-Konzepte umsetzen. Das Enterprise-ASP-Angebot aber ist eine Art der Modularisierung (vgl. Abbildung 4) und zählt daher zu den Hard-Customization-Konzepten. Letzterer ist fähig, neben unterschiedlichen Kombinationen von Standardanwendungen in den Bereichen der Enterprise Ressource Planning oder Customer Relationship Software individuelle Formen des softwarebegleitenden Services anzubieten.

Prinzip Investition

Bei der oben beschriebenen Individualisierung fallen natürlich Kosten an, die man als Investition in diese Geschäftsbeziehung bezeichnen kann (vgl. Diller, 2001, S. 96).

Diese spezifischen Investitionen werden sich nur dann auszahlen, wenn der zu vermutende Customer Lifetime Value eines jeden einzelnen Kunden diese Ausgaben rechtfertigt. Dies wird beim ASP dahingehend erleichtert, dass auf Grund des intensiven Datenaustausches mit dem Kunden ausreichend Informationen zur Berechnung des Customer Lifetime Value herangezogen werden können.

Ein ähnliches Kalkül wird aber auch von Seiten des Kunden angestellt. So wird sich der Kunde denjenigen ASP aussuchen, der in seinen Augen langfristig im ASP-Markt bestehen wird. Der Grund liegt darin, dass der Kunde durch die Preisgabe seines Anforderungsprofils interne Daten nach außen weitergibt und damit in das Vertrauen zum ASP investiert. Bei einem ASP-Projekt kommt darüber hinaus natürlich auch die monetäre Art der Investition für die Implementierung hinzu.

Diese von beiden Seiten getätigten Investitionen bewirken, dass Anbieter und Kunde an einer langen, erfolgreichen Zusammenarbeit interessiert sind, um diese spezifischen Ausgaben zu rechtfertigen.

Prinzip Interaktion

Durch die After-sale-Betreuung, die zentraler Bestandteil der internetbasierten Dienstleistung in der ASP-Branche ist, kann man eine vorbildliche Interaktion zwischen Anbieter und Nachfrager in der noch jungen ASP-Branche beobachten. Interaktion bedeutet, den Kunden zu veranlassen, dass er in einen Dialog mit dem ASP tritt, um die Geschäftsbeziehung zu vertiefen. Da es bei dem ASP das Ziel ist, ständige Verfügbarkeit der Software zu gewährleisten, sind beide Parteien im ständigen Kontakt, um sich beispielsweise im Falle einer technischen Störung innerhalb kürzester Zeit zusammenzusetzen.

Für den Fall, dass der ASP eine neue Version einer Softwareanwendung veröffentlichen möchte, interessiert es ihn bereits im Vorfeld, welche Neuerungen gewünscht werden und welche Nachteile der bestehenden Software es zu verbessern gilt. Durch einen intensiven Dialog zwischen ASP und Kunde kann dieser Informationsbedarf, zum Beispiel per Online-Umfrage, gedeckt werden.

Auch für den Kunden ist es von Bedeutung, dass der enge Kontakt zwischen beiden Parteien Bestand hat, kann er doch in einem Notfall nicht auf seine persönlichen Dokumente oder sogar auf kritische Unternehmensprozesse zugreifen. Aus dieser Besonderheit lässt sich im Vergleich zu anderen Branchen eine höhere Aktiviertheit des Kunden schließen. Somit gestaltet es sich für einen ASP wesentlich einfacher, mit seinen Kunden zu interagieren.

Ein weiterer Punkt, der die Interaktion mit dem Kunden erleichtert, ist die Tatsache, dass die ASP-Kunden stark internetaffin sind (vgl. Expertengespräch des Lehrstuhls für Betriebswirtschaftslehre, insbesondere Distribution und Handel (Prof. Dr. D. Ahlert) mit Frau Michaela Poußet, CRM-Managerin der Andate GmbH, 2001). Sie nehmen das Internet als Chance wahr, dieses Medium als zusätzliche Kommunikationsplattform zu nutzen und über diesen Weg auch vertrauliche Dokumente zu verwalten.

Dennoch wird die vermehrte Internetnutzung nicht den persönlichen Kontakt ersetzen können. In der ASP-Branche ist es üblich, dass, unabhängig vom Zielsegment, zu Beginn der Geschäftsbeziehung der persönliche Kontakt steht. Es liegt auf der Hand, dass dieser Kontakt je nach Segment im Laufe der Geschäftsbeziehung in unterschiedlicher Intensität fortgeführt wird. Ein Collaborative ASP kann es sich beispielsweise auf Grund der hohen Kundenanzahl nicht leisten, sämtliche Kunden individuell (One-to-One) zu betreuen. Der erste persönliche Kontakt ist jedoch entscheidend für den Vertrauensaufbau, der nicht allein durch das Internet geleistet werden kann.

Prinzip Integration

Die Integration geht einen Schritt weiter als die Interaktion. Integration bedeutet, dass der Kunde in der Phase der Leistungserstellung Einfluss nehmen kann und/oder dass er bestimmte Aufgaben des Anbieters übernimmt.

Im Falle des ASP ist vor allem die Einbeziehung des Kunden in den Leistungserstellungsprozess ein entscheidender Faktor. Bei der Integration gibt nunmehr der Kunde dem ASP Hilfestellung, indem er z. B. bei der Anbindung der lokal installierten Software mit der internetbasierten Software im eigenen Haus behilflich ist. Eine weitere Form der Integration besteht darin, dass der ASP Funktionen beim Kunden übernimmt. Als Beispiele wären die Pflege der Software oder die Wartung der Clientrechner beim Kunden zu nennen. Weiterhin ist eine Integration beider Parteien in einen „Katastrophenplan" für den Fall, dass das Rechenzentrum ausfällt, die Leitungen beschädigt werden oder ähnliche Totalausfälle vorfallen, vorstellbar. Integrierbar sind Kunden auch in der Form, dass man durch Umfragen Verbesserungsmöglichkeiten für die Nutzerfreundlichkeit, Stabilität etc. in Erfahrung bringt, um diese dann in die Entwicklung neuer Versionen einfließen zu lassen.

Aus der obigen Argumentation ist unmittelbar einsichtig, dass in der ASP-Branche als Beispiel für den Dienstleistungssektor sehr gute Voraussetzungen für das strategische Customer Relationship Management vorliegen. Weiterhin handelt es sich bei der ASP-Branche um eine sehr junge Wachstumsbranche (vgl. Kreft, 2000, S. 174). Das bedeutet, dass mit Hilfe der sich gerade im Aufbau befindlichen IT-Strukturen die technischen Möglichkeiten für das Customer Relationship Management geschaffen werden, um eine vorbildliche Umsetzung des CRM zu gewährleisten. Durch diese Strukturen wird es dem ASP-Netzwerk erleichtert, bereits in der aktuellen Phase der Neukundenakquisition die Kundenbindung zu fundieren. Dabei resultieren aus den Besonderheiten der jeweiligen ASP-Geschäftstypen verschiedene CRM-Strategien bzw. Kundenbindungsinstrumente, auf die nun im Folgenden eingegangen werden soll.

3.2.1 CRM am Beispiel eines Collaborative Application Service Provider

Wie bereits unter Punkt 3.1 angesprochen, lässt sich der ASP-Markt in drei Geschäftstypen unterteilen. Das hier zu behandelnde Geschäftsmodell der Collaborative-ASP zeichnet sich dadurch aus, dass es relativ einfache, sofort nutzbare Softwarelösungen wie z. B. Groupware, Conferencing oder Unified Messaging anbietet. Hierbei handelt es sich um leicht bedienbare Anwendungen mit relativ geringer Komplexität, die mit nur verhältnismäßig wenig Service zur Miete angeboten werden. Die Collaborative ASPs weisen besondere Fähigkeiten auf, den Massenmarkt und das damit verbundene hohe Datenaufkommen zu betreuen und die Server und Netzwerke, auf denen diese Software läuft, zu managen (vgl. IDC, 1999, S. 6).

Die folgenden Angaben über die Kundenbindungsstrategie und die eingesetzten Kundenbindungsinstrumente eines Collaborative-ASP beziehen sich auf ein Expertengespräch des Lehrstuhls für Betriebswirtschaftslehre, insbesondere Distribution und Handel (Prof. Dr. D. Ahlert) mit Frau Michaela Poußet, CRM Managerin der Andate mit Sitz in Eschborn (bei Frankfurt/Main), die als Collaborative-ASP eingestuft werden kann (http://www.andate.de/home.htm).

Die Collaborative-ASPs verfolgen eine Kombination der Bindungsstrategien aus Verbundenheit und Gebundenheit (vgl. Abschnitt 2.2.1). Angesichts der relativ geringen rationalen Bindung liegt im Segment der Collaborative ASPs der Fokus mehr auf der Verbundenheitsstrategie.

Der Grund liegt in der geringeren Komplexität der Lösung, bei der mehrere standardisierte Softwaremodule zusammengefügt werden. Dadurch fällt der Grad der Individualisierung und somit die spezifische Investition seitens des Kunden im Vergleich zu einem Enterprise-ASP wesentlich niedriger aus und der Kunde befindet sich in einer nur geringen Abhängigkeit. Der Lock-In-Effekt durch die ökonomische und die technologische Gebundenheit (vgl. Abbildung 1) ist folglich nicht so stark ausgeprägt. Der Kunde kann mit relativ geringen Wechselkosten den Anbieter wechseln.

Im Bereich der von Collaborative-ASPs angebotenen Softwareanwendungen können keine hohen Preise durchgesetzt und somit nur geringe Margen erzielt werden. Vor diesem Hintergrund bearbeiten Collaborative-ASPs einen Massenmarkt, um letztendlich über die Menge erfolgreich zu sein. Diese Tatsache impliziert, dass man dieses Kundensegment mit Kundenbindungsinstrumenten bearbeiten sollte, die den Erfordernissen eines *Massenmarktes* gerecht werden und das Potenzial der Kunden optimal ausnutzen.

Der Collaborative-ASP muss in erster Linie in der Lage sein, die große Menge an *Informationen* zu speichern, zu pflegen und zu analysieren, die bei der Bearbeitung eines Massenmarktes anfallen. Im Rahmen des Database-Marketing wird es möglich, sehr spezifische Kundenprofile anzulegen (Customer Profiling). Informationen, die durch einen ASP erhoben werden können, wären beispielsweise durch welches Marketinginstrument ein Unternehmen zum Kunden wurde, wie intensiv der Kunde die gemietete Software nutzt oder wie viele Mitarbeiter die Software anwenden. Diese Informationen kann er einerseits direkt durch Responsemessungen von Mailingaktionen und andererseits indirekt durch Daten aus dem Rechenzentrum erheben.

Mit Hilfe dieser Kundenprofile lassen sich die Kunden dann sehr leicht nach Kriterien wie Nutzungsverhalten, Art der Anwendung oder Anzahl der User je Anwendung den jeweils definierten Kundensegmenten zuordnen. Damit hat der Collaborative-ASP eine Grundlage geschaffen, die verschiedenen Segmente differenziert anzusprechen.

Ein Collaborative-ASP nutzt dafür verstärkt das Instrument des Newsletters, der segmentspezifische Bestandteile enthält. Wird ein potenzieller Kunde mit für ihn relevanten Informationen versorgt, so erfährt er in der heutigen Datenflut einen Mehrwert und ist somit bereit, den Anbieter auf Grund der Verbundenheit nicht zu wechseln. Eine zusätzliche Möglichkeit für den Kunden, Informationen zu bekommen, wird ihm durch einen geschützten Bereich auf der Internethomepage des ASP-Anbieters gewährt. Dort kann er sämtliche, ihn und seine Anwendungen betreffenden Informationen abrufen.

Instrumente der *Individualisierung* kann ein Collaborative ASP für seine Kunden sehr gut einsetzen. Er stellt für jeden Kunden je nach ‚Bestellung' eine Kombination von standardisierten Anwendungen zusammen. Diese Anwendungen kann der Kunde anschließend bei sich im Unternehmen auf seinem Bildschirm seinen Bedürfnissen entsprechend gestalten. Aus dieser Argumentation heraus kann man das Angebot eines Collaborative-ASP folglich den Soft-Customization-Konzepten zuordnen (Selbstindividualisierung bzw. kundenspezifische End- und Vorproduktion). Hier ist auch ersichtlich, dass die Gebundenheit des Kunden relativ gering ausfällt. Daher versucht der Collaborative-ASP diesen Nachteil durch die Schaffung einer Verbundenheit des Kunden an den ASP auszugleichen.

Angesichts der hohen Internetaffinität der ASP-Kunden können die Collaborative ASPs durch Onlinebefragungen und durch das Bereitstellen von Communities, Kundenclubs und Newsgroups die Kunden in eine *Interaktion* einbinden. Darüber hinaus wird über Customer Care Center versucht, Probleme bei der Anwendung der Software individuell zu lösen. Da im Customer Care Center zusätzlich auf Vergangenheitsdaten des betreffenden Kunden zurückgegriffen werden kann, wird die Interaktion noch weiter erleichtert.

Eine Möglichkeit der *Integration* besteht darin, dass der ASP die Wünsche der Kunden in Erfahrung bringt. Durch Umfragen, die medienübergreifend an den Kunden herangetragen werden, kann der Collaborative-ASP Reaktionen auf Neuerungen messen oder auch Vorschläge für neue Features bzw. Verbesserungsvorschläge sammeln. Auf diesem Wege wird der Kunde schon in der Konstruktionsphase der nächsten Version der Standardsoftware integriert. Der ASP wiederum hat die vertragliche Aufgabe, die bei ihm gespeicherte Software ständig zu pflegen, neue Updates oder Upgrades einzuspielen, die Daten zu sichern und die Rechnerlandschaft in seinem Rechenzentrum zu überwachen.

Insgesamt ist festzustellen, dass die rationale Gebundenheit in dem Geschäftsmodell des Collaborative-ASP weniger stark ausgeprägt ist. Auf Grund der weitgehend standardisierten Leistung kann der Kunde die Softwareanwendung grundsätzlich auch über einen Wettbewerber beziehen. Neben der rechtlichen Gebundenheit, die durch den Mietvertrag geschaffen wird, versuchen darüber hinaus die Collaborative-ASP mittels attraktiver Angebote mit guten Preis-Leistungsverhältnissen eine ökonomische Gebundenheit zu schaffen. Beispielsweise soll der Kunde durch Rabattstaffeln in Abhängigkeit der Vertragsdauer bzw. der Geschäftsbeziehung langfristig gebunden werden. Collaborative-ASP setzen aber nicht nur allein auf rationale Faktoren, sondern versuchen insbesondere durch Newsletter, Communities, Kundenklubs, etc. Instrumente der Verbundenheit anzuwenden, um den Kunden zu einem „Nicht-Wechseln-Wollen" zu bewegen. Sie fokussieren somit sehr stark auf die Zufriedenheit und das Vertrauen des Kunden. Eine Übersicht soll noch einmal die verwendeten Kundenbindungsinstrumente der Collaborative-ASP darstellen.

Information	▪ Database-Marketing ▪ Customer Profiling ▪ Mailings ▪ Newsletter ▪ Geschützter Kundenbereich auf der Homepage
Individualisierung	▪ Soft-Customization-Konzepte ▪ Unterschiedliche Servicelevel ▪ Individuelle Preisgestaltung ▪ Segmentspezifische Ansprache im Newsletter
Interaktion	▪ Permanenter Kontakt (zu Beginn persönlich) ▪ Online-Befragungen ▪ Customer Care Center ▪ Kundenclub/Community/Newsgroups
Integration	▪ Aufgreifen von Verbesserungsvorschlägen für die Neuproduktentwicklung ▪ ASP übernimmt Funktionen des laufenden Betriebs

Abb. 5: Übersicht der angewandten Kundenbindungsinstrumente eines Collaborative-ASP

3.2.2 CRM am Beispiel eines Enterprise-Application Service Provider

Die Enterprise-ASP sind spezialisierte Anbieter mit hohem Applikationen- und Branchen-Know-how und Erfahrungen auf dem Gebiet der Softwareintegration. Neben analytischer und branchenspezifischer Software bieten Enterprise-ASPs komplexe ERP- und CRM-Systeme sowie darüber hinaus Schulungen und strategische Beratungsleistungen an.

Die folgenden Angaben über die Kundenbindungsstrategie eines Enterprise-ASP und seiner Kundenbindungsinstrumente beziehen sich auf ein Expertengespräch des Lehrstuhls für Betriebswirtschaftslehre, insbesondere Distribution und Handel (Prof. Dr. D. Ahlert) mit Herrn Tusche, Projektmanager bei der ADA - Das SystemHaus, welche ein Teil der ADA-HAS IT Management AG ist, die als Enterprise ASP eingestuft werden kann (http://www.ada-has.com/).

Die Enterprise-ASPs verfolgen ebenfalls eine Kombination aus der Verbundenheits- und Gebundenheitsstrategie (vgl. Abschnitt 2.2.1). Auf Grund der hohen rationalen Gebundenheit, die der angebotenen Dienstleistung eines Enterprise ASP innewohnt, liegt hier der Fokus jedoch mehr auf der Gebundenheitsstrategie.

Diese Gebundenheit ist aus der hohen Komplexität der Lösung herzuleiten: durch ein Baukastensystem werden alle notwendigen Softwaremodule individuell zusammengestellt und durch das Programmieren von Schnittstellen aufeinander abgestimmt. Dadurch fällt der Grad der Individualisierung und somit die Investition in die Geschäftsbeziehung im Vergleich zu einem Collaborative ASP ungleich höher und sehr spezifisch aus. Deshalb befinden sich beide Partner in einer großen Abhängigkeit. Beide Parteien sind bestrebt, auf lange Sicht die getätigten Investitionen durch eine erfolgreiche Geschäftsbeziehung in einen beiderseitigen Gewinn umzuwandeln. Der Lock-In-Effekt durch die vertragliche, ökonomische und technologische Gebundenheit (vgl. Abbildung 1) ist folglich so stark ausgeprägt, dass der Kunde nur mit großem monetären und nichtmonetären Aufwand den Anbieter wechseln kann.

Das Zielsegment besteht im Gegensatz zu den Collaborative-ASPs nicht aus einem Massenmarkt, sondern es handelt sich hier um eine geringe Anzahl von Großkunden, die sämtliche unternehmenskritischen Prozesse z. B. durch eine komplexe Enterprise Resource Planning Software digital abbilden lassen wollen.

Aus diesem Grund muss der Enterprise-ASP seinen Kunden bzw. das Unternehmen bis ins Detail kennen. Er ist dadurch in der Lage, *Informationen* zu generieren, die über den Informationsbedarf für Marketingmaßnahmen hinausgehen. Diese werden bei dem Design des Projektes erhoben und umfassen Informationen über interne Strukturen und über externe Beziehungen zu Geschäftspartnern. Durch das gemeinsame Projektmanagement und den regelmäßigen persönlichen Kontakt, der bei Projekten dieser Größenordnung bis zu 80 % der Kommunikation ausmacht, können diese Daten vertieft und Veränderungen im Unternehmen frühzeitig erkannt und berücksichtigt werden.

Darüber hinaus werden Instrumente wie e-mail, Newsletter und elektronische Werbeflyer genutzt, um umgekehrt die Kunden über die neuesten Entwicklung am Markt oder des Unternehmens zu informieren. Weitere Instrumente, die zur Kommunikation herangezogen werden, sind neben den oben angesprochenen persönlichen Kundenkontakten beispielsweise Events, Tagungen oder Messen.

Im Rahmen des Projektmanagements ist ein intensiver Dialog zwischen ASP und Kunde für die *Individualisierung* notwendig. Dies ist unmittelbar einsichtig, denn jedes Projekt hat andere Ausmaße und Anforderungen. Je nach Projekt muss eine unterschiedliche Anzahl von Nutzern berücksichtigt werden. Jeweils unterschiedliche Module einer Software müssen aktiviert und aneinander angepasst sowie Veränderungen von Unternehmensprozessen im Zeitablauf beachtet werden. Die Implementierung einer solchen komplexen Software ist ein Beispiel einer Modularisierung und kann den Hard-Customization-Konzepten zugeordnet werden (vgl. Abbildung 4).

Über die Anpassung der Leistung hinaus ist es dem ASP möglich, jedem Kunden sein eigenes Servicepaket anzubieten. Je nach Anforderung der Software und je nach Preisbereitschaft können unterschiedliche Service Level Agreements abgeschlossen werden. Diese Services decken die Spanne von einer Überwachung und Pflege der Software über eine strategische Beratung im Bereich optimale IT-Ausstattung bis hin zur Schulungen der Mitarbeiter ab.

Neben dem Aufbau des Vertrauens des Kunden in die Expertise des Enterprise-ASP stellt auch die Individualisierung eine Investition in die Geschäftsbeziehung dar. Beide Parteien verwenden Zeit und Ressourcen auf, um ein solches Projekt umzusetzen. Der Enterprise-ASP und der Kunde begeben sich somit in eine starke gegenseitige Abhängigkeit. Auf der einen Seite muss der Kunde beispielsweise darauf vertrauen können, dass er auf seine unternehmenskritischen Prozesse jederzeit Zugriff hat, auf der anderen Seite hat der ASP das Ziel, seine spezifischen Investitionen so schnell wie möglich zu amortisieren.

Diese Art der Individualisierung von Leistung und Kommunikation ist nur bei persönlicher Betreuung einer überschaubaren Zahl von Großkunden möglich (vgl. Frielitz et al., 2001, S. 14). Diese Forderung wird im Bereich des Enterprise-ASP in besonderem Maße erfüllt. Hier ist dementsprechend ein One-to-One-Marketing zu beobachten, welches das nötige Vertrauen zwischen Kunde und ASP und damit eine langfristige Geschäftsbeziehung aufbauen soll.

Auf Grund der intensiven und integrativen Zusammenarbeit beider Parteien befinden sich beide Partner in einer Lock-In-Situation. Rechtliche, ökonomische, aber auch technologische Wechselbarrieren bewirken, dass sich diese Geschäftsbeziehung durch eine starke rationale Bindung und damit durch eine tiefe Gebundenheit auszeichnet. Die Instrumente der Verbundenheit zielen darauf ab, Vertrauen und Zufriedenheit des Kunden zu schaffen, die dann eine Fortführung des Vertrags nach dessen Ablauf zur Folge haben sollen. Abbildung 6 gibt einen Überblick über ausgewählte Instrumente.

Information	▪ Database-Marketing ▪ Customer Profiling ▪ Newsletter / elektronische Werbeflyer ▪ Events / Messen
Individualisierung	▪ Hard-Customization-Konzepte ▪ Individuelle Servicepakete ▪ Individuelle Preisgestaltung ▪ Individuelle Ansprache über alle Medien hinweg
Interaktion	▪ Gemeinsames Projektmanagement ▪ One-to-One Marketing ▪ persönliche Kontakte ▪ e-mail
Integration	▪ Gemeinsame Umsetzung der Lösung ▪ ASP übernimmt Funktionen des laufenden Betriebs ▪ Schulungen und Ausbildung der Mitarbeiter

Abb. 6: Übersicht der angewandten Instrumente eines Enterprise-ASP

4 Implikationen für die Dienstleistungsbranche

Die junge ASP-Branche befindet sich derzeit in einem frühen Stadium des Wachstums. Im Hinblick auf den Kundenbeziehungslebenszyklus lässt sich daraus schließen, dass sich die ASP-Anbieter darauf konzentrieren, neue Kunden zu gewinnen und die Kundenbindung zu fundieren. In dieser Kundenakquisitionsphase (vgl. Abbildung 2) kann man in der Praxis aktuell erkennen, dass die ASP-Branche den besonderen Stellenwert des strategischen Customer Relationship Management (Kundenbindung) erkannt hat. Dem Aufbau und der Pflege langfristiger Kundenbeziehungen mit dem Ziel der Kundenbindung wird besondere Aufmerksamkeit geschenkt. Darüber hinaus existieren sehr gute informationstechnologische Voraussetzungen, um die erforderlichen IT-Strukturen zu schaffen. So handelt es sich bei dem ASP-Angebot um eine internetbasierte, hochgradig informationstechnologisch anspruchsvolle Dienstleistung. Die Application Service Provider verfügen daher auch über die technischen und personalen Ressourcen, um die informationstechnologische Dimension des CRM optimal umzusetzen.

Die ASP-Branche wendet für ihre internetbasierte Dienstleistung einen Mix aus Gebundenheits- und Verbundenheitsstrategie an. Diese Kombination liegt darin begründet, dass je nach Komplexität und Individualisierungsgrad des Produktes eine rationale Gebundenheit gegeben ist und zum anderen auf Grund der engen Zusammenarbeit zunächst Vertrauen und somit Verbundenheit aufgebaut werden muss.

Die Gebundenheit wird durch rechtliche, ökonomische und technologische Faktoren begründet. Das umfangreiche Vertragswerk zwischen ASP und Kunden, der finanzielle Aufwand der Implementierung und nicht zuletzt die hochindividualisierte Lösung erzeugen sowohl für den Kunden als auch für den ASP eine Situation mit hohen Wechselbarrieren.

Der Aspekt des Vertrauens gewinnt durch das hohe Involvement des Kunden bei der Erstellung und Inanspruchnahme der Dienstleistung an Bedeutung, hängt es doch von dem Dienstleistungsnetzwerk ab, ob der Kunde auf seine persönlichen Daten zugreifen und sein Unternehmen störungsfrei betreiben kann. Auf der anderen Seite vertraut der ASP darauf, dass seine spezifischen Kosten in einen Kunden für die Individualisierung der Leistung und der Kommunikation sich durch die künftige langfristige Geschäftsbeziehung auszahlen.

Wie in den vorherigen Abschnitten gezeigt werden konnte, verfolgen die verschiedenen ASP-Anbieter allerdings je nach Zielsegment und Individualisierungsgrad der Dienstleis-tung unterschiedliche Schwerpunkte bei der Umsetzung der CRM-Strategie, die einen differenten Einsatz von Kundenbindungsinstrumenten erfordern. Welche Handlungsempfehlungen können nun aus der Betrachtung der ASP-Branche für Dienstleistungsnetzwerke abgeleitet werden?

Anhand der zwei Dimensionen Individualisierungsgrad der Dienstleistung und Zielsegment kann ein Positionierungsmodell aufgespannt werden, in das verschiedene Dienstleistungsnetzwerke eingeordnet werden können. Für die drei Geschäftstypen des Application Service Providing ergibt sich die in Abbildung 7 dargestellte Zuordnung.

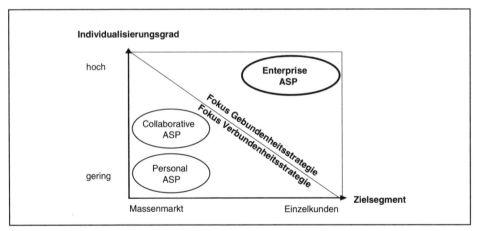

Abb. 7: Positionierungsmodell

Daraus ergeben sich folgende Implikationen. Während Dienstleistungsnetzwerke mit einer relativ geringen Kundenzahl und einem hohen Individualisierungsgrad der Dienstleistung mehr auf die Gebundenheitsstrategie fokussieren sollten, gilt es für Netzwerke mit einer großen Zahl von Kunden und einem geringen Individualisierungsgrad, eher eine Verbundenheitsstrategie zu verfolgen.

Nach Festlegung des Strategieschwerpunktes erfolgt die Umsetzung der Strategie durch konkrete Instrumente der Kundenbindung. Grundsätzlich können hierfür alle Bereiche des Marketing-Mix, d. h. der Produkt-, Preis-, Kommunikations- und Distributionspolitik, herangezogen werden (Homburg/Bruhn, 2000, S. 19 f.). Eine Orientierung für die inhaltliche Konkretisierung gibt Abbildung 8, in der ausgewählte Instrumente der Verbundenheits- und Gebundenheitsstrategie differenziert nach den vier Marketing-Mixbereichen aufgezeigt werden.

Kundenbindungs-strategie Marketing-Mixbereich	Verbundenheitsstrategie	Gebundenheitsstrategie
Produktpolitik	• Soft-Customization-Konzepte • Qualitätsstandards • Zusatzleistungen • besonderes Produktdesign • Leistungsgarantien	• Hard-Customization-Konzepte • individuelle technische Standards • Value-added-Services
Preispolitik	• Preisgarantien	• Rabatt-und Bonussysteme • Preisdifferenzierung • Finanzielle Anreize
Kommunikationspolitik	• Kundenclubs/Community • Newsletter • Customer Care Center • persönliche Kommunikation • Direct Mailing • Events / Messen	• Mailings, die sehr individuelle Informationen (hoher Nutzwert für den Kunden) übermitteln • Aufbau kundenspezifischer Kommunikationskanäle • 1-to-1 Kommunikation
Distributionspolitik	• Online Zugriff auf Software • Online-Bestellung • Direktlieferung • 24-Stunden-Service	• Abonnements • Ubiquität des Zugriffs

Abb. 8: Zusammenfassende Übersicht der Kundenbindungsinstrumente
(Quelle: In Anlehnung an: Homburg/Bruhn, 2000, S. 21 f.)

Das Customer Relationship Management gewinnt angesichts des zunehmenden Verdrängungswettbewerbs für Dienstleistungsnetzwerke zunehmend an Bedeutung. Dabei gilt es, für die erfolgreiche Umsetzung des CRM sowohl die informationstechnologische als auch die strategische Dimension gleichermaßen zu berücksichtigen. Die Herausforderung an das Management von Dienstleistungsnetzwerken wird jetzt und auch zukünftig vor allem darin bestehen, zum einen durch den Einsatz von integrierten Informationssystemen die notwendige Informationsbasis für das CRM zu schaffen und zum anderen durch eine Neuausrichtung sämtlicher Geschäftsprozesse den Aufbau und die Pflege langfristig profitabler Kundenbeziehungen erfolgreich umzusetzen.

NetworkExcellence – Positionierungsmodell und erfolgsfaktorenorientierte Balanced Scorecard

Heiner Evanschitzky/Julian Steiff

1 Strategische Positionierung in Dienstleistungsnetzwerken

2 Positionierungsmodell für Dienstleistungsnetzwerke
    2.1 Darstellung des Gesamtmodells
    2.2 Der Erfolgsfaktoren-Index
    2.3 Der Kennzahlen-Index
    2.4 Beispiel zur Positionierung
    2.5 Kritische Würdigung des Positionierungsmodells

3 Die erfolgsorientierte Balanced Scorecard
    3.1 Grundlagen der Balanced Scorecard
    3.2 Die Balanced Scorecard als Instrument für die „lernende Organisation"
    3.3 Die Balanced Scorecard im Lichte der Erfolgsforschung

4 Zusammenfassung

1 Strategische Positionierung in Dienstleistungsnetzwerken

Zur Einordnung, Positionierung und letztlich Bewertung verschiedener Dienstleistungsunternehmen bzw. -netzwerke bietet sich die Schaffung eines konzeptionellen Rahmens an. Dieser sollte zwei Aspekte beinhalten:

- ein Positionierungsmodell und
- eine erfolgsfaktorenorientierte Balanced Scorecard (BSC).

Das Positionierungsmodell, welches in Kapitel 2 aufgestellt wird, vereinigt neben den qualitativen Erfolgsfaktoren (z. B. Humankapital, Leistungsqualität, CRM, Vertriebsmanagement u. a., vgl. dazu insbesondere die quantitativ-empirisch fundierten Beiträge des vorliegenden Buchs) in einer zweiten Dimension auch quantitative Faktoren (also Kennzahlen wie z. B. Umsatz, Kosten, ROI, u. a.). Nur durch Zusammenfügung beider Ansätze lässt sich das umfassende Modell der „NetworkExcellence", sowie das davon nicht unabhängig zu sehende Positionierungsmodell aufstellen.

Die erfolgsfaktorenorientierte BSC, die in Abschnitt 3 erläutert wird, schafft es, die qualitativen und die quantitativen erfolgsorientierten Aspekte eines Dienstleistungsnetzwerks vor dem Hintergrund der jeweils verfolgten Strategien abzubilden. Weiter lässt sich durch eine Längsschnittanalyse die Entwicklung im betrachteten Dienstleistungsnetzwerk nachzeichnen, was wiederum von hoher Bedeutung für das jeweilige Management und die Erfolgsfaktorenforschung ist.

Die Betrachtung beider Aspekte, also sowohl qualitativer (hier verstanden als zukunftsgerichtete Potenziale) als auch quantitativer (hier verstanden als vergangenheitsbezogene Kennzahlen), hat den Vorteil, dass der im Positionierungsmodell gefundenen Ist-Position durch die Anwendung der erfolgsfaktorenorientierten BSC ein dynamischer Aspekt im Sinne eines Positionierungsmanagements (vgl. Ahlert, 1998, S. 91 f.) hinzugefügt wird. Sie ermöglicht eine Längsschnittanalyse, d. h. die Entwicklung des Dienstleistungsnetzwerks in der Zeit; nicht jeder, der momentan eine gute Ist-Position inne hat, muss diese auch in Zukunft beibehalten. Somit ergänzen sich beide Instrumente bei der Implementierung von Unternehmensstrategien und der Steuerung des Unternehmens (bzw. des Dienstleistungsnetzwerks) durch Soll-Ist Vergleich innerhalb der Größen der verschiedenen Perspektiven der BSC. Ebenso zeichnen sich beide Instrumente durch hohe Praktikabilität im Sinne einer einfachen, anschaulichen und dennoch umfassenden Betrachtung der Entscheidungssituationen im Unternehmen (oder Dienstleistungsnetzwerk) aus.

2 Positionierungsmodell für Dienstleistungsnetzwerke

2.1 Darstellung des Gesamtmodells

Ein Positionierungsmodell ist eine Methode der Informationsverarbeitung, die dem Zweck dient, strategische Stoßrichtungen zu konkretisieren (Ahlert, 1998, S. 91). Das hier vorgestellte Positionierungsmodell für Dienstleistungsnetzwerke besteht aus zwei Dimensionen, welche durch die beiden Achsen eines Koordinatensystems abgebildet werden. Beide Dimensionen beruhen auf einer Indexbildung zur Operationalisierung des Erfolges. Dabei wird je Achse ein Index errechnet:

- die Erfolgsfaktoren-Index-Achse (Abszisse) zur Abbildung der „Potenziale" eines Unternehmens und

- die Kennzahlen-Index-Achse (Ordinate) zur Abbildung der „Ergebnisse", welche z. Z. erzielt werden.

Bei einem Index handelt es sich um eine integrierte Betrachtung mehrerer Variablen, d. h. es werden verschiedene Ziel- bzw. Erfolgsgrößen verdichtet und das Ergebnis als Gesamtzielerreichung bzw. -erfolg interpretiert. Grundsätzlich kann dieser Index aus der

- Summe der Produkte aus Zielbedeutungen und Zielerreichungsgraden (ZEG) geteilt durch die Anzahl der verfolgten Ziele

gebildet werden (vgl. Eisele, 1995, S. 92).

Eine solche Index-Bildung ist an die folgenden Prämissen gebunden (vgl. Fritz, 1995, S. 225 ff.). Im Einzelnen sind dies:

1. Multiplikativitätsprämisse (metrische Skalierung der Variablen),

2. Additivitätsprämisse (Zielbedeutung und Zielerreichung sind unabhängig voneinander),

3. Linearitätsprämisse (die Änderung der Zielerreichung um eine Einheit verändert das Gesamtergebnis um eine Einheit),

4. Kompensationsprämisse (geringe Werte bei einem Zielerreichungsgrad können durch hohe Werte bei einem anderen Zielerreichungsgrad ausgeglichen werden) sowie

5. Plausibilitätsprämisse (theoretisch muss der Index plausibel sein).

Da es sich bei einem Index um ein eher „grobes Maß für den Erfolg" handelt (Eisele 1995, S. 94), muss gegen den Vorteil einer höheren Anschaulichkeit der Ergebnisse abgewogen werden. Für das hier Verwendung findende Positionierungsmodell erscheint auf Grund dieser Überlegung eine zweidimensionale Darstellung angebracht zu sein, da sie sowohl bezüglich der Potenziale als auch der Ergebnisse in anschaulicher Art und

Weise eine größere Anzahl von Erfolgsfaktoren respektive Kennzahlen verdichtend darstellt.

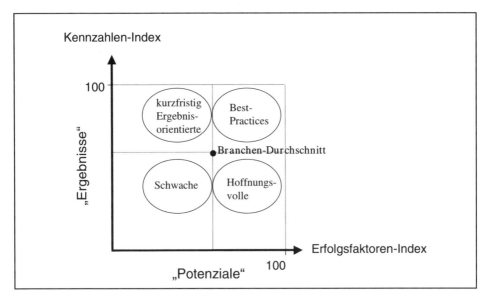

Abb. 1: Das Positionierungsmodell

Das Positionierungs-Koordinatensystem lässt sich in einer ersten Näherung in vier Felder aufteilen (vgl. Meyer, 1998, S. 1914.). Die darin zu sehenden „Blasen" stellen vier mögliche „Räume" für Real-Positionen von Dienstleistungsnetzwerken dar, wobei der Fixpunkt zur besseren (relativen) Vergleichbarkeit von einem zu errechnenden Branchen-Durchschnittswert gebildet wird:

- Best-Practices,
- Hoffnungsvolle,
- Schwache,
- Ergebnisorientierte.

Die „Best-Practices" sind die Benchmarks, da sie sowohl im Erfolgsfaktoren-Index, der die „Potenziale" für zukünftige Entwicklungen beschreibt, als auch im Kennzahlen-Index, der im Wesentlichen die aktuelle Leistungsfähigkeit widerspiegelt, sehr hohe Werte erzielen.

Bei den „Hoffnungsvollen" lässt sich feststellen, dass sie gute Index-Werte im Bereich der Erfolgsfaktoren aufweisen, mithin Potenzial besteht, künftige auch auf der jetzt noch nicht so guten Ergebnisseite, besser zu werden.

In jeder Hinsicht unterdurchschnittlich zeigen sich die „Schwachen". Diese haben weder eine gute aktuelle Leistungsfähigkeit noch Potenzial, das sich durch einen guten Erfolgsfaktoren-Index-Wert ausdrücken würde.

Die „kurzfristig Ergebnisorientierten" zeichnen sich durch eine relativ gute Position auf der Kennzahlen-Achse aus, d. h. sie erzielen z. Z. gute Ergebnisse. Die Gefahr besteht allerdings, dass durch eine nur unzureichende Fokussierung auf langfristig wirkende Erfolgsfaktoren eine ebenso erfolgreiche zukünftige Entwicklung nicht sichergestellt werden kann.

Im Folgenden werden die beiden Indizes, also der Erfolgsfaktoren-Index sowie der Kennzahlen-Index, hergeleitet. Dabei wird den Achsen eine Punktwert-Skalierung zugrunde gelegt. Ebenso sei bei einer zuvor durchzuführenden Befragung eine Fünfer-Skalierung vorausgesetzt, wobei „5" den „besten" Wert repräsentieren soll, „1" den „schlechtesten". (Anmerkung: Die vorgestellten Modelle lassen sich auch mit anderen Skalierungen, z. B. einer Siebener-Skalierung, errechnen.) Somit sind bei den jeweiligen Indizes rechnerisch Werte zwischen 20 und 100 möglich. Diese können als Zielerreichungsgrad (ZEG) im entsprechenden Index interpretiert werden. Um einen prozentualen Zielerreichungsgrad ($ZEG_{prozentual}$) zu erhalten, kann der errechnete Zielerreichungsgrad als Punktwert mit der Formel

$$ZEG_{prozentual} = 1{,}25 \times ZEG - 25$$

in einen Prozentwert umgerechnet werden. So sind Werte zwischen 0 und 100 % möglich. Im Weiteren soll hier jedoch der Einfachheit halber der Punktwert als Zielerreichungsgrad interpretiert werden.

Im Folgenden werden die den Berechnungen zugrunde gelegten Variablen definiert:

- x: Erfolgsfaktor, $x \in [1;n]$
- y: (befragte) Dienstleister, $y \in [1;m]$
- i: (abgefragtes) Item, $i \in [1;o]$
- k: (abgefragte) Kennzahl, $k \in [1;3]$
- GF_x: Gewichtungsfaktor für den Erfolgsfaktor x
- EB_EF_{xy}: Einzelbewertung des Erfolgsfaktors x durch Dienstleister y
- $dZEG_{qual\,x}$: durchschnittlicher qualitativer Zielerreichungsgrad bei Erfolgsfaktor x
- $ZEG_{qual\,xy}$: qualitativer Zielerreichungsgrad bei Erfolgsfaktor x von Dienstleister y

- dZEG$_{\text{quant x}}$: durchschnittlicher quantitativer Zielerreichungsgrad für Erfolgsfaktor x
- ZEG$_{\text{quant xy}}$: quantitativer Zielerreichungsgrad bei Erfolgsfaktor x von Dienstleister y
- EB_I$_{iy}$: Einzelbewertung des Items i durch Dienstleister y
- EB_K$_{xy}$: Einzelbewertung der Kennzahl k durch Dienstleister y

2.2 Der Erfolgsfaktoren-Index

Der Erfolgsfaktoren-Index soll die qualitative Güte der Umsetzung langfristiger Erfolgspotenziale messen und wird auf der Abszisse abgetragen. Der Erfolg wird demnach durch Erfolgsfaktoren konzeptualisiert, d. h. er wird theoriebasiert erklärt sowie semantisch und inhaltlich konkretisiert. Die Erfolgsfaktoren wiederum werden unter Festlegung einer Bewertungsvorschrift durch je 10-20 Items operationalisiert. Die Bewertung basiert auf der Selbsteinschätzung der Manager des befragten Dienstleisters. Eine Fünfer-Skalierung kommt zur Anwendung, wobei „5" den „besten" Wert darstellt, „1" den „schlechtesten". Die Herleitung des Erfolgsfaktoren-Index gliedert sich in zwei Schritte:

1. Schritt: Ermittlung der relativen Gewichtung der Erfolgsfaktoren

Den jeweiligen Erfolgsfaktoren wird i. d. R. ein sehr unterschiedlicher Beitrag zur Erklärung des Gesamterfolgs zugemessen. So haben Vorstudien (z. B. eine Delphi-Studie, vgl. dazu Ahlert/Evanschitzky, 2001) ergeben, dass z. B. der Faktor „Humankapital" generell als wichtiger für den Erfolg eines Dienstleisters angesehen wird, als beispielsweise der Faktor „Innovationsmanagement". Daher wäre es eine Ergebnisverzerrung, wenn ein bloßes arithmetisches Mittel über alle Erfolgsfaktoren gebildet werden würde.

Um der unterschiedlichen Gewichtung der Erfolgsfaktoren bei der Bestimmung des Erfolgsfaktoren-Index Rechnung zu tragen, müssen die einzelnen Erfolgsfaktoren einer relativen Gewichtung unterzogen werden.

Das Gewicht des jeweiligen Erfolgsfaktors wird auf Grundlage einer Selbsteinschätzung der Wichtigkeit eben jenes Erfolgsfaktors für die Branche (z. B. eine bestimmte Dienstleistungsteilbranche) ermittelt. Der Gewichtungsfaktor des einzelnen Erfolgsfaktors bildet sich nach folgender Formel:

$$GF_x = \frac{\sum_{y=1}^{m} EB\_EF_{xy}}{\sum_{x=1}^{n} \sum_{y=1}^{m} EB\_EF_{xy}}$$

Der Gewichtungsfaktor für einen bestimmten Erfolgsfaktor berechnet sich also aus der Summe der Einzelbewertungen des entsprechenden Erfolgsfaktors über alle befragten Dienstleiter, geteilt durch die insgesamt für alle Erfolgsfaktoren vergebenen Einzelbewertungen. Somit liegt der Wertebereich jedes einzelnen Gewichtungsfaktors zwischen 0 und 1; die Summe aller Gewichtungsfaktoren ergibt zwingend 1.

2. Schritt: Bestimmung der qualitativen Zielerreichung eines bestimmten Erfolgsfaktors

Die Erfolgsfaktoren werden durch Bewertung der ihnen zugeordneten Items gemessen. So wird z. B. der Erfolgsfaktor „Humankapital" (u. a.) durch das Item „Unser Dienstleistungsnetzwerk bietet Weiterbildungsmaßnahmen für die Mitarbeiter an". Auf Grund theoretischer Überlegungen (gegebenenfalls auch Vorstudien) muss davon ausgegangen werden, dass der Dienstleister bei der Umsetzung bzw. Ausschöpfung der Potenziale des entsprechenden Erfolgsfaktors exzellent ist, der die einzelnen Items jeweils exzellent erfüllt, d. h. den der Operationalisierung zugrunde liegenden Statements voll zustimmt (je nach Messvorschrift kann es sich um „trifft voll zu", „sehr erfolgreich", „sehr geeignet", „Wert 5", o. Ä. handeln). Im Beispiel würde er der Aussage bezüglich der angebotenen Weiterbildungsmaßnahmen „voll zustimmen".

Die qualitative Zielerreichung bestimmt sich aus dem arithmetischen Mittel der Einzelbewertungen der entsprechenden Items. Dieser Mittelwert kann als hinreichend genau betrachtet werden, da eine unterschiedliche Gewichtung der Items zueinander auf Grund der großen Anzahl an Items weder praktikabel wäre, noch einen großen Erklärungsbeitrag zum Index liefern würde.

Der individuelle, qualitative Erfolgsfaktoren-Index (qualitativer Zielerreichungsgrad bei Erfolgsfaktor x durch Dienstleister y) berechnet sich gemäß der folgenden Formel:

$$ZEG_{\text{qual xy}} = \sum_{i=1}^{o} EB\_I_{iy} \times \frac{20}{o}$$

Maximal ließe sich dabei ein Index-Wert von 100 erzielen, minimal einer von 20.

Von Interesse ist aber nicht nur der Vergleich der eigenen Zielerreichung mit dem maximal zu erzielenden Wert, sondern auch der Vergleich zur durchschnittlichen Zielerreichung des Erfolgsfaktoren-Index bezüglich Erfolgsfaktor x aller befragten Dienstleister.

Die Formel zur Berechnung dieses Wertes lautet wie folgt:

$$\mathrm{dZEG}_{\mathrm{qual}\,x} = \sum_{j=1}^{m} \sum_{i=1}^{o} EB\_I_{iy} \times \frac{20}{o \times m}$$

Dieser durchschnittliche Zielerreichungsgrad lässt sich mit dem individuellen vergleichen, d. h. es können Aussagen zur relativen Zielerreichung getroffen werden.

Es fällt auf, dass die ermittelten arithmetischen Mittel mit dem Faktor „20" multipliziert werden. Der Grund dafür ist eher darstellerischer Natur. Da hier von einer Fünfer-Skalierung ausgegangen wird, erlaubt eine Multiplikation mit 20 die Erreichung eines Wertebereichs von 20 bis 100. (Zur Normierung der Ergebnisse auf eine Prozent-Skala von 0 bis 100 sei auf die oben dargestellte Formel verwiesen.)

2.3 Der Kennzahlen-Index

Der Kennzahlen-Index soll als Maß für den quantitativen Erfolg einer Unternehmung fungieren und wird auf der Ordinate des Bewertungsmodells abgetragen. Definiert wird er aus den wesentlichen, gewichteten Kennzahlen zur direkten Messung der identifizierten Erfolgsfaktoren.

Die Modellbildung erfolgt aus forschungsökonomischen Gründen durch Beschränkung auf die drei wichtigsten Kennzahlen des jeweiligen Erfolgsfaktors, die durch Voruntersuchungen zu ermitteln sind. Die Herleitung des Kennzahlen-Index gliedert sich dabei in zwei Schritte, die nachfolgend kurz beschrieben sind:

1. Schritt: Ermittlung der relativen Gewichtung der Erfolgsfaktoren als
Grundlage der Gewichtung der Kennzahlen

Wie bereits in Kapitel 2.2 erwähnt, wird den jeweiligen Erfolgsfaktoren ein sehr unterschiedlicher Beitrag zur Erklärung des Gesamterfolgs zugemessen. Daher sollten auch die zur direkten Messung eines bestimmten Erfolgsfaktors herangezogenen Kennzahlen mit der relativen Gewichtung des entsprechenden Erfolgsfaktors gewichtet werden. Dies führt zu einer relativen Gewichtung der Summe aller Kennzahlen, die zur Messung eines bestimmten Erfolgsfaktors eingesetzt werden. Daher ist es offensichtlich, dass zur Gewichtung die gleiche Formel Verwendung finden sollte wie die in 2.2 vorgestellte.

$$GF_x = \frac{\sum_{y=1}^{m} EB\_EF_{xy}}{\sum_{x=1}^{n} \sum_{y=1}^{m} EB\_EF_{xy}}$$

2. Schritt: Bestimmung der quantitativen Zielerreichung eines bestimmten Erfolgsfaktors

Grundsätzlich sollen in diesem Modell nur die „Top 3" Kennzahlen, also jene drei, denen die Befragten die höchsten Wichtigkeit beimessen, zur Index-Bildung herangezogen werden. Die Anzahl an Kennzahlen ließe sich durchaus vergrößern, würde dann aber aus Gründen der Praktikabilität in seiner Anwendung stark eingeschränkt werden. Ebenso ist zu bedenken, dass viele Dienstleistungsnetzwerke nur recht wenige Kennzahlen systematisch erheben (dies ergab u. a. die bereits erwähnte Delphi-Studie von Ahlert/ Evanschitzky).

Ähnlich wie bei den Erfolgsfaktoren werden die Befragten nach der Zielerreichung bei der jeweiligen Kennzahl zur Messung des entsprechenden Erfolgsfaktors abgefragt. Die individuelle quantitative Zielerreichung wird ermittelt, indem das arithmetische Mittel der drei Kennzahlen gebildet wird. Die Formel dazu lautet:

$$ZEG_{\text{quant xy}} = \sum_{k=1}^{3} EB\_K_{ky} \times \frac{20}{3}$$

Um auch hier eine relative Zielerreichung zu ermitteln, muss der durchschnittliche quantitative Zielerreichungsgrad für den entsprechenden Erfolgsfaktor nach folgender Formel bestimmt werden:

$$dZEG_{\text{quant x}} = \sum_{y=1}^{m} \sum_{k=1}^{3} EB\_K_{ky} \times \frac{20}{3 \times m}$$

Auch hier führt die Multiplikation mit dem Faktor „20" in beiden Fällen zu dem angestrebten Wertebereich von 20 bis 100. (Zur Normierung der Ergebnisse auf eine Prozent-Skala von 0 bis 100 sei auch hier auf die oben dargestellte Formel verwiesen.)

2.4 Beispiel zur Positionierung

Anhand des fiktiven Beispiels der „Perfekt AG" (welches auf realen Daten basiert) soll nun eine Realpositionierung durchgeführt werden. Dabei sei die Berechnung des Gewichtungsfaktors der einzelnen Erfolgsfaktoren bereits nach der oben erwähnten Formel im Rahmen einer Vorstudie durchgeführt worden.

Ziel ist die Positionierung der Perfekt AG und der Vergleich mit der Durchschnittspositionierung aller Befragten. Es sei vorausgesetzt, dass die drei befragten Dienstleistungsnetzwerke aus einem Teilcluster stammen.

1. Die Datenbasis

Erfolgsfaktor Humankapital: Gewichtung = 0,5						
	Item 1	Item 2	Item 3	Kennzahl 1	Kennzahl 2	Kennzahl 3
Perfekt AG	5	4	4	4	5	4
Dienstleister 2	5	5	4	1	3	2
Dienstleister 3	2	2	3	5	4	5

Erfolgsfaktor Leistungsqualität: Gewichtung = 0,35						
	Item 1	Item 2	Item 3	Kennzahl 1	Kennzahl 2	Kennzahl 3
Perfekt AG	5	5	3	5	5	4
Dienstleister 2	5	3	4	2	1	2
Dienstleister 3	2	3	3	5	5	3

Erfolgsfaktor CRM: Gewichtung = 0,15						
	Item 1	Item 2	Item 3	Kennzahl 1	Kennzahl 2	Kennzahl 3
Perfekt AG	5	4	5	5	3	4
Dienstleister 2	5	5	2	1	2	2
Dienstleister 3	2	2	1	4	4	5

Tab. 1: Ausgangsdaten

2. Positionierung

a) Gewichtung der drei Erfolgsfaktoren (vorgegeben)

- Humankapital: 0,5
- Leistungsqualität: 0,35
- CRM: 0,15

b) qualitativer Zielerreichungsgrad (als Punktwert)

- Der individuelle qualitative Zielerreichungsgrad der Perfekt AG:

$$ZEG_{qual\ HK} = \sum_{i=1}^{o} EB\_I_{iy} \times \frac{20}{o} \quad = (5+4+4) \times 20/3 = 86{,}67$$

$ZEG_{qual\ LQ}$ = 86,67

$ZEG_{qual\ CRM}$ = 93,33

- Der durchschnittliche qualitative Zielerreichungsgrad:

$$dZEG_{qual\ HK} = \sum_{y=1}^{m} \sum_{i=1}^{o} EB\_I_{iy} \times \frac{20}{o \times m} = [(5+4+4) + (5+5+4) + (2+2+3)]$$

$$\times\ 20/(3 \times 3) = 75{,}56$$

$dZEG_{qual\ LQ}$ = 73,33

$dZEG_{qual\ CRM}$ = 68,89

c) quantitativer Zielerreichungsgrad (als Punktwert)

- Der individuelle quantitative Zielerreichungsgrad der Perfekt AG:

$$ZEG_{quant\ HK} = \sum_{k=1}^{3} EB\_I_{ky} \times \frac{20}{3} \quad = (4+5+4) \times 20/3 = 86{,}67$$

$ZEG_{qual\ LQ}$ = 93,33

$ZEG_{qual\ CRM}$ = 80,00

- Der durchschnittliche quantitative Zielerreichungsgrad:

$$dZEG_{quant\ HK} = \sum_{y=1}^{m} \sum_{k=1}^{3} EB\_I_{ky} \times \frac{20}{3 \times m} = [(4+5+4) + (1+3+2) + (5+4+5)]$$

$$\times\ 20/(3 \times 3) = 73{,}33$$

$dZEG_{qual\ LQ}$ = 71,11

$dZEG_{qual\ CRM}$ = 66,67

d) Positionierung der Perfekt AG im Vergleich zur Durchschnittspositionierung

- Erfolgsfaktoren-Index:

    $\text{EF-Index}_{\text{Perfekt AG}} = (0{,}5 \times 86{,}67 + 0{,}35 \times 86{,}67 + 0{,}15 \times 93{,}33) = 87{,}67$

    $\text{dZEG}_{\text{qual}} = (0{,}5 \times 75{,}56 + 0{,}35 \times 73{,}33 + 0{,}15 \times 68{,}89) = 73{,}78$

- Kennzahlen-Index:

    $\text{K-Index}_{\text{Perfekt AG}} = (0{,}5 \times 86{,}67 + 0{,}35 \times 93{,}33 + 0{,}15 \times 80{,}00) = 88{,}00$

    $\text{dZEG}_{\text{quant}} = (0{,}5 \times 73{,}33 + 0{,}35 \times 71{,}11 + 0{,}15 \times 66{,}67) = 71{,}55$

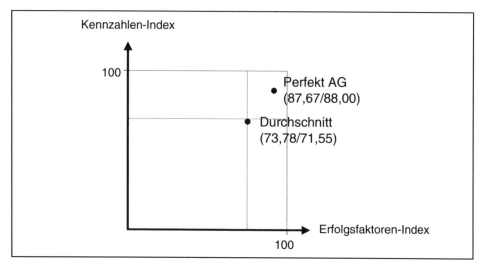

Abb. 2: Realpositionierung der Perfekt AG

3. Interpretation der Positionierung

Die Perfekt AG zeichnet sich durch sehr gute Werte sowohl beim Erfolgsfaktoren-Index als auch beim Kennzahlen-Index aus. Sie kann daher als „Best-Practice" gelten, ist also eine Benchmark.

Um von ihr zu lernen, muss zunächst die Frage gestellt werden, in welchem Teilcluster die Perfekt-AG anzusiedeln ist. Für Dienstleistungsnetzwerke aus demselben Cluster sind unmittelbar Handlungsempfehlungen aus der Analyse der Benchmark abzuleiten. Dazu sollte allerdings wieder die Ebene der einzelnen Erfolgsfaktoren angesehen werden.

Sollte das eigene Netzwerk einem anderen Teilcluster angehören (was bei den drei hier ausgewählten Dienstleistungsnetzwerken nicht der Fall ist), ist die vorbildorientierte

Neugestaltung mit Vorsicht zu betreiben. Es gilt dabei insbesondere zu klären, ob die Wichtigkeit des betrachteten Erfolgsfaktors einen ähnlichen Wert annimmt wie im eigenen Cluster. Ebenso muss sichergestellt werden, dass die Unternehmen hinsichtlich ihrer Position im „Service Cube", also gemäß der Konfiguration, der Dienstleistungskomplexität sowie der Branchenzugehörigkeit, vergleichbar sind.

Es lässt sich feststellen, dass grundsätzlich die gewählte Stichprobe aus drei Dienstleistungsnetzwerken im Durchschnitt recht gute Werte aufweist. Daher lässt sich fragen, ob sie repräsentativ für die (Teil-)Branche ist. Generell sollte eine größere Stichprobe gewählt werden. Trotzdem sind die Werte der Perfekt AG deutlich über dem Durchschnitt. Ein Indiz dafür, dass sie im Vergleich zu den Wettbewerbern gut positioniert ist.

2.5 Kritische Würdigung des Positionierungsmodells

Bei dem vorgestellten Positionierungsmodell handelt es sich um eine bewusste Verdichtung von auf Selbsteinschätzung beruhenden pseudo-metrischen Daten zur Erreichung einer höheren Anschaulichkeit, einer leichten Handhabung im Netzwerk sowie einem damit verbundenen hohen Kommunikationswert.

Grundsätzlich gelten für dieses Modell die gleichen Kritikpunkte wie für andere Positionierungsmodelle (z. B. die 9-Felder-Matrix von McKinsey, vgl. dazu Hinterhuber, 1996). Insbesondere gilt zu erwähnen, dass die beiden Achsen der Positionierungsmatrix nicht unabhängig voneinander sind, sondern korrelieren. Trotzdem hilft die Aufspaltung in einen Kennzahlen-bezogenen Ist-Ergebnis-Aspekt und einen Erfolgsfaktoren-bezogenen Potenzialaspekt bei der Positionierungs eine Dienstleistungsnetzwerks.

Ebenso hilft die Berechnung eines Branchendurchschnitts, um das eigene Netzwerk im Vergleich zu den relevanten Wettbewerbern zu sehen. Somit fällt auch der unübliche Wertebereich der Indizes von 20 bis 100 nicht weiter ins Gewicht, da der Fixpunkt zur Bewertung der Dienstleistungsnetzwerke vom Branchendurchschnitt gebildet wird. Sollte es gewünscht werden, lässt sich eine Normierung auf eine von 0 bis 100 reichende Prozent-Skala nach der in Kapitel 2.1 vorgestellten Formel ohne Weiteres nachholen.

Insgesamt handelt es sich bei dem Positionierungsmodell trotz der zukunftsgerichteten Größen im Erfolgsfaktoren-Index letztlich um eine statische Betrachtung. Um dem Modell einen dynamischen Aspekt zu geben, bietet sich die erfolgsfaktorenbasierte Balanced Scorecard (BSC) an. Diese wird im Folgenden vorgestellt.

3 Die erfolgsfaktorenorientierte Balanced Scorecard

3.1 Grundlagen der Balanced Scorecard

Das in Kapitel 2 vorgestellte Positionierungsmodell ermöglicht es einem Dienstleistungsnetzwerk, sich im Vergleich zu seinen Wettbewerbern zu sehen. Obwohl durch die

Potenzial-Perspektive des „Erfolgsfaktoren-Index" auch zukunftsgerichtete Größen abgebildet werden, ist jede Positionierung letztlich statisch und besitzt somit nur eine eingeschränkte Aussagefähigkeit. Eine Möglichkeit zur Erhöhung der Aussagefähigkeit wäre, eine Positionierung in regelmäßigen Abständen durchzuführen. Aber auch diese Möglichkeit erhöht die Aussagefähigkeit nur bedingt, da zwar Veränderungen bezüglich der Positionierung sichtbar werden, hingegen die Gründe für die Veränderung im Verborgenen bleiben.

Eine andere, wesentlich besser geeignete Möglichkeit zur Erhöhung der Aussagefähigkeit wäre der Einsatz eines Instruments, welches auch die qualitativen und die quantitativen Aspekte des Positionierungsmodells abbildet und gleichzeitig dynamische Aspekte ganzheitlich integriert. Dies können beispielsweise Ursache-Wirkung-Zusammenhänge sein oder aber auch Aspekte des „organisationalen Lernens". Das „Wunderwort" in diesem Zusammenhang heißt: „Balanced Scorecard" (BSC) bzw. „ausgewogener Berichtsbogen".

Das Konzept der Balanced Scorecard wurde Anfang der 90er Jahre von den amerikanischen Professoren Robert S. Kaplan und David P. Norton im Rahmen einer gemeinsamen Studie mit der KPMG Unternehmensberatung und 12 amerikanischen Unternehmen aus dem Fertigungs- und Dienstleistungsbereich, der Schwerindustrie sowie der High-Tech Branche entwickelt. Hintergrund dieser Studie war die massive Kritik in der Literatur und in weiten Teilen der Praxis an den damals gängigen Konzepten des Performance Measurement (vgl. Kaplan/Norton, 1997a und Weber/Schäffer, 1998, S. 342).

Anders als klassische Kennzahlensysteme gehen Kaplan und Norton bei der BSC davon aus, dass der wirtschaftliche Erfolg einer Organisation nicht ausschließlich aus finanziellen Kennzahlen (wie z. B. Umsatz, Gesamtkapitalrentabilität, Eigenkapitalrentabilität, ordentliches Ergebnis, etc.) heraus beurteilt werden kann, sondern dass zusätzlich auch nicht-finanzielle Kennzahlen (wie z. B. Mitarbeiterzufriedenheit, Mitarbeiterfähigkeiten, Prozessinnovation, Kundenzufriedenheit, etc.) mit einbezogen werden müssen. Die Balanced Scorecard ergänzt die finanziellen Kennzahlen, die lediglich vergangene Ereignisse reflektieren, um nicht-finanzielle Kennzahlen, die die treibenden Kräfte zukünftiger Leistungen abbilden (vgl. Kaplan/Norton, 1997a, S. 8).

Die vorhandenen Vorstellungen des Managements zur Vision einer Organisation und die daraus abgeleiteten Ziele und Strategien werden durch die Balanced Scorecard in konkret formulierte und über messbare Kennziffern abrechenbare Maßnahmen transparent für jeden Mitarbeiter umgesetzt. Somit bietet die BSC die immens wichtige Verbindung zwischen den jeweiligen Strategien einer Organisation und ihren konkreten Handlungen (vgl. Horváth, 1999, S. 29).

Die Balanced Scorecard bildet daher ein hervorragendes Kommunikationsinstrument, mit dessen Hilfe die vom Management erarbeiteten Strategien allen Mitarbeitern bzw. allen Mitgliedern einer Organisation oder eines Netzwerks vermittelt werden können (vgl. Dusch/Möller, 1997, S. 116 und Tönnis, 1999, S. 65). Dies ist von herausragender Bedeutung, da die Strategien einer Organisation nur so gut und wirksam sind, wie es gelingt, sie in allen Bereichen und Ebenen einer Organisation transparent und für alle

Beteiligten nachvollziehbar umzusetzen. Denn sollen die einzelnen Mitarbeiter (bzw. Mitglieder einer Organisation) im Sinne der Organisationsziele bzw. der daraus abgeleiteten Strategien handeln, so müssen ihnen diese Ziele bzw. Strategien auch bekannt und verständlich sein.

Bekannte Unternehmen wie z. B. Coca-Cola, Apple Computer, Motorola und Unilever haben das Konzept der Balanced Scorecard bereits übernommen (vgl. Eschenbach, 1999, S. 38).

Der Aufbau einer Balanced Scorecard ist konsequent auf die strategierelevanten Bereiche einer Organisation auszurichten. Dies geschieht regelmäßig durch die Berücksichtigung der vier Perspektiven:

- Finanzperspektive,
- Kundenperspektive,
- Interne Prozessperspektive und
- Lern- und Entwicklungsperspektive.

So wird eine ganzheitliche Sichtweise mit einer ausgeglichenen Berücksichtigung von kurz- und langfristigen sowie finanziellen und nicht-finanziellen Kennzahlen (hard- und soft-facts) erreicht (vgl. Horstmann, 1999, S. 193).

Die in Abbildung 3 dargestellten vier Perspektiven sind dabei lediglich als „Schablone" und nicht als „Zwangsjacke" zu sehen. So kann bei Bedarf eine der Perspektiven weggelassen oder die vier Perspektiven um eine weitere (z. B. Partnerpektive oder Umweltschutz) ergänzt werden (vgl. Kaplan/Norton, 1997a, S. 33; Horstmann, 1999, S. 199).

Auf Basis der aus der Organisationsvision jeweils abgeleiteten Strategie sind die Ursache-Wirkung-Beziehungen von den Teilzielen der vier Perspektiven so abzuleiten, dass sie logisch verknüpfte Ketten innerhalb und zwischen den vier Perspektiven bilden, die sichtbar werden lassen, inwiefern die einzelnen Größen zur Erfüllung der Strategie beitragen. Die Ursache-Wirkungs-Beziehungen von Teilzielen sollten dabei so gebildet werden, dass sie in idealer Weise (bei Profit-Organisationen) in einem direkten oder indirekten Zusammenhang zu den monetären Zielgrößen stehen (vgl. Klaus/Dörnemann/Knust, 1998, S. 375).

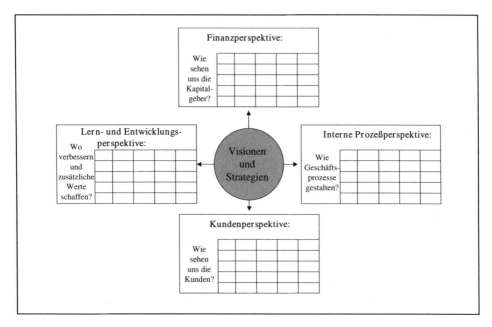

Abb. 3: Vier Perspektiven der Balanced Scorecard
(Quelle: In Anlehnung an Kaplan/Norton, 1997b, S. 315)

Eine solche Ursache-Wirkung-Beziehung einer Profit-Organisation könnte z. B. wie in Abbildung 4 dargestellt aussehen.

Ein Balanced-Scorecard-System sollte bei Dienstleistungsnetzwerken für die Gesamtorganisation entwickelt werden, um das Dienstleistungsnetzwerk mit all seinen Systemelementen einheitlich auf die verfolgten Ziele auszurichten.

Die Scorecards der übergeordneten Organisationseinheiten werden dabei zum Ausgangspunkt für Scorecards der jeweils untergeordneten Organisationseinheiten. Ziel ist es, die jeweiligen Strategien über die Scorecards möglichst weit „runter zu brechen", d. h. auf die einzelnen Mitglieder eines Netzwerks, deren Abteilungen, Arbeitsgruppen und sogar auf einzelne Mitarbeiter. Die in einer Scorecard einer Organisationseinheit formulierten Ziele sind dabei Mittel zur Erreichung von Zielen, die in der jeweilig übergeordneten Organisationseinheit definiert wurden (vgl. Kaplan/Norton, 1997a, S. 34 und S. 205, vgl. Klaus/Dörnemann/Knust, 1998, S. 375 und Krahe, 1999, S. 116).

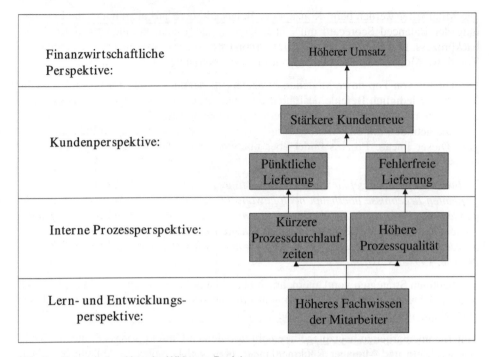

Abb. 4: Beispiel einer Ursache-Wirkungs-Beziehung
(Quelle: In Anlehnung an Kaplan/Norton, 1997a, S. 29)

3.2 Die Balanced Scorecard als Instrument für die „lernende Organisation"

Bei der Suche nach geeigneten Kennzahlen sollte die Beziehungsstärke möglichst quantifiziert werden. Auch die Reaktionszeiten (z. B. Dauer zwischen der Verbesserung der Produktqualität und einem Anstieg des Marktanteils) sollten zumindest grob Berücksichtigung finden (vgl. Kaplan/Norton, 1997a, S. 29 und Klaus/Dörnemann/Knust, 1998, S. 375). Über die so gewonnenen Kausalketten erhalten die Mitglieder einen kompletten Überblick über den Wirkungszusammenhang der jeweilig verfolgten Strategien. Die einzelnen Mitglieder eines Netzwerks und ihre jeweiligen Mitarbeiter können somit ihre Stellung im Geschäftsprozess verstehen und erkennen, wie sie mit ihren Aktivitäten zur Umsetzung der Strategien beitragen können. (vgl. Krahe, 1999, S. 122).

Die Verwendung von Kennzahlen als „Sprache" erleichtert es dabei, komplexe und oft auch nebulöse Konzepte in eine präzise Form zu bringen. Die Fokussierung auf Ursache und Wirkung beim Aufbau eines Balanced-Scorecard-Systems, in das die Mitglieder eines Netzwerks und deren Mitarbeiter mit einbezogen sind, fördert das Verständnis für dynamische Zusammenhänge.

Die Mitarbeiter werden beim Konzept der Balanced Scorecard nicht nur in die Entwicklung der Balanced Scorecard mit einbezogen, sondern auch in einen ständigen Feedbackprozess. Das Konzept der Balanced Scorecard ist somit weit mehr als ein einfaches Top-down Modell von Befehl und Kontrolle (vgl. Kaplan/Norton, 1997a, S. 16).

Die Theorie von Top-down Modellen ist, anders als bei der Balanced Scorecard, dass die Mitarbeiter lediglich Befehle ausführen und die von der obersten Unternehmensleitung aufgestellten Pläne einhalten. Zu diesem Zweck werden Ausführungs- und Steuerungssysteme gebildet, um die Mitarbeiter in Einklang mit den vorgegebenen Plänen zu bringen. Dieser lineare Prozess bildet aber nur einen einfachen (single loop) Rückkopplungsprozess.

„Abweichungen von geplanten Ergebnissen führen nicht dazu, in Frage zu stellen, ob die geplanten Ergebnisse überhaupt noch gewünscht sind, noch zweifeln sie an, ob die Methoden zur Zielerreichung überhaupt angemessen sind. Abweichungen von geplanten Zielen werden als Fehler angesehen und führen dazu, dass große Aktionen gestartet werden, um die Organisation wieder zurück auf den rechten Weg zu bringen." (Kaplan/ Norton, 1997a, S. 16)

Die heutigen Strategien von Unternehmen können auf Grund der zunehmenden Komplexität und Dynamik der Umweltbedingungen jedoch nicht derart linear und stabil sein (vgl. Kaplan/Norton, 1997a, S. 16 und S. 242).

Unternehmen arbeiten heutzutage in einem turbulenten Umfeld, sodass Strategien häufiger wechseln und Manager Rückmeldungen über viel komplexere Abläufe benötigen. Eine einstmals geplante Strategie, die in bester Absicht und auf der Grundlage hochwertiger Informationen entworfen wurde, kann für aktuelle Umstände schon nicht mehr angemessen oder nützlich sein.

Unternehmen müssen schnell und flexibel reagieren, da sich in ständig verändernden Umfeldern neue Strategien aus günstigen Gelegenheiten oder aus Herausforderungen ergeben können, die zum Zeitpunkt der Formulierung der einstigen Strategie nicht vorhersehbar waren.

Gerade Dienstleistungsnetzwerke benötigen auf Grund ihrer Größe und Komplexität die Möglichkeit des Double-loop-Lernens. Dieser Effekt tritt ein, wenn das jeweilige Management Voraussetzungen in Frage stellt und darüber reflektiert, ob die Annahmen nach denen bisher gehandelt wurde, unter den neuen Ausgangsbedingungen und unter den aktuellen Ergebnissen, Beobachtungen und Erfahrungen der Mitarbeiter noch aufrecht erhalten werden können und sollen (vgl. Kaplan/Norton, 1997a, S. 17 und S. 242).

Die Balanced Scorecard realisiert auf diese Weise Wissensmanagement, weil durch sie dem operativen und dem strategischen Lernen ein klar definierter Rahmen gegeben wird.

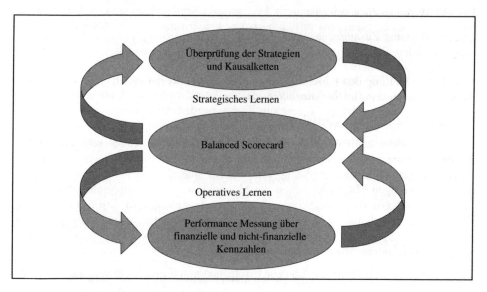

Abb. 5: Double-Loop-Learning
(Quelle: In Anlehnung Kaplan/Norton, 1997a, S.II/18)

Die Schaffung einer funktionsübergreifenden Perspektive ist dabei eine wichtige Voraussetzung für den Lernprozess. Erst der Einsatz von funktionsübergreifenden (bzw. interdisziplinären) Teams ermöglicht es, jeweiliges Spezialwissen und verschiedene Sichtweisen und Erfahrungen umfassend auszutauschen.

Diese Synthese ermöglicht es, das organisationsintern vorhandene, aber verstreute Potenzial zu nutzen und Synergieeffekte zu erzeugen (vgl. Kaplan/Norton, 1997a, S. 253). Diese interdisziplinären Teams können über eine Sekundärstruktur in der Organisation eingerichtet werden.

3.3 Die Balanced Scorecard im Lichte der Erfolgsforschung

Der Balanced Scorecard-Ansatz eignet sich in idealer Weise zur Steuerung von Dienstleistungsnetzwerken und für die Erfolgsforschung in diesem Bereich. Hierzu lassen sich vier wesentliche Gründe aufführen:

Definition und Visualisierung

Der Einsatz des Balanced Scorecard Ansatzes ermöglicht durch die Verwendung von Kennzahlen eine eindeutige Definition der aus den jeweiligen Netzwerkzielen abgeleiteten Strategien. Diese strukturierte und eindeutige Erfassung und Darstellung der verfolgten Strategien ermöglicht erst, ein Dienstleistungsnetzwerk mit all seinen Systemelementen einheitlich auf die verfolgten Ziele auszurichten und transparent für seine Mitglieder darzustellen.

Ursache-Wirkung-Zusammenhänge

Ursache-Wirkung-Zusammenhänge stellen die Wechselwirkungen zwischen und in den entsprechenden Perspektiven dar, welche zwischen den Kennzahlen bestehen. Somit werden alle wesentlichen Verbundbeziehungen eindeutig definiert und transparent dargestellt. Die Stellung und Funktion jedes einzelnen Netzwerkmitglieds und seiner jeweiligen Mitarbeiter wird im Reaktionsverbund deutlich.

Einsatz in Unternehmen (Überführung)

Der Einsatz einer noch endgültig zu entwickelnden erfolgsfaktorenorientierten Basis Balanced Scorecard in verschiedenen Dienstleistungsnetzwerken wäre vor dem Hintergrund der Erfolgsfaktorenforschung von großem Interesse. Dienstleistungsnetzwerke und ihre jeweiligen Mitglieder hätten die Möglichkeit, eine idealtypische erfolgsfaktorenorientierte Basis Balanced Scorecard, welche alle wesentlichen Erfolgsfaktoren und deren Kennzahlen berücksichtigt, als Ausgangsbasis zu benutzen und strategieadäquat mit weiteren Kennzahlen zu ergänzen. Somit wäre die Vergleichbarkeit zwischen den verschiedenen Unternehmen auf Erfolgsfaktorebene grundsätzlich weiter gegeben.

Lernen (ständiges Hinterfragen, ob neue Erfolgsfaktoren hinzugekommen sind)

Durch die geschaffene Vergleichbarkeit von verschiedenen Dienstleistungsnetzwerken, die durch Verwendung einer idealtypischen erfolgsfaktorenorientierten Basis Balanced Scorecard erreicht wird, erschließen sich neue Wege für Forschung und Praxis im Bereich der Erfolgsfaktorenforschung. Es wird somit endlich möglich, die Entwicklung der Erfolgsfaktoren und ihrer Kennzahlen zu beobachten und gemeinsam daraus zu lernen.

Im Rahmen einer vom Institut für Handelsmanagement und Netzwerkmarketing durchgeführten Delphi-Untersuchung wurden in drei Runden acht Erfolgsfaktoren für Dienstleistungsnetzwerke identifiziert (vgl. Ahlert/Evanschitzky, 2001). Die in der Delphi-Untersuchung identifizierten Erfolgsfaktoren sind:

- Netzwerkmanagement,
- Innovationsmanagement,
- Internationalisierung,
- Humankapital,
- Leistungsqualität,
- Markenmanagement,
- Mass-Customization,
- CRM.

Die Zuordnung der identifizierten Erfolgsfaktoren zu dem bereits in seinen Grundzügen vorgestellten Balanced-Scorecard-Ansatz könnte nach den bisherigen Forschungsergebnissen des Instituts für Handelsmanagement und Netzwerkmarketing wie in Abbildung 6 dargestellt aussehen.

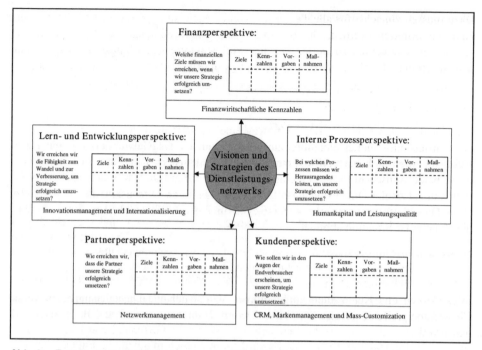

Abb. 6: Zuordnung der Erfolgsfaktoren zu den Dimensionen
(Quelle: In Anlehnung an Kaplan/Norton, 1997b, S. 315)

Angesichts der Spezifika von Dienstleistungsnetzwerken sind die vier klassischen Perspektiven um eine weitere Perspektve, die Partnerperspektive, ergänzt worden.

In weiteren Untersuchungen wird gegenwärtig am Lehrstuhl für Distribution und Handel geforscht, wie der spezifische Aufbau einer erfolgsfaktorenorientierten Basis Balanced Sorecard für Dienstleistungsnetzwerke zu gestalten ist und durch welche Kennzahlen die verschiedenen Erfolgsfaktoren zu messen sind.

4 Zusammenfassung

Bei Dienstleistungsnetzwerken handelt es sich um eine recht heterogene Gruppe von Unternehmen bzw. Netzwerken. Angefangen von kleinen „New Economy" Dienstleistern, die z. T. weniger als 10 Mitarbeiter haben, bis zu Weltkonzernen mit mehreren 10.000 Beschäftigten. In beiden Gruppen finden sich exzellente und weniger erfolgreiche Beispiele. Die herausfordernde Frage lautet:

„*Was unterscheidet die Exzellenten von den weniger Erfolgreichen?*"

Dazu müssen zunächst für alle Teilcluster von Dienstleistungsnetzwerken die kritischen Faktoren ermittelt werden, durch welche die Unterscheidung zwischen guten und schlechten Netzwerken zu treffen ist: die Erfolgsfaktoren. Letztlich haben alle Cluster unterschiedliche Erfolgsfaktoren mit unterschiedlichen Gewichtungen. Die Frage lautet:

„Welches sind die Erfolgsfaktoren für mein Dienstleistungsnetzwerk und wie sind diese untereinander zu gewichten?"

Um trotzdem über Cluster-Grenzen hinweg eine Vergleichbarkeit zu sichern, bietet sich ein Cluster-individuelles Positionierungsmodell an, da die Gewichtung der einzelnen Erfolgsfaktoren sich bei den unterschiedlichen Teilclustern u. U. ändern könnte. Das heißt, beide Achsen müssten neu eingeteilt werden. Grundsätzlich findet die Positionierung anhand zweier Dimensionen statt, der Erfolgsfaktoren-Dimension, die das Potenzial eines Dienstleistungsnetzwerks widerspiegelt und der Kennzahlen-Dimension, welche die aktuelle Ist-Situation abbildet.

So werden sowohl die qualitativen als auch die quantitativen Aspekte der „NetworkExcellence" betrachtet, und zwar für hinreichend homogene Teilcluster. Da die Positionierung eines beliebigen Dienstleistungsnetzwerks anhand von Cluster-individuellen Erfolgsfaktoren und Kennzahlen vorgenommen wird, sind alle Dienstleistungsnetzwerke Cluster-übergreifend vergleichbar. Die Zielerreichungsgrade sind jeweils zwischen 0 und 100 %.

Einen zusätzlichen Erklärungsbeitrag liefert der Vergleich der realen Positionierung eines Dienstleistungsnetzwerks mit der Teilcluster-spezifischen Durchschnittspositionierung. So können Aussagen über die relative Wettbewerbsposition getroffen werden.

Neben der Positionierung, welche zeitpunktbezogen durchgeführt wird, interessiert das Management eines Dienstleistungsnetzwerks insbesondere eine dynamische Betrachtung der Unternehmenssituation. Die entsprechende Frage lautet:

„Wie können die Ergebnisse der Erfolgsforschung zum Nutzen des eigenen Unternehmens in seiner Dynamik dargestellt werden?"

Dazu bietet sich das Instrument der Balanced Scorecard an. Dieses ermöglicht – bei regelmäßiger Anwendung – eine Längsschnittbetrachtung der Unternehmensentwicklung. So lassen sich zahlreiche Handlungsempfehlungen dadurch ableiten, dass Ursache-Wirkung-Zusammenhänge transparenter werden. Die BSC eignet sich somit durch ihre Konzeption in idealer Weise zum organisationalen Lernen. Denn letztlich macht die Erfolgsforschung nur Sinn, wenn deren Ergebnisse nutzenstiftend bei den Dienstleistungsnetzwerken umgesetzt werden.

Literaturverzeichnis

ADAM, D. (1997): Investitionscontrolling, 2. Aufl., München; Wien.

AHLERT, D. (1996): Distributionspolitik: das Management des Absatzkanals, 3. Aufl., Stuttgart; Jena.

AHLERT, D. (1997): Warenwirtschaftsmanagement und Controlling in der Konsumgüterdistribution – Betriebswirtschaftliche Grundlegung und praktische Herausforderungen aus der Perspektive von Handel und Industrie, in: Ahlert, D./Olbrich, R.: Integrierte Warenwirtschaftssysteme und Handelscontrolling – Konzeptionelle Grundlagen und Umsetzung in der Handelspraxis, 3. Auflage, Stuttgart.

AHLERT, D. (1998): Strategisches Marketingmanagement in Industrie und Handel, Bd. 2 der Münsteraner Schriften zur Distributions- und Handelsforschung, 4. Aufl., Münster.

AHLERT, D. (1998/99): Absatz/Grundzüge des Marketing, Arbeitsunterlagen Teil III, Münster.

AHLERT, D. (2000): Integriertes Markenmanagement und kundengetriebenes Category Management in Netzwerken der Konsumgüterdistribution, Münsteraner Schriften zur Distributions- und Handelsforschung, Münster.

AHLERT, D. (2001A): Grundzüge einer Konzeption des externen Markencontrolling, in: Festschrift Köhler, im Druck.

AHLERT, D. (2001B): Handbuch Franchising und Cooperation, Neuwied; Kriftel.

AHLERT, D. (2001C): Wertorientiertes Management von F & C-Netzwerken – Ein neues Paradigma für das Netzwerkmanagement in Unternehmenskooperationen?, in: Ahlert, D./Ahlert, M. (Hrsg.): Innovative Management- und Controllingkonzeptionen für Netzwerke der Systemkooperation und des Franchising, Bd. 8 der Münsteraner Schriften zur Distributions- und Handelsforschung, Münster, S. 3-81.

AHLERT, D. ET AL. (1998): Informationssysteme für das Handelsmanagement – Konzepte und Nutzung in der Unternehmenspraxis, Berlin; Heidelberg.

AHLERT, D./BORCHERT, S. (2000): Prozessmanagement im vertikalen Marketing – Efficient Consumer Response (ECR) in Konsumgüternetzen, Berlin; Heidelberg; New York.

AHLERT, D./EVANSCHITZKY, H. (2001): „Erfolgsfaktoren von Dienstleistungsnetzwerken: theoretische Grundlagen und empirische Ergebnisse, in: Bruhn, M./Stauss, B.: Jahrbuch Dienstleistungsmanagement 2001, Wiesbaden.

AHLERT, D./EVANSCHITZKY, H./HESSE, J. (2001): E-Commerce zwischen Anspruch und Wirklichkeit, Frankfurt/Main.

AHLERT, D./KENNING, P. (1999): Die Betriebstypenmarke als Vertauensanker bei der Einkaufsstättenwahl des Konsumenten?, in: BBE-Jahrbuch des Handels 1999, Köln, S. 115-134.

AHLERT, D./KENNING, P./SCHNEIDER, D. (2000): Markenmanagement im Handel – Strategien, Konzepte, Praxisbeispiele, Wiesbaden.

AHLERT, D./SCHRÖDER, H. (1998): Strategische Erfolgsforschung und Benchmarking in Handel und Distribution, 2. neu bearbeitete Auflage, in: Bd. 3 der Münsteraner Schriften zur Distributions- und Handelsforschung, Münster.

ALEWELL, D. (1993): Interne Arbeitsmärkte: Eine informationsökonomische Analyse, Hamburg.

ALTER, C./HAGE, J. (1993): Organizations working together, London.

BACKHAUS, K. ET AL. (2000): Multivariate Analysemethoden, eine anwendungsorientierte Einführung, 9. Aufl., Berlin; Heidelberg; New York.

BARTLETT, C./GHOSHAL, S. (1990): Internationale Unternehmensführung, Frankfurt/Main.

BARZEL, D./WAHLE, P. (1990): Das PIMS-Programm – was es wirklich wert ist, in: Harvard-Manager, Heft 1/1990, S. 100-109.

BECKER, J., SCHÜTTE, R. (1996): Handelsinformationssysteme, Landsberg/Lech.

BEKIER, M. M./FLUR, D. K./SINGHAM, S. J. (2000): A future for bricks and mortar, in: The McKinsey Quarterly, 2000 number 3, S. 78-85.

BENKENSTEIN, M./GÜTHOFF, J. (1996): Typologisierung von Dienstleistungen, Ein Ansatz auf der Grundlage system- und käuferverhaltenstheoretischer Überlegungen, in ZfB, 66. Jg, H. 12, S. 1493-1510.

BEREKOVEN, L. (1983): Der Dienstleistungsmarkt in der BRD, Bd. 1 und 2, Göttingen.

BERGMANN, K. (1998): Angewandtes Kundenbindungsmanagement, Frankfurt/Main.

BEREKOVEN, L./ECKERT, W./ELLENRIEDER, P. (1999): Marktforschung: methodische Grundlagen und praktische Anwendung, 8. Aufl., Wiesbaden.

BETSCH, O. (2000): Privatkundengeschäft – Achillesferse der Banken?, in: Bank-Archiv, S. 5-14.

BIEBERSTEIN, I (1995): Dienstleistungsmarketing, Kiel.

BIEGER, T. (1998): Dienstleistungsmanagement: Einführung in Strategien und Prozesse bei persönlichen Dienstleistungen, Bern u. a.

BIERMANN, T. (1997): Dienstleister müssen besser werden, in: Harvard Business Manager, 2/97, S. 85-94.

BLEICHER, K. (1996): Das Konzept integriertes Management, 4. Aufl., Frankfurt/Main.

BLEYMÜLLER, J./GEHLERT, G./GÜLICHER, H. (1996): Statistik für Wirtschaftswissenschaftler, 10. Aufl., München.

BLIEMEL, F. W./EGGERT, A. (1998): Kundenbindung – die neue Sollstrategie, in Marketing ZFP, 20. Jg., Heft 1/1998, S. 37-46.

BÖING, CH. (2001): Erfolgsfaktoren im Electronic Commerce in Business-to-Consumer-Märkten – eine Analyse auf empirischer Basis, Wiesbaden.

BONGARTZ, U. (2000): Worksite Marketing – Strategie mit Multiplikatoreffekt, in: Die Bank, Nr. 1/Januar 2000, S. 52-54.

BORCHERT, S./MARKMANN, F./STEFFEN, M./VOGEL, S. (1999) Netzwerkaspekte – Konzepte, Typologie und Managementansätze-, Arbeitspapier Nr. 21 des Lehrstuhls für Betriebswirtschaftslehre, insbesondere Distribution und Handel, Münster.

BOSCH, H.-D. (2001): Internet, Online-Banking, E-Commerce: Neue Chancen und Möglichkeiten im Privat- und Firmenkunden-Geschäft, Unterlagen zum Vortrag im Rahmen der Tagung des Fraunhofer Instituts zum Thema „Filialbanken und eBusiness – @ktuelle Herausforderungen im Finanzdienstleistungsbereich", 6. Februar 2001, Stuttgart.

BOSS, S./MCGRANAHAN, D./MEHTA, A. (2000): Will the banks control on-line banking, in: The McKinsey Quarterly, 2000 number 3, S. 70-77.

BRANDES, W./WATERMANN, B. (2001): Service Center Online Bank, Ohne Beratung – schlechte Geschäfte, in: Börse Online, Nr. 13, Jg. 2001, S. 10-21.

BRONNER, R. (1992): Komplexität, in: Frese, E. (Hrsg.), Handwörterbuch der Organisation, 3. Aufl.

BRUHN, M. (1997): Qualitätsmanagement für Dienstleistungen: Grundlagen – Konzepte – Methoden, 2. Aufl., Berlin; Heidelberg.

BRUHN, M. (1999): Kundenorientierung: Bausteine eines exzellenten Unternehmens, München.

BRUHN, M. (2001): Customer relationship Marketing aus wissenschaftlicher Perspektive, in: Meffert, H./Backhaus, K./ Becker, J. (Hrsg.): Customer Relationship Marketing (CRM) – Marketing im Zeitalter des Beziehungsmanagement, Dokumentationspapier Nr. 148, Münster, S. 6-23.

BRUHN, M./MURMANN, B. (2000): Interdependenzen von Qualitätsurteilen bei mehrstufigen Dienstleistungsprozessen, in: Bruhn, M./Stauss, M.: Jahrbuch Dienstleistungsmanagement 2000, Wiesbaden, S. 74-101.

BRUHN, M./STAUSS, M. (2000): Dienstleistungsqualität: Konzepte – Methoden – Erfahrungen, 3. Aufl., Wiesbaden.

BUCHANAN, R. W. T./GILLIES, C. S. (1990): Value Managed Relationship. The Key to Customer retention and profitability, in: European Management Journal, 1990, S. 523-526.

BUCKLEY, CH. (1995): Delphi: a methodology for preferences more than predictions, in: Library Management, Vol. 16/7 1995, S. 16-19.

BÜHL, A./ZÖFEL, P. (2000): SPSS Version 9, 6. Aufl., München u. a.

BULLINGER, H.-J./ENGSTLER, M./JORDAN, L. (2000): Szenario Finanzdienstleistungsmarkt 2000plus – Chancen für kleine und mittlere Filialbanken, Trendstudie, 2. Aufl., Fraunhofer-Institut für Arbeitswirtschaft und Organisation IAO, Stuttgart.

BUNDESMINISTERIUM FÜR WIRTSCHAFT (1995) Ausschuss für Begriffsdefinitionen aus der Handels- und Absatzwirtschaft, Katalog E, 4. Aufl., Köln, S. 58.

BUNDESVERBAND DEUTSCHER BANKEN (2000): Mehr Bankgeschäfte von zu Hause – Schon über 10 Millionen Konten werden online geführt. Online im Internet: AVL: URL: www.bdb.de (Stand: 22.09.2000).

BURCHARD, U. (2000): Auf dem Weg zur Hochleistungsorganisation, in: Die Bank, Nr. 1/Januar 2000, S. 24-27.

BUZZELL, R. D./GALE, B. T. (1987): The PIMS Principles – Linking Strategy to Performance, New York.

CHETTY, S./HOLM, D. (2000): Internationalisation of small to medium-sized manufacturing firms: a network approach, in International Business Review, No. 9/2000, S. 77-93.

CLARKE, R. E./GUPTA, U. G. (1996): Theory and application of the Delphi technique: A bibliography (1975-1994), in: Technological Forecasting and Social Changes 53/1996, S. 185-211.

CLINE, K. (2000): Mobilizing for E-Strategy, in: Banking Strategies, January/February 2000, S. 18-23.

COASE, R. H. (1937): The Nature of the Firm, in Economia, Vol. 4 Nr. 16, 1937, S. 396-405.

COE, N. (1997): Internationalisation, Diversification and Spatial Restructuring in Transnational Computer Service Firms: Case Studies from the U.K. Market, in: Geoforum, No. 3-4, Vol. 28, S. 253-270.

COOPER, R. G. (1979): Identifying industrial new product success: project NewProd, in: Industrial Marketing Management Vol. 8, No. 2, S. 124-135.

COOPER, R. G./KLEINSCHMIDT, E. J. (1993): Major new products: what distinguishes the winners in the chemical industry?, in: Journal of Product Innovation Management, Vol. 10, S. 90-111.

CORSTEN, H. (1985): Die Produktion von Dienstleistungen, Betriebswirtschaftliche Studien, Nr. 51, Berlin.

CORSTEN, H. (1988): Betriebswirtschaftslehre der Dienstleistungsunternehmen, München u. a.

CORSTEN, H. (1990): Betriebswirtschaftslehre der Dienstleistungsunternehmungen, 2. Aufl., München; Wien.

CORSTEN, H. (2000): Der Integrationsgrad des externen Faktors als Gestaltungsparameter in Dienstleistungsunternehmungen – Voraussetzungen und Möglichkeiten der Externalisierung und Internalisierung, in: Bruhn, M./Stauss, B. (Hrsg.): Dienstleistungsqualität, Konzepte – Methoden – Erfahrungen, Wiesbaden.

DALKEY, N. C. (1969): Delphi Methode: An Experimental Study of Group Oppinion, The Rand Cooperation, Santa Monica.

DE BRENTANI, U. (1989): Success and failure in new industrial services, in: Journal of Product Innovation, Vol. 6, S. 239-258.

DEPPE, S. (2000): Möglichkeiten und Grenzen der kooperativen Umsetzung eines Mass-Customizing von Gebrauchsgütern durch Wertschöpfungsnetzwerke – dargestellt aus der Perspektive eines mittelständischen Möbelhändlers, unveröffentl. Diplomarbeit am Lehstuhl für BWL, insbesondere Distribution und Handel der Westf. Wilhelms-Universität Münster, Münster.

DEUTSCHE BANK (2000): Results 1999, Geschäftsbericht – Kurzfassung, Deutsche Bank, Frankfurt/Main.

DEUTSCHE BANK (2001): Pressemitteilung der Deutschen Bank, Breuer: Neue Struktur wird weiteren Wachstumsschub bringen. Online im Internet: AVL: URL: http://public.deutsche-bank.de (Stand: 01.02.2001).

DEUTSCHE BUNDESBANK (2001): Bankenstatistik, Februar 2001, Frankfurt/Main.

DEUTSCHER FRANCHISE-VERBAND (2001): www.dfv-franchise.de (30.8.2001).

DILLER, H. (2001): Es kommt weniger darauf an was man macht, sondern wie man es macht, in: Markenartikel, Heft 3/2001, S. 90-104.

DILLER, H. (1995): Beziehungs-Marketing, in: WiSt, 24. Jg., Heft 9/1995, S. 442-447.

DITTRICH, S. (2000): Kundenbindung als Kernaufgabe im Marketing – Kundenpotenziale langfristig ausschöpfen, St. Gallen.

DOKE, E. R./SWANSON, N. E.: Decision variables for selecting prototyping in information systems developement: a Delphi Study of MIS managers, in: Information&Management 29/1995, S. 173-182.

DURAY, R./MILLIGAN, G. (1999): Improving customer satisfaction through mass customization, in: Quality Progress, No. 32, Vol. 8.

DUSCH, M./MÖLLER M. (1997): Praktische Anwendungen der Balanced Scorecard, in: Controlling, Heft 2, S. 116-121.

ESCHENBACH, S. (1999): Zielorientierung – Systematisch führen – Balanced Scorecards für die Materialwirtschaft, in: Beschaffung Aktuell, 10/99, S. 38-41.

EVANSCHITZKY, H. (2001): Auswirkungen des E-Commerce auf Franchisesysteme, in: Ahlert, D. (Hrsg.): Handbuch Franchising & Cooperation, Neuwied; Kriftel, S. 297-310.

EVANSCHITKY, H.; HESSE, J. (2001): E-Zufriedenheit – unveröffentlichte Studie zum Thema „Zufriedenheit im Internet" am Institut für Handelsmanagement und Netzwerkforschung der Universität zu Münster.

FISCHER, J. (2001): Direktbank und Filialnetz – Kundennähe neu definiert, Unterlagen zum Vortrag im Rahmen der Tagung des Fraunhofer Instituts zum Thema „Filialbanken und eBusiness – @ktuelle Herausforderungen im Finanzdienstleistungsbereich", 6. Februar 2001, Stuttgart.

FLETCHER, R. (2001): A holistic approach to internationalisation, in: International Business Review No. 1, Vol. 10, S. 25-49.

FORIT (2000): Private Banking im Internet, Marktdaten – Kundenbedürfnisse – Strategische Empfehlungen, Studie der Forit Internet Business Research, Frankfurt/Main.

FORI /ZONA RESEARCH (2000): Internet Business Research – Application Service Provider – Software über das Internet, Frankfurt/Main.

FRIELITZ, C./HIPPNER, H./MARTIN, S./WILDE, K. D. (2000): Customer Relationship Management – Nutzen, Komponenten und Trends, in: Wilde, K. D./Hippner, H. (Hrsg.): CRM 2000, absatzwirtschaft, Düsseldorf, S. 9-44.

FRITZ, W. (1990): Marketing – ein Schlüsselfaktor des Unternehmenserfolges?, in: Marketing ZFP, Heft 2/1990, S. 91-110.

FRITZ, W. (1994): Die Produktqualität – ein Schlüssenfaktor des Unternehmenserfolg?, in: ZFB, Heft 8/1994, S. 1045-1063.

GEMÜNDEN, H.G./RITTER, T./HEYDEBRECK, P (1996): Network configuration and innovation success: An empirical analysis in German high-tech industries, in: International Journal of Research in Marketing, No. 13/1996, S. 449-462.

GEORGI, D. (2000): Kundenbindungsmanagement im Kundenbeziehungslebenszyklus, in: Bruhn, M./Homburg, Ch. (Hrsg): Handbuch Kundenbindungsmanagement, 3. Aufl., Wiesbaden, S. 227-247.

GERHARDT, J. (1987): Dienstleistungsproduktion. Eine produktionstheoretische Analyse der Dienstleistungsprozesse, Bergisch Gladbach; Köln.

GERPOTT, T. J./KNÜFERMANN, M. (2000): Internet-Banking – Eine empirische Untersuchung bei deutschen Sparkassen, in: Bank-Archiv, 2000, S. 38-50.

GIBBONS, N. (2001): Wettlauf im Netz, Im Online-Banking wächst der Wettbewerbsdruck – und der Beratungsbedarf, in: Bank der Zukunft, Verlagsbeilage zur Frankfurter Allgemeinen Zeitung, Montag, 26. Februar 2001, Nummer 48, S. B9.

GIERL, H./KURBEL, T. M. (1997): Möglichkeiten zur Ermittlung des Kundenwertes, in: Link, J./Brändli, D./Schleuning, Ch./Kehl, R. E. (Hrsg.): Handbuch Database Marketing, Ettlingen, S. 174-188.

GILLNER, A./REDDEMANN, A./HOETH, U. (1997): Balance zwischen Verdienen und Vertrauen – von der Dienstleistungsqualität zur Dienstleistungsmentalität, in: Personalführung, Nr. 11.

GREEN, A./PRICE, I. (2000): Whither FM? A Delphi study of the profession and the industry, in: Facilities, Vol. 18, No. 7/8 2000, S. 281-293.

GRÖNROOS, C. (1994): From Marketing-Mix to Relationship Marketing. Towards a Paradigm Shift in Marketing, in: Management Decisions, Vol. 28, No. 2, S. 4-20.

GÜTHOFF, J. (1995): Qualität komplexer Dienstleistungen: Konzeption und empirische Analyse der Wahrnehmungsdimensionen, Wiesbaden.

HALLER, S. (1998): Beurteilung von Dienstleistungsqualität. Dynamische Betrachtung des Qualitätsurteils im Weiterbildungsbereich, 2. Aufl., Wiesbaden.

Hallowell, R. (1996): The relationship of customer satisfaction, customer loyalty, and profitability: an empirical study, in: International Journal of Service Industry Management, S. 27-42.

HARTMANN-WENDELS, T./PFINGSTEN, A./WEBER, M. (2000): Bankbetriebslehre, 2. Aufl., Berlin; Heidelberg; New York.

HAUSCHILDT, J. (1997): Innovationsmanagement, München.

HEIGL, C. (2000): Strategische Modelle im Internet-Banking, in Bank-Archiv, 2000, S. 299-304.

HENTZE, J./LINDERT, K. (1998): Motivations- und Anreizsysteme in Dienstleistungsunternehmen, in: Meyer, A. (Hrsg.): Handbuch Dienstleistungs – Marketing, S. 1010-1030, Stuttgart.

HERRMANN, A./HOMBURG, C. (2000): Marktforschung, Methoden – Anwendungen – Praxisbeispiele, 2. Auf., Wiesbaden.

HERRMANN, M. (2001): Der Produktionsgedanke in Banken. Online im Internet: AVL: URL: www.bdu.de (Stand: 23.01.2001).

HESSE, J. (1997): Vom Beeinflussungsmarketing zum Beziehungsmarketing, in: Hesse, J./Kaupp, P. (Hrsg.): Kundenkommunikation und Kundenbindung – Neue Ansätze zum Dialog im Marketing, Berlin, S. 13-54.

HETTICH, S/HIPPNER, H./WILDE, K. D. (2000): Customer Relationship Management, in: Das Wirtschaftsstudium, Jg. 29, Nr. 10/2000.

HEYDEMANN, N. (2000): Internet Trust Services – Banken als Security Dienstleister, in: Die Bank, Nr. 9/September 2000, S.640-643.

HIENTZSCH, R. (2000): Vertriebswege – Den Mix koordinieren, in: Bankmagazin, April 2000, S. 54-56.

HOLLAND, H./HEEG, S.(1998): Erfolgreiche Strategien für die Kundenbindung: von der Automobilbranche lernen, Wiesbaden.

HOMBURG, CH./BRUHN, M. (1999): Kundenbindungsmanagement. Eine Einführung in die theoretische und praktische Problemstellung, in: Bruhn, M./Homburg, Ch. (Hrsg.): Handbuch Kundenbindungsmanagement. Grundlagen, Konzepte, Erfahrungen, 2. Aufl., Wiesbaden, S. 3-35.

HOMBURG, CH./FAßNACHT, M. (1998): Kundennähe, Kundenzufriedenheit und Kundenbindung bei Dienstleistungsunternehmen, in: Bruhn, M./Meffert, H. (Hrsg.): Handbuch Dienstleistungsmanagement. Von der strategischen Konzeption zur praktischen Umsetzung, Wiesbaden, S. 405-428.

HOMBURG, CH./GIERING, A. (1996): Konzeptualisierung und Operationalisierung komplexer Konstrukte: Ein Leitfaden für die Marketingforschung, in: Marketing ZFP, Heft 1/1996, S. 5-24.

HOMBURG, CH./KEBBEL, P. (2001): Komplexität als Determinante der Qualitätswahrnehmung von Dienstleistungen, in zfbf, Jahrgang 53, S. 478 – 499.

HOMBURG, CH./RUDOLPH, B. (1998): Theoretische Perspektiven zur Kundenzufriedenheit, in: Simon, H./ Homburg, Ch. (Hrsg.): Kundenzufriedenheit – Konzepte, Methoden, Erfahrungen, 3. Aufl., Wiesbaden, S. 31-54.

HOMBURG, CH./SCHNEIDER, J./SCHÄFER, H. (2001): Sales Excellence – Vertriebsmanagement mit System, Wiesbaden.

HOMBURG, CH./ SIEBEN, F. G. (2000): Customer Relationship Management (CRM) – Strategische Ausrichtung statt IT-getriebenem Aktivismus, in: Bruhn, M./Homburg, Ch. (Hrsg): Handbuch Kundenbindungsmanagement, 3. Auflage, Wiesbaden, S. 473-501.

HORSTMANN, W. (1999): Der Balanced Scorecard-Ansatz als Instrument der Umsetzung von Unternehmensstrategien, in: Controlling, Heft 4/5, S. 193-199.

HORVÁTH, P. (1999): Richtig verstanden ist die Balanced Scorecard das künftige Managementinstrument, in: Frankfurter Allgemeine Zeitung, (30.08.1999), S. 29.

HUCKEMANN ET AL. (2000): Verkaufsprozess – Management: So erzielen Sie Spitzenleistung im Vertrieb, Neuwied; Kriftel.

HUSMANN, N./RILEY, M. A. (2001): Enttäuschung im Web, in: Börse Online, Nr. 6, Jg. 2001, S. 78-79.

IMO, C. (2000): Internet Broking – Status und Trends, die Informationsrevolution, in: Bank-Archiv, 2000, S. 265-275.

INFRATEST BURKE (2000): Trendindikator 2000, Einstellungen zu Finanzdienstleistungen 1993-2000, Trendindikator der Infratest Burke Finanzforschung, München.

INFRATEST BURKE (2000B): FinanzMarktDatenService 2000, Infratest Burke Finanzforschung, München.

INTERNATIONAL DATA CORPORATION: The ASPs' Impact on the IT industry: An IDC-Wide Opinion, Document # 20323, 1999.

JARILLO, J. C. (1988): On Strategic Networks, in: Strategic Management Journal, 9. Jg., Nr. 9, 1988, S. 31-41.

JENSEN, B./HARMSEN, H. (2001): Implementation of success factors in new product development – the missing links?, in: European Journal of Innovation Management, Volume 4, No. 1.

KAPLAN, R. S./NORTON, D. P. (1997A): Balanced Scorecard – Strategien erfolgreich umsetzen, Stuttgart.

KAPLAN, R. S./NORTON, D. P. (1997B): Strategieumsetzung mit Hilfe der Balanced Scorecard, in: Seidenschwarz, W./Gleich, R. (Hrsg.): Die Kunst des Controlling, München, S. 313-342.

KEININGHAM, T./ZAHORIK, A./RUST, R. T. (1994): Getting Return on Quality, in: Journal of Retail Banking, Vol. 16, No. 4, S. 7-12.

KENNING, P. (2001): Customer Trust Management – Ein Beitrag zum Vertrauensmanagement im Lebensmitteleinzelhandel, Wiesbaden.

KERN, H. (2000): Finanzportale – vom „One-stop-shopping" zum „One-dot-shopping", in Bank-Archiv, 2000, S. 370-376.

KIESER, A. (1974): Der Einfluß der Umwelt auf die Organisationsstruktur der Unternehmung, in: Zeitschrift für Organisation, 43. Jg., S. 302-314.

KIESER, A. (1974): Produktinnovation; in: Tietz, B. (Hrsg.): Handwörterbuch der Absatzwirtschaft, Stuttgart.

KLAUS, A./DÖRNEMANN, J./KNUST, P. (1998): Chancen der IT-Unterstützung bei der Balanced Scorecard-Einführung, in: Controlling, Heft 6, S. 374-380.

KLEIN, S. (1996): Interorganisationssysteme und Unternehmensnetzwerke. Wechselwirkungen zwischen organisatorischer und informationstechnischer Entwicklung, Wiesbaden.

KLEINSCHMIDT, E. J. (1994): A Comparative Analysis of New Product Programmes: European versus North American Companies, in: European Journal of Marketing, Volume 28, No. 7.

KLOSE, M. (1999): Dienstleistungsproduktion – Ein theoretischer Rahmen, in: Corsten, H./Schneider, H. (Hrsg.): Wettbewerbsfaktor Dienstleistung, München.

KÖHLER, R./MAJER, W./WIEZOREK, H. (2001): Erfolgsfaktor Marke. Neue Strategien des Markenmanagements, München.

KRAHE, A. (1999): Balanced Scorecard – Baustein zu einem prozeßorientierten Controlling, in: controller magazin, 2/99, S. 116-122.

KREFT, R. (2000): ASP – Ein zukunftsweisendes Geschäftsmodell verändert den IT-Markt, in: Scheer, A. W. (Hrsg.): E-Business – wer geht? Wer bleibt? Wer kommt? Heidelberg, S. 165-174.

KRYSTEK, U./ZUR, B. (1997): Internationalisierung: Eine Herausforderung für die Unternehmensführung, Berlin u. a.

LANGEARD, E. (1981): Grundfragen des Dienstleistungsmarketing, in: Marketing ZFP, 3. Jg., Nr. 4, S. 233-240.

LEICHTFUß, R./SCHULTZ, T. (2000): Sieben Thesen zur Privatkundenbank der Zukunft, in: Frankfurter Allgemeine Zeitung, 13.11.2000.

LINDSTRÖM, M./ANDERSEN, T. F. (2000): Brand Building on the Internet, London u. a.

LINK, J. (1999): Das neue interaktive Direktmarketing, Ettlingen 1999.

LINK, J./HILDEBRAND, V. G. (1997): Ausgewählte Konzepte der Kundenbewertung im Rahmen des Database Marketing, in: Link, J./Brändli, D./Schleuning, Ch./Kehl, R. E. (Hrsg.): Handbuch Database Marketing, Ettlingen, S. 158-172.

LINSTONE, H. A./TUROFF, M. (1975): The Delphi Method. Techniques and Applications, Reading.

LORENZONI, G./GRANDI, A./BOARI, C. (1989): Network Organizations: Three Basic Concepts, unveröffentlichtes Arbeitspapier der Universität Bologna, Bologna.

LOTT, C. U./GRAMKE, V. (1999): Erfolgsfaktor Interaktion – Grundlage einer hohen Dienstleistungsmentalität, in: io-management, Nr. 1/2, Zürich, S. 1056-1062.

LUCE, R. D., RAIFFA, H. (1957): Games and Decisions: Introduction and Critical Survey, New York.

LUCZAK, H. (1997): Innovationsmanagement als Basis neuer Dienstleistungen; in: Bullinger, H. J. (Hrsg.): Dienstleistungen für das 21. Jahrhundert, Stuttgart.

MAIWALDT, J. C. (2000): Integriertes Multi-Channel-Retailing-E-Commerce der Douglas Holding AG, Vortrag im Rahmen des UNIT-Programmes des Instituts für Handelsmanagement und Netzwerkmarketing am 7. Dezember 2000, Münster.

MAIWALD, J. C. (2001): Strategische Herausforderungen des Electronic Commerce für dezentrale Handelsunternehmungen, in: Ahlert, D./Becker, J./Kenning, P./Schütte, R. (Hrsg.): Internet & Co. Im Handel – Strategien, Geschäftsmodelle, Erfahrungen, 2. Aufl., Berlin u. a.

MALERI, R. (1973): Grundzüge der Dienstleistungsproduktion, Berlin u. a.

MALERI, R. (1997): Grundlagen der Dienstleistungsproduktion, 4. Aufl., Berlin; Heidelberg; New York.

MALTZAN, B. A. (2001): Die Kunst der Synthese, Private Banking verbindet zunehmend Technologie mit persönlicher Beratung, in: Bank der Zukunft, Verlagsbeilage zur Frankfurter Allgemeinen Zeitung, 26. Februar 2001, Nummer 48, S. B12.

MAUDE, D. ET AL. (2000): Banking on the device, in: The McKinsey Quarterly, 2000 number 3, S. 87-97.

MCDANIEL, C./GATES, R. (2001): Marketing Research Essentials, 3. Aufl., Cincinnati.

MCDOUGALL, G./SNETSINGER, D. (1990): The Intangibility of Services: Measurement and Competitive Perspectives, in: Journal of Service Marketing, Vol. 4, No. 4, S. 27-40.

MEFFERT, H. (1994): Marktorientierte Führung von Dienstleistungsunternehmen – neuere Entwicklungen in Theorie und Praxis, in DBW, Heft 4/94, S. 519-541.

MEFFERT, H. (1999): Erfolgsfaktorenforschung im Marketing – auf der Suche nach dem „Stein der Weisen" – Auftaktrede zum 5. Münsteraner Marketing-Symposium.

MEFFERT, H. (2000A): Marketing, Grundlagen marktorientierter Unternehmensführung Konzepte – Instrumente – Praxisbeispiele, 9. Aufl., Wiesbaden.

MEFFERT, H. (2000B): Kundenbindung als Wettbewerbsstrategie, in: Bruhn, M./Homburg, Ch. (Hrsg): Handbuch Kundenbindungsmanagement, 3. Aufl., Wiesbaden, S. 115-135.

MEFFERT, H. (2000C): „Sehr stümperhaft", Marketingexperte Heribert Meffert über die Zukunft der Marke im Internetzeitalter, in: Wirtschaftswoche, Nr. 34, Jg. 2000, S. 128.

MEFFERT. H./BACKHAUS, K. (1994): Kundenbindung und Kundenmanagement – Instrumente zur Sicherung der Wettbewerbsposition, Post Graduate Workshop vom 16.-17. Juni 1994 des Instituts für Marketing an der westfälischen Wilhelms-Universität Münster, Münster.

MEFFERT, H./BÖING, CH. (2000): Erfolgsfaktoren und Eintrittsvoraussetzungen im Business-to-Consumer-E-Commerce – ausgewählte Ergebnisse einer empirischen Analyse, in: Meffert, H./Backhaus, K./Becker, J. (Hrsg.): Arbeitspapier 138 der Wissenschaftliche Gesellschaft, Münster.

MEFFERT, H./BRUHN, M. (2000): Dienstleistungsmarketing, Grundlagen – Konzepte – Methoden, 3. Aufl., Wiesbaden.

MEIJAARD, J. (2001): Making Sense of the New Economy, Arbeitspapier eingestellt im Ecommerce Research Forum des MIT, http://ecommerce.mit.edu/papers.

MELLEROWICZ, K. (1963): Markenartikel – Die ökonomischen Gesetze ihrer Preisbildung und Preisbindung, München.

MECER MANAGEMENT CONSULTING (2000): Application Service Providers, Where are the real Profit zones?, New York.

MERCURI INTERNATIONAL STUDIE (2000): Verkaufen im 21. Jahrhundert – Trends 2005 – Empirische Erhebung durchgeführt mit 100 Managern in 86 deutschen Unternehmen.

MEYER, A. (1994): Dienstleistungs-Marketing, 6. Aufl., Augsburg.

MEYER, A. (1998): Dienstleistungs-Marketing: Grundlagen und Gliederung des Handbuches, in: Meyer, A. (Hrsg.): Handbuch Dienstleistungs-Marketing, Stuttgart, S. 3-22.

MEYER, A./DORNACH, F. (1994): Das Deutsche Kundenbarometer 1994 – Qualität und Zufriedenheit – Eine Studie zur Kundenzufriedenheit in der Bundesrepublik Deutschland, Düsseldorf; Bonn.

MEYER, A./OEVERMANN, D. (1995): Kundenbindung, in: Tietz, B. (Hrsg.): Handwörterbuch des Marketing, 2. Aufl., Stuttgart, Sp. 1340-1351.

MEYER, M. (1994): Ökonomische Organisation der Industrie: Netzwerkarrangements zwischen Markt und Unternehmung, Münster.

MILES, R. E./SNOW, C .C./COLEMAN, H. (1992): Managing the 21st Century Network Organizations, in: Organizational Dynamics, 20 Jg., 1992, S. 5-20.

MUELLER, R. K. (1988): Betriebliche Netzwerke: kontra Hierarchie und Bürokratie, Freiburg.

MÜLLER, M. (2001): Das Beste vom Besten, Was vermögende Privatkunden für ihr Geld verlangen, in: Bank der Zukunft, Verlagsbeilage zur Frankfurter Allgemeinen Zeitung, 26. Februar 2001, Nummer 48, S. B9.

MÜLLER, W./RIESENBECK, H. J. (1991): Wie aus zufriedenen auch anhängliche Kunden werden, in: Harvard Business manager, 13. Jg., 1991, Nr. 2, S. 67-79.

NEUS, W. (1998): Einführung in die Betriebswirtschaftslehre aus institutionenökonomischer Sicht, Tübingen.

NÖLKE, U. (2000): Die Freunde im Netz, Internetberatung, in: Bankmagazin, Mai 2000, S. 58-60.

OBRING, K. (1992): Strategische Unternehmensführung und polyzentrische Strukturen, München.

OSBERG, S. (1999): The Sum of the Parts, in: Open Finance, winter 1999 No. 39, S. 12-13.

O. V. (2001): Kaum Kreditabschlüsse im Internet, in: Börse Online, Nr. 11, Jg. 2001, S. 101.

O. V. (2001): Measuring the Internet Economy, University of Texas Working Paper in Cooperation with Cisco Systems, Austin.

PEPPERS, D./ROGERS, M. (1997): Enterprise One-to-One, New York.

PARASURAMAN, A./ZEITHAML, V. A./BERRY, L. L. (1984): A Conceptual Model of Service Quality and its Implications for future Research, Working Paper No. 84-106 of the Marketing Science Institute, Cambridge.

PETERS, L./SAIDIN, HASANNUDIN (2000): IT and mass customization of services: the challenge of implementation, in: International Journal of Information Management, No. 20, S. 103-119.

PETERS, T. J./WATERMAN, R. H. (1982): In Search of Excellence, New York.

PETERS, T. J./WATERMAN, R. H. (1991): Auf der Suche nach Spitzenleistungen, 14. Aufl., Landsberg/Lech.

PICOT, A. (1982): Transaktionskostenansatz in der Organisationstheorie: Stand der Diskussion und Aussagewert, in DBW, 42. Jahrgang, S. 267-284.

PICOT, A./REICHWALD, R./WIGAND, R. (2001): Die grenzenlose Unternehmung, Information, Organisation und Management, 4. Aufl., Wiesbaden.

PILLER, F. T. (1998): Kundenindividuelle Massenproduktion, Die Wettbewerbsstrategie der Zukunft, München.

PILLER, F. T. (2000): Mass Customization : ein wettbewerbsstrategisches Konzept im Informationszeitalter, Wiesbaden.

PINE, B. J. (1998): Vorwort, in: Piller, F. T. (Hrsg.): Kundenindividuelle Massenproduktion, Wiesbaden.

PINE, B. J./VICTOR, B./BOYTON, A. C. (1993): New competitive strategies: challenges to organizations and information technology, in: IBM Systems Journal, No. 32, Vol 1, S. 40-64.

PLINKE, W.(1998): Die Geschäftsbeziehung als Investition, in: Specht, G./Silberer, G./Engelhardt, W. H. (Hrsg.): Marketing-Schnittstellen – Herausforderungen für das Management, Stuttgart, S. 305-325.

POWELL, W. W. (1987): Hybrid organizational arrangements, in CMR, 30/1, S. 67-87.

POWELL, W. W. (1990): Neither Markets nor Hierarchy: Network Forms of Organization, in: Staw, B. M./Cummings, L. L. (Hrsg.): Research in Organizational Behavior, Greenwich, S. 295-336.

PRAHALAD, C. K./HAMEL, G. (1990): The Core Competence of the Corporation, in: Harvard Business Review, May/June 1990, S. 79-91.

RAPP, R. (2000): Customer Relationship Management: Das neue Konzept zur Revolutionierung der Kundenbeziehungen, Frankfurt/Main.

REICHARDT, C. (2000): One-to-One-Marketing im Internet – Erfolgreiches E-Business für Finanzdienstleister, Wiesbaden.

REICHHELD, F./SASSER, W. (1990): Zero Defections: Quality Comes to Services, in: Harvard Business Review, 68. Jg., 1990, September/Oktober, S. 105-111.

ROSEMANN, M./ROCHEFORT, M./BEHNCK, W. (1999): Customer Relationship Management, in: HMD, Heft 208/1999, S. 105-117.

ROSEN, S. (1987): Human Capital, in: Eatwell, J./Millgate, M./Newman, P. (Hrsg), The New Palgrave: A Dictionary of Economics, Bd. II, London, S. 681-690.

SCHLÜTER, F. (1999): Produktionsplanung und -steuerung als Dienstleistung, in: Corsten, H./Schneider, H. (Hrsg.): Wettbewerbsfaktor Dienstleistung, München.

SCHNEIDER, D. (2001): Marketing 2.0, Absatzstrategien für turbulente Zeiten, Wiesbaden.

SCHNEIDER, D./GERBERT, P. (1999): E-Shopping, Erfolgsstrategien im electronic commerce, Marken schaffen, Shops gestalten, Kunden binden, Wiesbaden.

SCHÜLLER, A. (1976): Dienstleistungsmärkte in der Bundesrepublik Deutschland, Köln.

SIMON, H. A. (1959): Administrative Behaviour: A Study of Decision-Making Processes in Administrative Organization, 2. Aufl., New York.

STUHLMANN, S. (1999): Die Bedeutung des externen Faktors in der Dienstleistungsproduktion, in: Corsten, H./Schneider, H. (Hrsg.): Wettbewerbsfaktor Dienstleistung, München.

SYDOW, J. (1992): Strategische Netzwerke: Evolution und Organisation, Wiesbaden.

SYDOW, J. (1999): Management von Netzwerkorganisationen, Wiesbaden.

SYDOW, J. ET AL. (1995): Organisation von Netzwerken, Köln.

TEUBNER, G. (1992): Die vielköpfige Hydra: Netzwerke als kollektive Akteure höherer Ordnung, in: Krohn, W./Küppers, G. (Hrsg.), Emergenz: Die Entstehung von Ordnung, Organisation und Bedeutung, 2. Aufl., Frankfurt/Main, S. 189-216.

TINTELNOT, C./MEIßNER, D./STEINMEIER, I. (1999): Innovationsmanagement, Berlin.

TOMCZAK, T. (1998): Markenmanagement für Dienstleistungen, St. Gallen.

TÖNNIES, M. (1999): Balanced Scorecard („Ausgewogener Berichtsbogen") – Strategien langfristig umsetzen, in: bilanz & buchhaltung, 2/99, S. 65-69.

ULLMANN-MARGALIT, E. (1977): The Emergence of Norms, Oxford.

WEBER, S. M. (1999): Netzwerkartige Wertschöpfungssysteme, in: . Bruhn, M. (Hrsg.): Basler Schriften zum Marketing, Band 2, Wiesbaden.

WEBER, J./SCHÄFFER, U. (1998): Balanced Scorecard – Gedanken zur Einordnung des Konzepts in das bisherige Controlling-Instrumentarium, in: Zeitschrift für Planung, 9/98, S. 341-365.

WESTBROOK, R./WILLIAMSON, P. (1993): Mass Customization, in: European Management Journal, 11. Jg. H.1 1993, S. 38-45.

WILLIAMSON, O. E. (1975): Markets and Hierarchies: Analysis and Antitrust Implications. A Study in the Economics of Internal Organization, New York.

WILLIAMSON, O. E. (1990): Die ökonomischen Institutionen des Kapitalismus: Unternehmen, Märkte, Kooperation, Tübingen.

WINKELMANN, P. (2000): Marketing und Vertrieb: Fundamente für die marktorientierte Unternehmensführung, 2. Aufl., München; Wien; Oldenburg.

ZECH, L. G./LILLA, J. (2001): Partner der Familie, Family Office: Beratungsintensive Bankdienstleistung mit Zukunft, in: Bank der Zukunft, Frankfurter Allgemeinen Zeitung, 26. Februar 2001, Nummer 48, S. B12.

ZENTES, J./SCHRAMM-KLEIN, H. (2001): Multi-Channel-Retailing – Ausprägungen und Trends, in: Hallier, B. (Hrsg.): Praxisorientierte Handelsforschung, Köln, S. 290-296.

ZENTES, J./SWOBODA, B. (1997): Grundbegriffe des internationalen Management, Stuttgart.

Die Herausgeber

Dieter Ahlert ist Direktor des Lehrstuhls für Betriebswirtschaftslehre, insbesondere Distribution und Handel, an der Westfälischen Wilhelms-Universität Münster und Direktor des Instituts für Handelsmanagement und Netzwerkmarketing sowie geschäftsführender Direktor des Internationalen Centrums für Franchising & Cooperation. Seine Schwerpunkte sind das Netzwerkmarketing sowie das Distributions- und Handelsmanagement.

Heiner Evanschitzky studierte in Saarbrücken, Lausanne (Schweiz) und Austin (USA) Betriebswirtschaftslehre, Philosophie und Politik. Seit Januar 2000 promoviert er am Institut für Handelsmanagement und Netzwerkmarketing an der Universität Münster zum Thema „Erfolg von Dienstleistungsnetzwerken". Er ist Leiter des BMBF-Projektes „Internationales Benchmarking von Netzwerken des Tertiären Sektors".

Josef Hesse studierte Betriebswirtschaftslehre in Münster mit den Schwerpunkten Marketing und Distribution & Handel. Er arbeitete als Vertriebsleiter der Efinum AG Frankfurt sowie als freier Mitarbeiter der Warsteiner Brauerei. Seit Januar 2001 promoviert er am Institut für Handelsmanagement und Netzwerkmarketing an der Universität Münster zum Thema „Multikanalmanagement".

Gigabytes für Ihren Erfolg

Wie die IT-Agenda die Aktienkurse beeinflusst

Moore entwirft eine neue Management-Agenda für das Internet-Zeitalter. Er zeigt, warum der Aktienpreis der einzige wichtige Anker für das Management der Zukunft ist: als aussagekräftigster Indikator für den Wettbewerbsvorteil des Unternehmens und als Antriebsfeder für notwendigen organisatorischen Wandel.

Geoffrey A. Moore
Old-Economy.com
Im Zeitalter des Internet Shareholder Value maximieren
2001. 365 S. Geb. € 49,00
ISBN 3-409-11745-8

Online-Marketing-Strategie in höchster Qualität

Auch online bedarf es stringenter Methode und Disziplin, um das Branding zu vertiefen. Am Ende des Massen-Marketing geben der bekannte Marketing-Guru und sein Co-Autor wertvolle Anregungen für die individuelle Kundenbindung. Ein Leitfaden für alle, die ihren Geschäftserfolg online nachhaltig verbessern wollen.

Sergio Zyman, Scott Miller
E-Branding
Erfolgreiche Marken-Strategien im Netz
2001. 235 S. Geb. € 42,00
ISBN 3-409-11770-9

Profitable Geschäftsmodelle für die vernetzte Ökonomie

Was sichert den Erfolg im E-Business nach dem Launch von Start-up-Firma oder Internet-Strategie in einem größeren Unternehmen? Dieses außergewöhnliche Buch gibt Antworten. Es weist über die experimentelle Startphase des .com-Engagements weit hinaus und hilft bei der Entwicklung eines profitablen Geschäftsmodells.

Nick Earle, Peter Keen
Von .com zu .profit
Strategien für das Electronic Business der 2. Generation
2001. 276 S. Geb. € 42,00
ISBN 3-409-11829-2

Änderungen vorbehalten. Stand: November 2001.
Erhältlich im Buchhandel oder beim Verlag.

Gabler Verlag · Abraham-Lincoln-Str. 46 · 65189 Wiesbaden · www.gabler.de